上图 / 余梦伦在西昌卫星发射中心

下图 / 1992年8月，余梦伦在西昌卫星发射中心参加“澳星”发射任务

上图 / 20世纪90年代，余梦伦在办公室工作

下图 / 1999年，神舟一号飞船发射成功后，余梦伦（中）与王小军（左）、张立洲（右）在敦煌合影

上图 / 余梦伦在酒泉卫星发射中心的胡杨林前留影

下图 / 2009年1月，余梦伦出席中国国防邮电工会和中国航天科技集团公司联合召开的“余梦伦班组”命名暨“工人先锋号”表彰会

上图 / 2006年，余梦伦院士（右）与庄逢甘院士（左）在参加国际宇航大会时合影
下图 / 神舟五号飞船发射成功后，余梦伦院士（左）与庄逢辰院士（中）、曹春晓院士（右）合影

上图 / 2008年，余梦伦（后排右二）与北大原校长丁石孙（前）等合影

下图 / 2008年，在文昌航天发射场选址地，余梦伦（左一）与梁思礼（左三）、张履谦（右三）、崔国良（左二）等合影

上图 / 余梦伦（右一）与谢光选（右二）、龙乐豪（左二）、才满瑞（左一）在江西合影
下图 / 2000年4月24日，在纪念我国成功发射第一颗人造卫星30周年大会上，余梦伦（二排右一）与宋健（前排中）等领导、专家合影

上图 / 余梦伦夫妇结婚照

下图 / 1962年，余梦伦全家福（前排从左到右：母亲蒋学忍，外婆范珍，父亲余佩卿；后排从左到右：弟弟余梦麟，大妹余梦燕，余梦伦，二妹余梦霞，三妹余梦飞）

上图 / 2009年，余梦伦夫妇在海南留影

下图 / 2014年10月，余梦伦全家合影

# 余梦伦院士传记

Academician Yu Menglun's Biography

《中国航天院士传记丛书》总编委会 组织编写

宋瑶 著

中国宇航出版社

·北京·

图书在版编目(CIP)数据

余梦伦院士传记 / 宋瑶著 ;《中国航天院士传记丛书》总编委会组织编写. —— 北京 : 中国宇航出版社, 2017.10

(中国航天院士传记丛书)

ISBN 978-7-5159-1389-6

Ⅰ. ①余… Ⅱ. ①宋… ②中… Ⅲ. ①余梦伦—传记 Ⅳ. ①K826.16

中国版本图书馆 CIP 数据核字(2017)第 246327 号

**责任编辑**　黄　莘
**责任校对**　王　妍　汪秀明　**装帧设计**　宇星文化

出版发行　中国宇航出版社

社　址　北京市阜成路 8 号　邮　编　100830
(010)60286808　(010)68768548

网　址　www.caphbook.com

经　销　新华书店

发行部　(010)60286888　(010)68371900
(010)60286887　(010)60286804(传真)

零售店　读者服务部
(010)68371105

承　印　三河市君旺印务有限公司

版　次　2017 年 10 月第 1 版
2017 年 10 月第 1 次印刷

规　格　787×960

开　本　1/16

印　张　26.25　彩　插　8 面

字　数　371 千字

书　号　ISBN 978-7-5159-1389-6

定　价　78.00 元

# 《中国航天院士传记丛书》总编委会名单

## 编审委员会

主　　任　许达哲　高红卫

副 主 任　雷凡培　曹建国

委　　员　李金生　方向明　袁　洁　李　跃　包为民

## 编撰委员会

总 主 编　许达哲　高红卫

副总主编　李　跃　包为民

委　　员（按姓氏笔画排列）

于世元　马礼谦　王亚文　邓宁丰　朱芝松

朱忠元　任玉琨　孙玉斌　李　明　李　锋

陈学钏　张连成　周晓飞　侯　晓　贾　可

梁小虹　谭永华

## 总编委会办公室

主　　任　周晓飞　朱忠元　邓宁丰

成　　员（按姓氏笔画排列）

丁雅清　于　宁　于　希　王来成　李卫东

杨利伟　辛大广　张铁钧　范占英　唐　燕

徐　睿　戴品华

# 《余梦伦院士传记》<br>编审委员会名单

# 序　一
# Preface I

中国航天事业自1956年创建以来，已经走过50多年的发展历程。在党中央、国务院、中央军委的亲切关怀和英明领导下，中国航天人团结一心、顽强拼搏、勇于创新、无私奉献，不仅取得了以“两弹一星”、载人航天工程和月球探测工程为代表的辉煌成就，孕育形成了航天传统精神、“两弹一星”精神和载人航天精神，也造就了一支技术精湛、作风优良的航天人才队伍。

航天系统的中国科学院院士和中国工程院院士就是这支队伍的杰出代表。中国航天科技集团公司和中国航天科工集团公司先后有50多位科学家和航天工程专家当选为两院院士。其中，有7位院士获得过“两弹一星”功勋奖章，2位院士获得过国家最高科学技术奖。他们不仅是航天成就的主要创造者，也是航天精神的重要孕育者和忠实践行者。

中国航天事业是在新中国成立不久，工业实力、科技实力、综合国力都很薄弱，帝国主义严密封锁，苏联撕毁协定、撤走专家的情况下发展起来的。以航天院士为代表的中国航天人，自力更生，艰苦奋斗，奋发图强，顽强拼搏，在一穷二白的基础上，独立自主地创建起了中国的航天事业。

航天型号研制是复杂的系统工程，涉及很多领域，需要众人参与，必须大力协同、集智攻关才能完成。以航天院士为代表的中国航天人，在航天工程研制实践中，齐心协力，密切配合，实现了一次又一次技术突破，铸造了一项又一项辉煌成就。他们为祖国的航天事业作出了巨大贡献，却淡泊名利，不计得失，将个人利益置之度外。

航天事业属于尖端技术领域，难度大、风险高、技术复杂，在发展历程中碰到过很多难题，经历过各种坎坷，甚至遭受过重大失利。以航天院士为代表的中国航天人，在困难和失败面前不动摇、不退缩，树立百折不挠、锲而不舍、脚踏实地、严谨务实的工作作风，不断攻坚克难、勇攀高峰，取得了一个又一个胜利，树立了一座又一座丰碑。

今天，在由航天大国向航天强国迈进的征程中，航天院士的科学思想、创新意识、坚定信念和爱国情怀是全体航天人宝贵的精神财富。中国航天科技集团公司和中国航天科工集团公司决定出版《中国航天院士传记丛书》，不仅是为了宣传航天院士的科研成就，总结航天院士的成长规律，更是为了传承航天院士的宝贵精神，使之生生不息、薪火相传，为“续航天梦、筑强军梦、圆中国梦”的伟大实践提供精神动力和思想源泉。

许达哲

2014 年 1 月

# 序　二
# Preface Ⅱ

中国航天事业创建半个多世纪以来，培养和塑造了一大批功勋卓著、德高望重的中国科学院院士和中国工程院院士。他们具有坚定的理想信念和强烈的爱国情怀，理论功底深厚，技术水平高超，善于引领科学发展和技术创新，在中国航天事业发展的关键时期发挥了重要作用，为中国航天事业取得辉煌成就、孕育航天精神作出了突出贡献。

为了全面、系统地总结航天院士的成长规律，把航天院士的科学思想和创新方法记录下来、传承下去，为中国航天事业积累精神财富，为航天强国建设提供有益借鉴，中国航天科技集团公司和中国航天科工集团公司研究决定，组织编写一套《中国航天院士传记丛书》（以下简称《丛书》）。

党的十八大描绘了坚持中国特色社会主义道路、全面建成小康社会、实现中华民族伟大复兴的宏伟蓝图，同时也为加强国防和军队现代化建设、推进我国由航天大国向航天强国迈进指明了方向。在中国航天事业“续航天梦、筑强军梦、圆中国梦”的新形势下，出版这套《丛书》，具有重大的现实意义和深远的历史意义。

记载航天历史。航天院士是中国航天事业的宝贵财富，他们的成长历程反映了航天事业的发展轨迹。这套《丛书》不仅是航天院士个人的传记，也从不同侧面记载了中国航天从技术到管理、从思想到精神的真实历史。

弘扬航天文化。宣传航天院士，就是站在科学的高度，向社会各界全面宣传航天事业，弘扬航天文化，使其成为中华民族文化宝库的重要组成部分，增强中华民族的自信心、自豪感和凝聚力，提升国家的软实力。

传承航天精神。航天精神是包括航天院士在内的几代航天人，在中国航天事业发展历程中，不断积累、提炼、传承而逐渐形成的，是民族精神、时代精神与航天实践相结合的产物，是中国航天事业之魂。《丛书》全面反映了航天院士的学术成就、科学作风和思想品格，有助于航天精神薪火相传。

培育航天人才。中国航天事业已经完成了新老交替，一代航天新人正在茁壮成长。《丛书》是泽被后世的人才工程，对于培育航天人才、发展航天事业、铸造新的辉煌将产生积极的促进作用。

总之，《丛书》是一套具有航天特色的爱国主义教材，是不可多得的精神食粮。相信这套《丛书》的出版发行，必将吸引更多的年轻人热爱航天、投身航天、奉献航天，以饱满的热情和昂扬的斗志再攀高峰，使中国航天事业后继有人，蓬勃发展，续写辉煌。

2014 年 1 月

# 目 录
# Contents

# 余梦伦

余梦伦院士传记

Academician Yu Menglun's Biography

第一章

# 烟墩的使命

1936年11月8日，烟墩村桥头路49弄66号的余家响起了婴儿嘹亮的啼哭声，仿佛向这个世界大声地宣告着新生命的到来——这个婴儿就是余梦伦。

广西灵山县烟墩镇、广东中山市烟墩山、安徽南陵县烟墩镇、山东荣成烟墩角、浙江慈溪桥头镇烟墩村……中国究竟有多少烟墩？恐怕连最资深的地理学家也要去翻翻地图数一数，才能给出一个不那么精准的答案。

中国为什么有那么多烟墩？这个问题却不难回答：“烟墩”的历史悠久，距今已有500多年。据考证，因明代防倭寇侵袭，在一些村旁山顶或者高墩之地设立烽燧，习称“烟墩”。“烟墩”相当于简易的烽火台，如遇敌情，“昼则举烽、夜则举火”，借以传递情报；而“烟墩”附近的村落镇子，则或根据地势称为“烟墩山”“烟墩角”，或根据人口多寡称为“烟墩镇”“烟墩村”……对外人来说，烟墩只是一个相似的地名；对祖祖辈辈居住在烟墩的人们而言，烟墩是村口山顶的高台，是口口相传的抗倭故事，是再熟悉不过的家乡。

我们故事的主人公余梦伦，就出生在浙江慈溪（原余姚）桥头镇烟墩村。

1936年11月8日，烟墩村桥头路49弄66号，平日里安静的老宅子此刻却特别热闹：年轻女人压抑而痛苦的呻吟声，跑进跑出的人们急匆匆的脚步声，炉子上的水烧开了，发出“噗嗤”“噗嗤”的响声，蒸汽消散在氤氲的雨雾里。

江南的秋天多阴雨，常常十来天见不到太阳，这样的天气被人们形象地称

浙江慈溪桥头镇烟墩村余梦伦出生地旧址

作“阴雨寡照天”。尽管气温不低，屋里却阴森潮湿，人的骨头缝儿里都是冰凉的。20 岁的蒋学忍此刻却是又燥又热、又急又痛，都说头胎最难生，她可是真真切切体会到了。坐镇指挥的接生婆临危不乱、声音威严，不断地提醒她：使劲儿、深呼吸、使劲儿……她想使劲儿，却痛得手脚发软、没有一点儿力气。母亲在一旁心疼又着急地捏着她的手，却爱莫能助。不知道过了多久，婴儿响亮的啼哭声终于响起，压过了房前屋后的嘈杂和喧闹，仿佛向这个世界大声地宣告着新生命的到来。

“恭喜恭喜！是个带把儿的！小毛头！”见惯了这场面的接生婆，声音里竟也透着喜悦，这可是阴雨天儿里难得的阳光！

蒋学忍满头都是细密的汗珠，嘴唇上一排浅浅的牙印，手指骨节也因为太用力而发白。可当母亲把用小被子包好的男婴放在她的身边时，看着婴儿熟睡的小脸，她没有血色的脸上也露出了笑容。是的，她做母亲了，这是她和丈夫余佩卿的第一个孩子，还是个男孩儿！

丈夫。想到丈夫，蒋学忍的脸色黯淡了一下，可很快又舒展了眉头：丈夫此时在上海给人做学徒，不能和她一起迎接孩子的到来，实在可惜；可丈夫和她一样，期待这个孩子的诞生，他们说好，如果是男孩就取名“梦伦”，女孩就取名“梦燕”——身边这个襁褓里的婴孩，当然就叫余梦伦。

自余梦伦始，母亲的使命一直没有停歇。三年一个，三年一个，蒋学忍又生了四个孩子：大妹妹自然叫余梦燕，之后是二妹妹和三妹妹梦霞和梦飞，还有小弟弟梦麟。兄妹五人里，只有余梦伦生在老家：烟墩。

小梦伦呱呱落地的时候，余姚还是余姚，慈溪还是慈溪；解放后，余姚划到宁波，桥头镇划归慈溪。

慈溪是江南古镇，古居、古回廊、古埠头、古戏台，古老的河流、古老的拱桥、古老的寺庙、古老的风俗，古镇的每一条街巷仿佛都能飘出一个个历史故事。

桥头镇，位于慈溪市中部，风景秀丽，气候宜人。虽名为“桥头”，并不见桥，抑或以前曾经有桥。桥头镇很小，镇中心挤在一条两三米宽的小巷和一百米长的横街上。往外走几步，就到了郊外，菜花开的时候，一片金黄；桃花开的时候，一片淡粉；杨梅熟的时候，一片紫红。一阵风吹过，带着花的香味、果实的甜味，还有海水的腥味——桥头是依山傍海、有河有湖的，风景极好。

而烟墩村位于桥头镇东南部，地理位置十分重要，之所以以“烟墩”为名，自然是因为在桥头镇境内，建有一个占地半亩的“烟墩”。遥想当年，抗倭英雄戚继光英姿勃发，抵御外寇的土城墙上旌旗猎猎，将士们日夜注视着四通八达的水陆要道，若发现倭寇来犯，立即点燃烽火，发出警报，同仇敌忾，抵御外侮，是何等的壮观、何等的可歌可泣！

这些故事，是小梦伦在母亲的臂弯里听说的，童年的他，就是在故乡的故事里沉沉睡去的。而故乡的风景，他是在10岁重返故乡的时候才留下印象——2岁时，他就被抱在怀里，随着母亲和外婆去上海投奔父亲，小小的他浑然不知，那是逃难。可他一直知道，上海不是他的故乡，母亲常常给他描绘桥头的样子、烟墩的样子，还有66号老宅子的样子。祖父生于斯长于斯，父亲生于斯长于斯，他生于斯、很小的时候也生活在那里，可离开时他太小、太小，对过去了无印象，他的故乡，只出现在母亲的故事里、出现在偶尔的梦境里。

直到 1946 年暑假，已经 10 岁的余梦伦才第一次回到浙江老家。他跟着舅姥爷，从上海十六铺码头出发，搭乘轮船到宁波，再从宁波换汽车到龙山镇，小憩后换乘江浙特有的“脚划船”，大概划了六七个小时才到家。

又是水路又是陆路，回家的路辗转艰辛，但余梦伦一点儿都不觉得累。这是他记事以来第一次出远门，看什么都好奇，他转着眼珠不停地观察、不停地吸收，新鲜的风景、事物，根本看不够。

从上海到宁波，他们搭乘的是可以载客 2000 多人的大轮船“江亚轮”，这是上海招商局六大新型客轮之一，外观、设备在当时均堪称精良。然而，让余梦伦印象最深刻的并不是江亚轮的宏伟精良，而是两年之后的 1948 年，江亚轮爆炸，酿成了中国迄今为止最大的海难，弄堂里的人们茶余饭后谈论了好一段时间，余梦伦也跟着难过了好久。

江亚轮到宁波港后，余梦伦跟着舅姥爷换乘汽车赶往龙山镇。路上，舅姥爷给余梦伦讲起了巨商虞洽卿的故事。虞洽卿不仅是慈溪人的骄傲，在上海也是声名远扬：他和余梦伦的父亲余佩卿一样，早年到上海当学徒、白手起家。后来，他和人合伙创办上海证券物品交易所，之后又当选为上海总商会会长。对于家乡公益事业，虞洽卿乐于捐输赞助，如辟公园、办学校、设轮埠、造小铁路，所费极多；抗战时期，虞洽卿坚持抗日救国，日军占领租界后，亲赴重庆经营滇缅公路运输，支持抗战。他们此行经过了虞洽卿发家后回家乡龙山修起的豪宅，难得的是，余梦伦对豪宅并无艳羡，却是很感慨虞洽卿的贤才善举和浓厚的乡土观念——这和他的祖父余云怀如出一辙。

从龙山镇下车，余梦伦和舅姥爷又坐上了“脚划船”。“小舟如叶，一夫坐船尾，以足运桨划之，往来如飞，谓之脚划船。”这种船，余梦伦还是第一次坐，他定定看着坐在船尾的船夫，看他以脚运桨、动作娴熟，举重若轻。在船夫的调遣之下，雕着“螭”的船头高高翘起，小船在浪花中翩然来去，行驶极速，煞是壮观——余梦伦真觉得，这小船，无论坐多久也不会厌。

不知不觉地，故乡就到了。

青砖黛瓦滴水瓦当，蒸笼布机水车稻桶；风声水声摇橹声，一口乡音“喉长气短”。这些都能引起余梦伦朦胧的记忆。桥头离海很近，迎面吹来很腥的海风，在余梦伦闻起来却是那样的亲切。耳边响起“落山日头呒好天”的慈溪方言，也许就是这一刻，对故乡了无印象的余梦伦竟然找到了家乡的归属感。

“郎郎郎，骑马到周塘，落马乘快船，快船朝南摇，直通到余姚……”幼年时的儿歌远远传来，仿佛真有一匹马向他跑来，载上他，奔向快乐的远方。小桥流水，小舟渔歌，小巷细雨，小院清风，处处散发的悠然气息，也让余梦伦放松惬意，对故乡平添了许多好感。

走进余家祠堂，推开一扇扇门，不知哪里飘来生煤炉的烟味，那烟味很好闻，像一块烤熟的番薯，从鼻尖滑过，一路滑向喉咙；太阳光在雕花的窗棂间蠕动，很慢很慢，晃动着水一样的影子。柴火堆里，几只母鸡在金黄的稻草里觅食；天井里，堆着刚刚摘下来的马兰头和青蚕豆，葱绿。

余梦伦此次返乡，正是杨梅红了的日子，故乡的杨梅叫做“吴越杨梅”，上品是荸荠种，红得发紫，紫得发黑，一碰就破，入口就化，核儿不大，没有果渣，非常清甜。宋代大文豪苏东坡曾经这样评价：“闽广荔枝、西凉葡萄，未若吴越杨梅。”

吃着家乡的杨梅、豆酥糖、藕酥糖、白糖猪油大馒头，余梦伦跟着村里的小孩儿，到桥头镇赶庙会，早早占据一个小土墩，看大人们请龙舞龙。铜锣响起来了，龙舞起来了，时而升腾，时而下落，左扭右滚，前游后涌。远远望去，犹如无数彩带在翻飞，让人目不暇接，眼花缭乱，乡里乡亲其乐融融。

而听说书人讲故事，是余梦伦最惬意的时候。桥头镇虽小，也有几个书场，前来说书的人还颇有名气，也许是男孩子的缘故，余梦伦对戚家军、戚家刀、泥鳗船的故事很感兴趣，听了多少遍都不厌。戚继光是抗倭英雄，戚家军威震四方。明朝，因“开市四明与贸易”，早已垂涎窥视中国东南沿海的“东倭”，乘此“构衅称兵”。为了抵御倭寇的侵犯，他建教场、设防军，为了破解倭兵的怪阵倭刀，戚家军苦练一种独特的刀法：“四拨三钩通七路，共分九变全神机；二十四步挪前后，一十六翻大转围。”据说这种刀是在一米多长的大秤杆上装上一把弯弯的倭刀，可劈又可勾，可当长枪，又可当大刀，随心所欲，腾挪自如，在战场上大显威风。

倭贼大都生长在海边，由于经常来骚扰，熟悉东南沿海的情况，来得快跑得也快，这让戚将军大伤脑筋，几天几夜茶饭不思。有一天戚将军骑马来到海滩，对着大海沉思，突然眼前游来几条鳗鱼，在海滩上快速地游动。戚将军请来当地的能工巧匠，用木料做成长五尺、宽一尺的泥鳗船，船中间安装一把木把手，使用时，左脚踏在船后，右脚蹬泥滩，泥鳗船就像箭一样射向前方，速度快如陆上之马。模型造好了，戚继光发动全体军民日夜奋战，不到七天，就造出了 2000 多只泥鳗船。然后选出身强力壮的士兵，夜以继日地进行驾船训练，并配合长柄倭刀，在海滩上练习快速出击，用泥鳗船分割、包围、截杀倭寇的本领。

几天后，倭寇又来侵犯，只见戚将军手挥令旗，一声炮响，泥鳗船如蛟龙出海，士兵挥动长柄倭刀，如猛虎下山。倭寇自然鬼哭狼嚎，尸横遍野，自此闻风丧胆，不敢轻易来犯。想想也自豪不已，扬眉吐气。直到今天，泥鳗船还在沿用。

每每听到戚家军的故事，余梦伦都热血沸腾，虽然他还是一个孩子，但一个男子汉所有的爱国热情都在十岁那年被激活了，也许就是那一刻，他幼小的心灵里，早早种下了“精忠报国”的种子。

# 余梦伦

余梦伦院士**传记**

Academician Yu Menglun's Biography

第二章

# 走出桥头镇

和所有三北人一样，余梦伦的祖父、父亲……一辈辈人带着梦想和破釜沉舟的决心离开桥头，清清白白做人、认认真真做事，在大上海找到自己的位置。

桥头多“余”，余家又有许多老屋，其中余家最大的祖宅就是“九十九间走马楼”。

走马楼坐落在桥头老街的南首，相传建于清朝乾隆年间，九十九间房，间间相通，结构精巧，别具一格，高屋伫立，气势不凡。在过去的浙东一带，被称为走马楼的房子并不少见，走马楼往往就是院内四周能贯通的大宅子，里面能住下“七十二家房客”。住在走马楼里的人们感到自豪的是：在雨雪天里走门串户，是不用撑雨伞穿雨鞋的，村里人总是把余家走马楼作为穿过村落时遮风挡雨的便道。走马楼的四角都有门户，从西北角的大门进去，可以从东南角的大门出来，走过了走马楼就几乎走过了村子，因为穿过的人中还有牵着马的，故而叫走马楼。

余梦伦父母家住桥头路 49 弄 66 号，祖父祖母家也在近旁，都被圈入了走马楼。在桥头镇，余姓是大户，但余梦伦祖上这一支是否富有却无从考证，如果一定要编写族谱的话，也是从祖父余云怀开笔。余云怀出身于贫苦家庭，小小年纪就成了孤儿，孤儿是没有历史的，他只记得住自己的姓和名，关于父辈曾有的荣耀或衰败一概不知。但余云怀知道，孤儿只有比别人付出更多的努力，才能改写自己的人生篇章。在烟墩村乃至桥头镇，提到余云怀，大人小孩没有不知道的；不管在人前人后，乡里乡亲都会竖起大拇指夸赞：“那是一个厉害的角色。”在江浙一带，“厉害”是聪明能干的意思，“角色”就好理解了，在人生舞台上，生旦净末丑，每个人都扮演着属于自己的角色，把自己扮演的角色演好了，就是能人、聪明人，这一点余云怀坚信不疑。

余云怀生于1879年，那一年，中国大地还在清朝的统治下，被两宫皇太后立为光绪皇帝的爱新觉罗·载湉时年8岁，由慈安、慈禧两宫太后垂帘听政。那一年，桥头镇还隶属于余姚县，和慈溪、镇海、余姚等北部地区并称为“三北”地区；生活在这些地区的居民被称为“三北人”（当地方言，发音为“sanbo ning”），身上打着“移民”的深深烙印。

三北之地，史前几经海浸海退。最早出现在这方土地上的是河姆渡人，现在已发现的河姆渡文化遗址，多是河姆渡人随海平面的上升，在被迫一步步内迁的过程中留下来的。商周时，南部山麓重又浮出海面，第一批移民从邻近地区来到翠屏山安家，狩猎捕鱼、垦荒种植，写下了三北移民文化的开篇。秦朝苛政猛如虎，六国的一些后人或因避难、或因被流放，也纷纷落脚三北。

在秦汉以后，又有大批移民迁入。历史上的多次北人南迁，都有部分迁入三北地区：汉武帝时的“徙民会稽”，新莽时期的“避乱江南”，魏晋永嘉之乱后的“衣冠南渡”，南北朝时期的“徙(山阴)无资之家于余姚、鄞、鄮三县界”，“靖康之难”后的宋室南渡……此后，海塘节节北移，移民不断涌入，虽然规模都不如南宋，却也从未中止过。最著名的便是戚家军留下的一脉。明朝中叶，倭寇侵扰东南沿海，时任浙江参将的戚继光率兵在浒山所、观海卫和龙山所屯戍，与倭寇作战，屡战屡胜。倭患肃清后，戚家军将士便娶妻生子，安家落户。

有进来的，当然也有出去的。到明清之际，山阴、会稽、余姚一带“生齿繁多”，人满为患，而三北平原又正在快速成陆中，当地居民东移北迁更成潮流……十里洋场上海兴起时，大批三北人便迁移到上海，带着理想和梦想，以及破釜沉舟的决心和“四千”精神：走千山万水，说千言万语，吃千辛万苦，历千难万险。慈溪与上海只隔了一个海湾——杭州湾，从慈溪庵东坐木帆船出发下海，到上海的金山卫上岸。

从桥头镇去上海谋生的人很多：大多数人是念上几年书，由亲朋好友带往上海学做生意、立业后回家乡娶妻安家；即便是在上海成家的，夫妻双方也多是乡里人，与老家有着千丝万缕、永远也割不断的联系。

余云怀也是其中的一员。在上海打拼、攒了钱回到桥头娶妻安家，然后回到上海继续打拼；妻子在桥头镇共生下了 3 个孩子，其中老二也就是余梦伦的父亲余佩卿。余佩卿长大了，也去了上海谋生，攒了钱也回到家乡，娶了卫前蒋家的女儿蒋学忍。蒋学忍在桥头镇生下了儿子余梦伦，因为逃难，才带着儿子去上海投奔丈夫。祖祖辈辈，周而复始的命运，在余梦伦这代戛然而止。

由于家境贫寒、父母双亡，余云怀小小年纪就在桥头镇的大户人家帮佣，在余姚方言里，他就是主人家的“茶房”“烧火孩”。余云怀个子不高，却精干灵敏，很有眼力见儿，脑子活络却从不耍小聪明，勤快能干、吃苦耐劳，很是得主人的赏识和依赖。于是，当主人家举家迁往上海的时候，把余云怀也带到了上海。

当时的上海，已经是一个具有浓厚开放性和国际特色的大都市，实业家们在上海发现了拓展事业的土壤，难民们在上海可以找到避难所，冒险家们也视上海为自己的“乐园”。虽然大上海没有满地黄金，但是大上海有比黄金更重要的东西：机遇。

来到上海的余云怀和所有的三北人一样，没有被上海的灯红酒绿所迷惑，也没有被上海人的趾高气扬所吓倒。相反，到了上海，他才发现，人生有那么多可能性，只要努力，就有机会。他被大上海的激情所感染、所激励。尽管在主人家帮佣工作并不繁复，主人对他也很是照顾，可余云怀的心底一直有个小小的声音在响：他不甘心一辈子都生活在别人的生活里；“烧火孩”的心里有更大的抱负：他想要靠自己的努力，在大上海找到自己的位置。

怀抱着梦想，余云怀一边在主人家帮佣，一边努力适应上海的生活。他沉着冷静，不卑不亢，一如既往地随和厚道、手脚勤谨、不多说话。只是，沉默的背后不是麻木，而是努力：他一直在用自己的心灵去不断揣摩，用自己的眼睛去悉心观察……聪明的余云怀很快就弄懂了在大上海的立足之道。

大上海是个有文化的城市，有文化才能在此地立住脚；大上海是国际大都市，会几句“洋泾浜”，是十分有用的；大上海是一个遍地黄金的地方，但如果不是属于你的，一个铜钿都不要拿；大上海是物欲横流的地方，必须洁身自好，才能堂堂正正地做人；上海人排外，最看不起没有文化的乡下人，最好的办法就是立即变成一个有文化的人——洁身自好、勤奋好学，余云怀一直用这两点来要求自己。他的身体力行具有巨大的榜样作用，这八个字也成为余家子子孙孙不成文的家规。

功夫不负有心人，一个偶然的机会，余云怀在大上海找到了一份工作：在上海华商纱布交易所当杂工。尽管杂工职位低微、工作辛苦，可做惯“烧火孩”的余云怀不怕，他只怕辛苦换不来机遇，出人头地的梦想无法实现。

交易所是资本主义经济发展到一定阶段的产物，它起源于 16 世纪的欧洲，对于中国来说，这是一种引进的金融机制。上海华商纱布交易所 1921 年成立，主要从事棉花、棉纱和棉布的期货交易。“交易所责任在于代客买卖，自身不做任何买卖。其作用与银行相同，在于保管存款和谨慎放款，对厂商能起辅助作用。”创办人穆藕初总结说：“由是得以达两种之目的：一保障棉业，免受意外之亏折；一发展棉业，巩固同业均等之利益。”交易所及经纪人则收取买卖双方所交保证金和佣金，交易越大，收入越多——如果有一天，可以成为一名经纪人，该有多好！余云怀心里清楚，好的平台可遇而不可求，比什么都宝贵。尽管都是打杂，在主人家是没有未来可言的；而在交易所打杂，就有机会看得更多、学得更多。就这样，他默默下定决心：接下杂工这块敲门砖，要做就做经纪人。

老上海，就算是底层的劳动者，大多也会讲一些简单的英语，不妨碍和洋人们的交流，比如保姆、花匠、司机、厨子、服务生、售货员，等等，更不用说是交易所的经纪人了。因此，当余云怀在纱布交易所当杂工的时候，他的心里时时刻刻默记那些洋字码，当他手提五六个竹暖瓶穿梭在老虎灶和办公间的时候，他的嘴里咕哝着的是中西合璧的英语，俗称“洋泾浜”。

当年，在上海广为流传的《英话注解》是余云怀的第一个老师，这本书的六位作者全是宁波人，也就是余云怀的同乡；书中用汉字对英语进行注音，汉字发音也是宁波方言。也许外省人学起来头痛不已，而余怀云却觉得朗朗上口，学得有滋有味：

来是“康姆(come)”，去是“够(go)”，真崭实货“佛力谷”(very good)；

是叫“也司(yes)”，勿叫“拿(no)”，如此如此“沙咸鱼沙”(so and so)；

洋行买办“江摆渡(comprador)”，小火轮叫“司定巴(steamer)”；

“翘梯(tea)”翘梯请吃茶，“雪堂(sit down)”雪堂请侬坐；

红头阿三“开泼度(keep door)”，自家兄弟“勃拉茶(brother)”。

这些不中不西、不南不北的，混杂着宁波话、绍兴话，被人称作“鸟语”的“洋泾浜”对余云怀大有帮助，长进很快。洋字码记牢了，忠厚的秉性、聪明的头脑让他渐渐向白领靠拢，终于从一个提暖水瓶的杂工变成了一个交易所的正式职员，完成了他最关键的蜕变。

知识改变命运，余云怀老先生100多年前就总结出了这个真理，并严格要求自己的子女。在他身后，儿子余佩卿精通外语，在西药房里如鱼得水；五个孙子孙女皆成大器，上下几辈，没有吸烟喝酒赌博的，没有搓麻将吃花酒的，清清白白做人、认认真真做事，都在自己的工作岗位上作出了突出的贡献。

二儿子余佩卿几乎是父亲余云怀的翻版，踩着父亲的脚印一步步地走下去。他生在桥头，随母亲在桥头长大；尽管父亲已经在上海打拼出一片天地，可他完全不依靠父亲的帮助，而是和父亲一样，自己在上海滩打拼，从最底层的工作做起，靠聪明和勤奋赢得属于自己的一席之地，然后和父亲当年一样，回家乡迎娶了新娘蒋学忍，两年后，长子余梦伦在桥头出生，随母亲在乡下度过了两年无忧无虑的时光。

# 余梦伦

余梦伦院士传记

Academician Yu Menglun's Biography

第三章

# 蒋氏渊源长

余梦伦两岁的时候，正是家乡战火纷飞的时候，他由母亲和外婆带着，逃难到了上海，来到了在上海做学徒的父亲身边。一家人终于团聚了。

在余梦伦的老家慈溪，除了余家，蒋家也算是大户。慈溪的蒋家共有两支，人称巴里蒋家和卫前蒋家。

虽然慈溪蒋家有后人自称来自奉化，或与溪口蒋氏同宗，实则不然。据《慈溪县地名志》记载：时在宋朝末年，有蒋氏兄弟五人，一起从河南乐安先到浙江海宁，后又从海宁迁到慈溪东部快船江边。快船江是慈溪东部的母亲河，分上下快船二江，横跨观海卫、掌起、龙山三镇。蒋氏兄弟中的老大老二建宅于观海卫西南，人称卫前蒋家；老三老四老五居于掌起镇巴里村，称巴里蒋家。

巴里蒋家日子殷实，建了一座古朴雄伟的单孔石梁桥，南北横跨快船江、南通西渚和明湖。石桥栏板东西两侧，分刻“三径桥”与“古蒋家大桥”桥名，“三径”二字为蒋家祠堂堂号，源自《三辅决录》卷一（汉）“蒋诩归里，荆棘塞门，舍有三径，不出，唯求仲，羊仲从之游”，后指归隐后所住的田园。晋陶渊明《归去来兮辞》中就有“三径就荒，松菊犹存”句，以赞叹贤者之旧居。桥柱上刻有对联，东曰：“东西三江通余镇，南北行人远慈郡”，西曰：“三径迎会丰县厚，四水流洄曰更长”，柱顶横梁雕有虎头龙首，栩栩如生。如今石桥仍在，桥两头原有青龙、白虎石望柱已毁。

余梦伦的外公外婆家在观海卫镇前蒋村，属于卫前蒋家。与巴里蒋家相比，卫前蒋家不算富有，学风却醇厚。有了积蓄，不返修祠堂更不建桥，而是在祠堂里修出个学堂，“尤可钦者，莫若于宗祠设立学校事。自有学校而蒋氏子孙不难于读书，不难于识字。”——可见有多重视对子孙的培养和教育。也因此，卫前蒋家的子孙后代里，不乏成就斐然的官员和知识分子。

据1917年蒋鸣鹤编纂的《慈北蒋氏宗谱》记载，远至宋、元年间，一世祖蒋文吉“以贤才仕授杭州录事参军”、五世祖蒋正一“恩封慈水县知县事，亲有道，治民如神，郇黍召棠，颂声载道”。及至近代，观海卫镇后蒋村出了著名作家蒋学楷，著名经济学家蒋学模：抗战时期，哥哥蒋学楷任《亚洲内幕》文摘社编辑，因为撰写大量爱国文章，1942年在香港被日军宪兵枪杀，年仅33岁；弟弟蒋学模共撰写学术专著30余部，主编政治经济学教材和著作10余部，尤其是高等学校通用教材《政治经济学》，在国内产生了广泛影响。兄弟俩还都是著名的英文翻译，蒋学楷曾任复旦大学文摘社编辑，翻译出版了《法国文学》《青春》《陶立德博士》《希特勒与新德意志》等著作；蒋学模翻译的法国作家大仲马的长篇小说《基督山伯爵》，脍炙人口、风靡全国。

余梦伦的母亲蒋学忍生于1916年7月，比蒋学楷小七岁、比蒋学模大两岁，都是“学”字辈，大概只有通过族谱才能论得清真正的亲戚关系，反正前后蒋村的蒋家都沾亲带故，蒋学模叫她一声姐姐总是对的。

余梦伦的外祖父蒋维康是有名的教书先生，深受当地人的爱戴。尽管那个年代还提倡“女子无才便是德”，“三寸金莲”在消息闭塞的乡下尚未完全废除，可蒋维康坚持让女儿大着脚板，跟着自己读书、学文化。做出这样的决定，一是因为，蒋维康学问深厚、思想开放，没有重男轻女的老思想。二是因为，卫前蒋家人心向学，相信读书能够改变命运：“读书者愈多，识字者愈众，则义理愈明，而成效愈著，阂隔误会之事必愈久而愈少，不仅少也，且至无焉，不仅无也，且至洽焉。”三大概也是因为，除了独生女儿，蒋维康膝下一直再无所出，蒋学忍是他的掌上明珠，事实上，也是他唯一的血脉。

就这样，蒋学忍从6岁起，就在父亲的私塾里进进出出，一呆就是8年。私塾里就蒋学忍一个女孩子，她漂亮又泼辣，记性好又能干，加之是先生的女儿，所以颇受男孩子的欢迎，其中当然包括和她同岁的余佩卿。在众多聒噪的年轻男孩中，安静又稳重的余佩卿显得与众不同，也许就是这份与众不同吸引了蒋学忍的目光。余佩卿姓余，自然不是蒋村人，而是桥头镇烟墩村人。烟墩村离蒋学忍住的前蒋村有六七里地，走路上学需要一个小时，可余佩卿从来不迟到，她到的时候，常常看到余佩卿已经坐在自己的座位上温书了。和其他男生的不修边幅不同，蒋学忍发现，余佩卿总是穿着干干净净的合身衣裤，头发梳得整整齐齐，作业也都写得规规整整；回答问题的时候，他站得特别直、声音特别响亮，答案总是得到先生，也就是自己父亲的赞许。

年少的爱情简单又纯净。在包办婚姻横行的年代，蒋学忍和余佩卿“自由恋爱”了。从小独女、深得父母宠爱；心上装了个人，又恰好两情相悦……可以说，少女蒋学忍的生活一帆风顺，比蜜还甜。可惜好景总是不长久，先是父亲意外离世；

再是心上人背井离乡，难相见。

那一年，蒋学忍只有 14 岁。下课后，父亲说要帮亲戚搬家，匆匆忙忙就走了。慈溪多水路，一个六七口的大家庭，都装在一条小小的船里，热情又善良的蒋维康尽管身体瘦弱，可还是帮着跑前跑后、搬上搬下。都说“百无一用是书生”，可真不冤枉，扛一件大家具下船，蒋维康都觉得气喘吁吁、胸闷心慌，可他不愿意放弃，只想多帮点儿忙，忙完早点儿回家。谁知道回到家，蒋维康就病了；没几日，咳出黑色的血块来。大家都推测，他大概是扛家具时压了一下，“压出了内伤”——20 世纪 30 年代的乡下哪有什么像样的医疗手段，没几天，蒋维康就撒手人寰，留下了孤女和寡母。

没有了先生，学堂也散了。余佩卿决定像父亲余云怀一样，去上海闯荡一下，闯出一片属于自己的天地来，再回乡迎娶蒋学忍。尽管两人心头都有不舍，可余佩卿是男人，三北男人一辈复一辈，都有走出去的传统，再不舍，也只能送他离开。三北靠海，从烟墩去上海，可以在海边直接坐“沙船”，经一天一夜的海上航行，大上海就到了。所谓“沙船”，是十丈有余的木杆大帆船，上海富商用这种船，由北方运盐到上海，由南方运黄沙到北方。一来一往，沙船都要经过三北，余佩卿就是和南方的黄沙一起，到了大上海。

尽管父亲余云怀已经在上海打下了属于自己的一片天地，可余佩卿到了上海，并没有沾父亲的光，在父亲的荫蔽下生活——余云怀有钱，可是钱不是在老家买了地给乡亲们免费种，就是做了公益——给村里添了消防设备。即使父亲愿意帮他，余佩卿也不愿意接受父亲的帮助：三北的男人都要通过自己的奋斗，才能成长为真正的男人，依靠父亲算什么本事？

可当时余佩卿毕竟只是一个上了两年私塾的半大孩子，中文字都认不全，到了大上海又能做什么呢？他只能从最底层的学徒做起。余佩卿当学徒的地方，是中国第一家西药房：上海中英大药房。学徒者，勤杂工也，两眼一睁，忙到天黑，两脚不沾地，眼到手到心也到，啥活儿都得做，永远没有干完的时候。在繁重的工作之余，余佩卿惦记着在家乡苦等他回来的蒋学忍，更坚定了要出人头地的信心，他不能一辈子给人打杂，他要做出一番事业来，体体面面回乡迎娶他心爱的姑娘。

和父亲在上海华商纱布交易所的感受差不多，余佩卿也意识到，不想一辈子给人打杂、想在大上海出人头地，学习是他最迫切的任务。当时，上海是个殖民地，是外国探险家和侵略者的乐园，要想出人头地，进入“外企”，就必须学会英语。再者，要做一个合格的药房工作人员，必须熟悉西药药理知识、调配技能和经营方法；西药的说明常常是由拉丁文写成的，这意味着，要想在药房工作，还要掌握一定程度的拉丁文。此外，那时候的大药房，不单单是卖药，还承担着制药甚至化妆品研发等功能。在1901年~1910年上海《申报》的广告栏上，可以看到中英大药房自主研发的产品有40多种，著名的有：急救保命卫身水、六神丸、参茸白凤丸、补血铁精葡萄酒、轻快四时丸等——这就要求药房的工作人员有一定的中医常识。

于是，年轻的余佩卿在学徒繁忙的活计之余，一直坚持自学英文、拉丁文，乃至化学和中西药知识，少的可怜的薪水除了要生活、要攒一部分娶妻、还要拿出一部分来去买书本。他从小学英文课本和化学课本开始学起，一直自学到娶了妻、生了子，当上了药房店员。有了正式的工作，也就有了余钱，余佩卿在自学之余，还报了英文补习班——在上海励志英文专科学校读夜校，进一步提高自己的英文读写水平。他的同学中，就有大名鼎鼎的无产阶级革命先烈王孝和。

尽管学徒生涯清苦，还要买书学习，余佩卿还是勒紧腰带攒够了娶亲的钱，回到家乡迎娶了年轻的恋人蒋学忍。婚礼结束后，余佩卿又回到上海，继续完成学徒的工作，妻子留在家乡照顾老人。1936 年 11 月 8 日，余佩卿和蒋学忍的长子余梦伦在浙江慈溪桥头镇烟墩村呱呱落地。

余梦伦两岁的时候，是家乡战火纷飞的时候，也恰好是余佩卿学徒阶段即将结束、能够正式在药房工作、供养家人的时期。他由母亲和外婆带着，逃难到了上海，来到了父亲身边。一家人终于团聚了。

# 余梦伦

余梦伦院士传记

Academician Yu Menglun's Biography

第四章

# 逃难到上海

余梦伦的记忆，是从石库门开始书写的。除了日军战机在头顶飞来飞去、时不时可能轰炸的恐惧，他的童年，是轻松快活的。

1937 年 7 月 7 日，日军发动全面侵华战争后，8 月 14 日派飞机轰炸杭州笕桥机场，11 月 5 日即在杭州湾登陆。从此，日寇的铁蹄踏上了浙江大地。

此时，尚不满一岁的余梦伦还在蹒跚学步。

抗日战争时期，浙江是受日军侵略时间最长、受战争灾难最深重的省份之一。日本侵略者在浙江杀人放火、奸淫掳掠、无恶不作，给浙江人民带来了亘古未有的灾难。据史料记载，在整个抗日战争期间，浙江全省 77 个县市中，共有 38 个县市长期被日军占领，30 个县的县城遭到日军窜扰。日军铁蹄所至，生灵惨遭涂炭，庐舍毁而为墟，百姓流离失所。日军丧尽天良、灭绝人性的暴行，罄竹难书。

1939 年春天，余梦伦的故乡余姚已是花红柳绿，小桥流水、炊烟袅袅，一片安宁祥和的景象，似乎和“战争”二字毫不沾边。蒋学忍从丈夫捎回来的家书里知道，上海已经沦陷，丈夫尚能自保，要她照顾好老人和孩子。打理了地里庄稼、又做完琐碎的家务事，蒋学忍会抱着牙牙学语的儿子站在院子里，远远望向上海的方向，她为丈夫的平安提着心，为故乡的安宁吊着胆：谁知道这平静能持续多久？这平静下也许潜藏着深重的危机。

覆巢之下，焉有完卵？蒋学忍读过几年私塾，不是两眼一抹黑的家庭妇女，她的担忧是有道理的。天气热了又凉下来，地里庄稼由绿变黄，正是夏秋之交、快要收获的时节，日军战机开始轰炸余姚，仅仅在城区就投弹八九次，炸毁房屋120余间、炸死居民10多人。蒋学忍的娘家观海卫也不能幸免，三架日机在最繁华的南门大街、东门立夏街等地方投弹数枚，炸死13人，伤43人，炸毁房屋50余间，震毁10余间；母亲范珍的娘家范市镇也遭到日军投弹，两枚炸弹在闹市区爆炸，平日热闹的街道瞬间遍地疮夷，无辜百姓伤亡惨重：至少有45人当场罹难，炸毁、烧毁的房屋共计31间，另有一艘快船、两艘乌篷船被毁。还好，蒋学忍带着余梦伦生活在烟墩村婆家，范珍因为早年丧夫，膝下只有独女，也随蒋学忍一起在烟墩村生活，一家老小才得以幸免于难。

蒋学忍是个精明而坚忍的女人，父亲去世早，婚后丈夫不在身边，她习惯了独立，大大小小的事儿都自己拿主意。可这一次，听到母亲轻不可闻的叹息声、捧着年幼的儿子懵懂的小脸，不安的情绪在她心里越来越强烈，蒋学忍终于没了主意，她是个女人，在丈夫的身边心里才踏实，哪怕上海早已沦陷；年仅两岁的余梦伦已经会问“爸爸去哪儿了？”她却不知道怎么回答，她明白，男孩子更需要在爸爸身边长大。此时，余佩卿在上海的学徒生涯即将期满，已能独立工作养家糊口，他也盼着妻儿能够在身边：老婆孩子热炕头，是中国男人最朴素的愿望，任谁也不能免俗。何况是自由恋爱、忍受着相思之苦的余佩卿和蒋学忍呢?

就这样，在丈夫的支持下，蒋学忍锁了家门，扶老携幼，坐着和余佩卿当年离开时一模一样的沙船，第一次离开了家乡。从此，它乡是故乡。

初到上海，余佩卿一家四口，租住在上海闸北区山西北路三泰路老泰安里21号，一个约10平方米的小房间里。

闸北区地处上海中心城区北部，东与虹口、宝山为邻，西与普陀、宝山毗

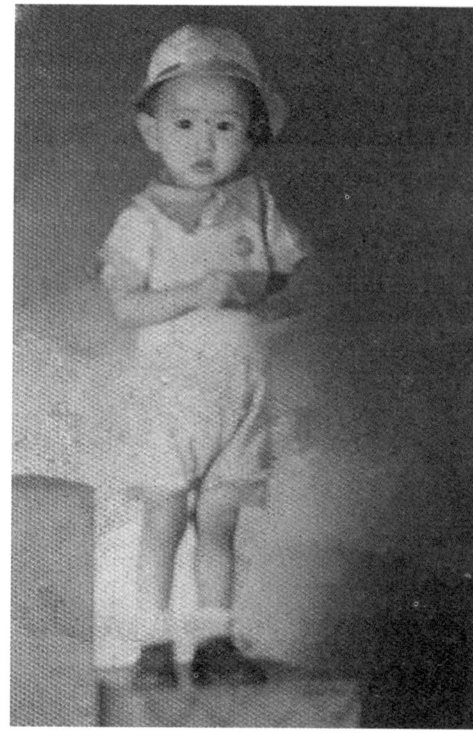

余梦伦2岁时在上海留影

连，南隔苏州河与黄浦、静安两区相望，北与宝山区接壤。上海开埠后，新闸及老闸的北面也开始发展，闸北之名旋即出现。1899年，上海地方绅商为应对租界的大规模扩张，决定加速发展闸北，闸北渐进成为上海华界的中心。然而，1937年淞沪会战后的三个月间，侵华日军在闸北实行焦土政策，致使数十万居民流离失所，工商企业几乎全部损毁，闸北华界元气丧尽，几成废墟。战后的闸北成了苏北等地难民的聚集地，大批棚户区、滚地龙（用毛竹和木片等搭建的最简单的住所）沿铁路、河道蔓延，占全区住房面积的四分之三以上，闸北区也沦为上海最贫穷的地区。

和难民的棚户区相比，余梦伦一家所住的地方条件好多了，他的家，是最具上海特色的居民住宅——被上海人称作“石库门”的地方。石库门是一种融汇了西方文化和汉族传统民居特点的新型建筑，这种建筑一般以石头做门框，以乌漆实心厚木做门扇，汉语中把围束的圈叫做“箍”，这种用石条围束门的建筑因此得名“石箍门”，宁波人发“箍”字音发的是“库”，后来，上海的“石箍门”就讹作“石库门”了。

石库门盛行于20世纪20年代，上海的旧弄堂里一般都是石库门建筑，占据了当时民居的四分之三以上。在弄堂里，庭院式大家庭传统生活模式被打破，取而代之的是适合单身移民和小家庭居住的石库门弄堂文化。石库门里的“亭子间”“客堂间”“厢房”“天井”“二房东”“白相人嫂嫂”“七十二家房客”等与石库门有关的名词成为老上海们温馨的记忆。

在日军侵华期间，能居住在石库门的人一部分是从江浙一带逃难来的有钱人，另一部分就是有一定身份、有一点积蓄、租房住的白领，余家当然属于后者。余佩卿学成后，就留在上海中英大药房工作，凭着熟练流利的英语和扎实的化学功底，他很快就能独当一面，从一个只上过两年学的学徒工变成了一名营业员，后来又升至营业室主任，创造了一个小小的奇迹。

余梦伦的童年记忆，是从石库门开始书写的。清晨，粪车到来的叫喊声“拎出来哦”宣告了一天的开始，就像歌星周旋的歌里唱到的：“粪车是我们的报晓鸡，多少的声音都随着它起，前门叫卖菜，后门叫卖米。”石库门典型的上海弄堂里，有的人买、淘、烧，有的人跟着收音机里的越剧和评弹哼唱，小孩们也在弄堂里玩耍，弄堂逼仄，但生活井井有条。每到一天的饭点时，扑鼻的饭菜香都会弥漫整个弄堂。

吃罢早点，父亲就会拎着皮包，夹着厚厚的几本书去大药房上班，皮鞋擦得铮亮，头发一丝不乱，前一晚平平整整压在枕头下的西装在出门前才由母亲服侍着穿上身，布料挺括，领、胸、腰等部位平展舒适，显得身材挺拔、绅士风度十足。

父亲走了，外祖母和母亲开始女人们一天的劳作：打扫房间、缝补衣物、买菜做饭……浙江乡下有不成文的习俗，男孩子是不用做任何家务的，最好“十指不沾阳春水”，但是需要跟着家里的男性下地劳动，富裕人家的子弟则是“一心只读圣贤书”。余家有两位女性操持家务，到了上海又没地可种，除了日军战机在头顶飞来飞去、时不时可能轰炸的恐惧，余梦伦的童年是轻松快活的。

上海人习惯了在逼仄的空间里生活得有滋有味，上海的小孩子们也会在窄窄的弄堂里玩得花样百出，“扯柃子”“套圈子”“跳筋子”“打弹子”“造房子”“抽陀子”“滚圈子”“顶核子”“掼结子”……这些游戏有着有趣的名字，都是上海孩子们最喜欢玩儿的，在弄堂里长大的余梦伦也不例外。

“打弹子”是余梦伦的拿手好戏。

“打弹子”最简单的玩法是“互弹法”，用自己手里的彩色玻璃球去弹对方的玻璃球。如果击中了，将赢对方一个玻璃球。“打弹子”并不是想像得那么简单，也不是一般的熟练活，想赢必须要动脑筋，研究角度和弹球的力度，角度偏一点、力气大一点或者小一点，都不能击中对方的玻璃球。余梦伦“打弹子”，不但用手，而且用心、用脑子，算好角度，瞄准了，屏住呼吸，稳稳击出，“当啷”一声脆响，把对方的玻璃球击出好远。赢了！余梦伦咧开嘴笑了，刚刚因为认真而绷紧的小脸舒展开来，他像快乐的小鸟一样，飞奔过去，把赢来的玻璃球装到口袋里，拿回家放进装满清水的罐头瓶里，花花绿绿的煞是好看。

“抽陀子”则是个力气活，是弄堂游戏里最宣泄情绪的一项活动，一根棍子上绑一条牛皮筋，抽在地上转的陀螺。陀螺有大有小，有木的有铁的，还可以比赛，两个陀螺对撞，谁的被撞倒了谁就输。余梦伦的个子小，身体瘦弱，“抽陀子”并不沾光，但他会用巧劲儿，不像别人抡开膀子把鞭子摔得虎虎生风，把陀螺抽得不停脚，不一会儿就把自己累得满头大汗。余梦伦“抽陀子”不紧不慢，他抽一下，停一会儿，优哉游哉，轻巧灵活地躲开对方一次次猛烈的攻击。等对方累了，没有力气了，再看准了机会，狠抽几下，让陀螺飞快地转起来，冲向对方已经没有劲儿的陀螺，赢一个小小的胜利。余梦伦不知道，这正是《左传·曹刿论战》里的战术：避其锋芒，待彼竭我盈，故克之。但小小的他已经懂得如何利用战术来取得游戏的胜利了。

除了和小伙伴们玩游戏，童年的余梦伦还爱养昆虫和小动物。他养的第一种昆虫是蛐蛐，蛐蛐就是蟋蟀，亦称“促织”“素针儿”。余梦伦用了一个八仙盆，养了十几只，一下课就去看蛐蛐，把家里的毛豆、玉米和米粒悄悄地拿出来喂蛐蛐。蛐蛐不养了，又改成小白鼠了，工作在大药房的父亲对小白鼠比较熟悉，母亲却不免有些害怕。又过了不久，小白鼠不养了，余梦伦开始养蚕了。他欣喜地看着下在报纸上的黄色蚕卵渐渐变黑，一条条黑色的小蚕咬开卵壳，爬到嫩绿的桑叶上，由黑变白，由瘦变胖，吐丝成茧，破茧化蝶……余梦伦的种种爱好，母亲从没有粗暴地干涉过，虽然她同样望子成龙；相反，蒋学忍从儿子的眼睛里看到了善良、慈悲和爱心，这是单从书本上得不来的。

1942 年秋，余梦伦即将满 6 岁，暂时告别了蛐蛐们、蚕宝宝们、玻璃球们和陀螺们，到弄堂小学——竟立小学上一年级。

# 余梦伦

余梦伦院士传记

Academician Yu Menglun's Biography

第五章

# 儿郎上学堂

五年级，余梦伦代表弄堂小学参加全区数学竞赛，从此在他心中播下了对数学情有独钟、兴趣百倍的种子。他情愿一辈子都畅游在数学的海洋里！

1942年秋天，尚不满6岁的余梦伦背起书包，进了小学堂。

小学堂离家不远，就在隔着一条马路的里弄里，是旧上海典型的“弄堂小学”。

弄堂，是上海人对里弄的称呼。在古代，弄堂写作“弄唐”，“唐”是古代朝堂前或宗庙门内的大路，随着历史的发展，“唐”作为“大路”的这层意义渐渐被人们忘记，“弄唐”中的“唐”也被代之“堂”。“堂”原来是对房间的称谓，与大路、小巷无甚关系，但在近现代汉语中，它与建筑学的联系毕竟比“唐”更紧密些，而且又与“唐”谐音，这样“弄唐”就演化成了“弄堂”。

有人说，弄堂最能代表近代上海城市文化的特征，它也是上海近代史最直接的产物。从高空俯看上海，可见窄窄的弄堂密密麻麻布满全城，就像毛细血管那样细小却充满了生机。老上海很多弄堂里都有弄堂小学，一般来说，校舍就是一楼一底的房子，师生都从后门进出；灶间做办公室兼门房间，客堂前楼是两个教室，天井里搭的凉棚是校长太太的香房；校门外的弄堂就是上体育课的操场。

这些弄堂小学，其实就是私塾，余梦伦去的那一所，叫做“竞立小学”。和其他的弄堂小学差不多，竞立小学也建在住家的房子里，房子本有两层，在两层之上人为地搭了一间屋子作为教室；同学们也多来自各个弄堂，但和余梦伦相熟的小伙伴并不多——他很疑惑，还有点羡慕：那些弄堂里一起玩“打弹子”“抽陀子”的小伙伴为什么都不用上学？

后来，余梦伦才明白，在那个年代，并不是所有的家长都重视孩子的学业，也并不是所有弄堂里的孩子都上得起学。和大多数同龄人相比，余梦伦是幸福的、幸运的，但6岁的他哪懂得这么多？爱玩儿才是小孩子的天性，上不上学又有什么要紧呢？

余梦伦觉得，和上学相比，回家更开心。他惦记的，是下课后穿过大马路回到自家的弄堂，继续和熟悉的小伙伴们一起玩耍：玩官兵捉强盗，在弄堂里疯跑，一帮小孩子在挂满了衣服的竹竿下呼啸而过，才不管上面是大裤衩还是小孩儿的尿布——大人们可是要小心翼翼避开的，从裤衩下面穿过“不吉利”。有时候，出门的时候晴着天，玩儿到一半下起雨，玩疯了的小孩们淋成了落汤鸡回家，引得母亲担心、父亲气得吹胡子瞪眼。

不过，在余梦伦的印象里，自己的父亲很少对家里的孩子们生气。事实上，父亲几乎不会操心他们的学业，更不要说衣食住行。

父亲是老上海的男人。

老上海的男人，指的是那些洋行里的文员买办、医生和教书的先生，以及在合资企业做事的白领。汽车是没有的，出门坐的是黄包车；收入稳定，不多，当然也不会少；有责任心、顾家，不会夜夜笙歌，上班、下班回家准时得像瑞士钟表。老上海的男人一般都能说一口流利的英语，谦逊识礼；爱学习，以有知识为荣；不光会说，还要心灵手巧，动手能力很强，否则在上海这个地方是很难找到立足之地的。

20世纪30年代，余梦伦父亲余佩卿在药房办公室

余梦伦觉得，这些优点，父亲全都具备。也因此，要学习又要工作养家的父亲，很忙。白天，父亲一早就夹着皮包去药房上班；晚上回家吃完饭，父亲就打开家中的打字机，继续工作到深夜。在余梦伦之后，母亲三年一个、三年一个，一连给余家添了四个孩子，祖孙三代，八口之家，把本来就狭小的空间挤得满满当当。全家八张嘴都仰仗父亲一个人的工资生活，他的精力放在努力工作、养家糊口上都不够，哪还有精力关心余梦伦和弟妹们的学习呢。

父亲对余梦伦的影响，是潜移默化的。

他的记忆里，少不了父亲的老式英文打字机，每天晚上噼噼啪啪地响个不停，速度很快，很像电影《罗马11时》里面的那个打字像打机关枪一样的“老枪”。父亲要天天做账目，一做就是半宿，那单

余梦伦父亲用过的英文打字机

调的打字声伴随了余梦伦的整个童年，他经常是在打字声中睡着了，又在打字声中睡醒了。

有时候，吃罢晚饭，父亲没有拿出他的打字机，而是一头扎进二楼的阁子间：不是看书，就是搞一些手工制作。家里的工具很全，老虎钳、螺丝刀、扳手，还有一个电烙铁，小小的房间里总是弥漫着烙糊胶皮的味道。

父亲手很巧，会装收音机，布的线非常清楚，有条有理。几个孩子围在父亲周围边看边学，自此之后，余家就没有买过收音机。长大一点儿，余梦伦也开始自己试着组装矿石收音机，受到父亲的影响，这件在别人看来很难的事情，在余梦伦看来很简单，买一个二极管一弄就响了，不用电源，用天线在外面接收信号；再插上耳机，就可以随便收台，由于不用电源，所以他整天听。收音机上面还安有一个避雷器，因为他安的万用天线那么高，打雷的时候是有危险的。现在想想，真的很像头上有天线的、来自火星的马丁叔叔，搞得大家既佩服又羡慕。

父亲手很巧，会自己洗照片，每当这个时候，余梦伦总是既紧张又兴奋，看着父亲把窗户堵得严严实实，任何一个可以透进光的地方都用黑布蒙起来，伸手不见五指就是这个意思了。黑暗中，余梦伦能听到自己的心跳声，当小小的、只有 15 瓦的红色安全灯亮起来，他才能近距离看到父亲忙碌的身影和房子里的一切：窄窄的阁子间摆得满满当当，桌子上有各种各样的盆盆罐罐，镊子、钳子、夹子、搅拌棒、剪刀、漏斗、定时器、相纸、剪裁刀，一样都不少。父亲是学化学的（当然是自学），配显影液、定影液十分熟练。他几乎不用天平，用手抓就能很准确地确定分量；曝光用的木盒子也是自己做的，里面有一个亮亮的灯泡，还有套在手上的黑袖套权当暗袋。只见父亲把白天已经拍过的 120 胶卷握在手上，把手伸进黑袖套里，取片、曝光……接着，把本来是一张什么也没有的白色相纸交给余梦伦，余梦伦小心翼翼地把它放在显影液里、用镊子夹住再来回晃动一会儿，奇迹就发生了，渐渐地白色的相纸上出现了树、楼房、弟弟、妹妹和自己。余梦伦看得出神了，忘记拿出来，急得父亲直叫："过了！过了！"果然拎出来的照片已经黑乎乎的了，只好重洗。等清晰的照片洗出来，湿漉漉地反贴在玻璃板上，衣架上挂着长长的、随风起舞的胶片时，余梦伦对父亲简直佩服得五体投地。

除了勤奋，父亲还是个爱动脑筋的人。打家具，修板凳，稀松平常。有时候高兴了，一块破砖头在他的手里也能变成工艺品。在他的兜里，经常装着一把刻刀，看见什么雕什么，雕什么像什么。有一次，心血来潮的父亲还用竹筷子做了一个鸟笼子：他买了一个小刨子，把一根根旧竹筷刨得细细的，用钻头钻上眼，一个钉子也没用——就像天坛公园那个九十九级台阶上的小亭子，也没有用一个钉子。父亲就这么左钻右插，一个精美的鸟笼子就搭成了，虚掩着竹门，撒几个谷粒，一旦有鸟儿进去，竹门就会自动落下来。后来，这个笼子里养着的是叫“娇鸿”的那种鸟，一种漂亮的绿色的小鹦鹉。

倒是母亲更关注孩子们的学业。蒋学忍在自家私塾里读了8年，直到她的父亲、余梦伦的外公意外去世，才不得不终止了学业。余梦伦曾经好奇地问母亲：为什么父亲只读了2年私塾，你却读了8年？是不是学习不好，留级了？母亲笑而不答。还是父亲笑着解释：你母亲学习很好的，她一辈子的爱好就是读书，于是循环读、不断地读，赖在学校里就是不想出来。母亲爱看的书和许多上海女人爱看的差不多，大都是文艺书籍，一本《红楼梦》就放在她的枕边，随时可以拿来看，不知看了多少遍，书都翻烂了。

余梦伦觉得，母亲的身上有一点《红楼梦》里王熙凤的影子。她像王熙凤一样，承担了家里的所有家务，好让男人能安心在外打拼；她做得一手好菜，无论是难得吃到的砂锅炖鸡，还是简单地一把小油菜扔在锅里炒炒，都美味无比；她会治家理财，能在“螺蛳壳里做道场”，在10平方米的房间里，把上有老、下有小的大家庭打理得和和睦睦、井井有条。

在余梦伦心里，蒋学忍是一个慈爱但又严厉的母亲。她信奉“万般皆下品，惟有读书高”，坚持不管儿子女儿，都要去读书。有一段时间，因为父亲和人合伙做生意失败，家里顿顿只能吃酱油拌饭，别说肉了，连菜都没有。在这样困难的时刻，母亲也咬着牙：五个孩子一个都不能辍学。

打铁还需自身硬，要求余梦伦和弟弟妹妹们读书上进，母亲自己首先做“学霸”：知识渊博，尤其是文学功底了得，家里无论谁遇到不认识的汉字，懒得查

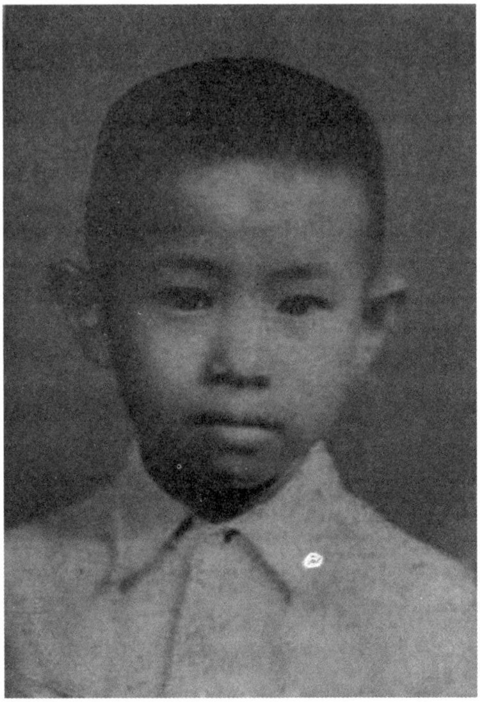
上小学时的余梦伦

字典，都跑去问她，准能得到满意的答复，这让儿女们敬佩不已。

同时，母亲并不在乎儿女们在学校的成绩、排名，而是根据每个孩子的兴趣，鼓励他们向自己爱好的方向发展。余梦伦不喜欢英语，尽管父亲最重视英语，可他就是学不好；相反，余梦伦热爱数学，感觉沉浸在数字的海洋里最有意思。母亲看在眼里、记在心里，为他买了很多数学参考书，支持他“片面发展”。

余梦伦没有辜负母亲的希望，在小学五年级的时候，他终于第一次成为了“余家的骄傲”。那一天，数学老师，一个阳光灿烂、温文尔雅的年轻人，郑重地在班里宣布：余梦伦将代表全校参加全区的数学竞赛。

余梦伦幸福得发晕，不敢相信这样的重担会落在自己身上：全校只派他一个人参加比赛，也就是说，他身上背负的是整个学校的希望和荣辱。他有些胆怯，但一看到老师充满信任和期待的目光，余梦伦又挺起胸膛，决定迎接挑战。

参加竞赛的前一天，母亲和儿子一样兴奋地彻夜难眠，早早地，她就把新衣服给儿子准备好、用鞋油把小皮鞋刷得锃亮，还在儿子崭新的学生装的上衣口袋里，插上一支书写流利、粗细匀称的钢笔……这一切都曾经是当时中小学生乃至所有知识分子最正统的着装风格，几乎成了文化和品位的象征。母亲懂得，并让余梦伦也懂得：一个人的衣着打扮是很重要的，是一个人精神面貌的反映。父亲余佩卿一辈子都是这样，从来没有邋邋遢遢地出过门，即便是饿着肚子，也要把腰板挺直了，把头昂得高高的，走起路来昂首阔步。

穿戴好了的余梦伦是在爸爸妈妈期许的眼光里、在弟弟妹妹羡慕的追逐中离开家的，他是在同学和老师的加油声里很隆重地走进竞赛场的。是否得到了名次，余梦伦已经记不得了，但是有一点可以肯定，从此以后，他对数学更是情有独钟、兴趣百倍，情愿一辈子都畅游在数学的海洋里了！

# 余梦伦

余梦伦院士传记

Academician Yu Menglun's Biography

第六章

# 租界里的家

和祖父住在一起的日子，是余梦伦十分珍惜的时光。祖父把一肚子的故事都告诉了他最疼爱的孙子，他的故事都包含着为人处世的道理。

因为搬家的缘故，余梦伦在小学二年级的期末考试结束后，离开了竞立小学。

那是 1944 年夏天，余梦伦 8 岁，下面两个妹妹一个 4 岁多，一个 1 岁多，搬家是父母亲迫不得已的决定。

新家在位于爱多亚路（Avenue Eduard Ⅶ）的上海华商纱布交易所大楼里。这座建于 1923 年的大楼可是相当有来头：由 20 世纪初上海最重要、最有实力的建筑设计事务所和地产公司“英资通和洋行”设计，是具有 19 世纪欧洲巴洛克建筑特点、英国新古典主义风格的钢筋混凝土建筑。和余梦伦原来住的石库门建筑比起来，新家可是洋气得多、也威风得多。

对于新家，余梦伦说不上熟悉，但也并不陌生，因为这里曾经是祖父余云怀工作的地方，后来，这里又成了祖父的家，真正的家：交易所在淞沪会战后停牌歇业，大楼里的房间也都分给了员工居住，祖父在顶楼上分到了三间；如今，就是祖父祖母一间，余梦伦的伯父一家人一间，余梦伦家一间。虽然拥挤，可是中国人看重团圆和相聚，一家人能住在一起，也是幸福。

最重要的是，和老泰安里比，这里安全得多。新家在法租界内，日本鬼子不敢太放肆，这也是父母打定主意搬家的真正原因。

可以说，余梦伦的整个童年时代都生活在动乱里。老泰安里离日租界很近，日本兵一进上海，一夜之间，余家所在的里弄就被占领了。前一天，里弄还归国民党管；第二天晚上一看，每个里弄口都有端着枪的日本兵，叽里咕噜说着余梦伦听不懂的话，里弄里的人都被吓得不敢上街。离家不远的苏州河也被日本鬼子占领了，桥上时刻都有拿枪的日本兵把守，无论老人、小孩，凡是过桥者，都要向日本人鞠躬。

之后，日本兵开始强迫居民到街上站岗。轮到了余梦伦家，父亲就拿着小板凳、戴着袖标坐在里弄口，到了中午，小小的余梦伦就把水和吃的东西给父亲送去。他在弄堂口，看到了许多从外地逃难来的人：条件好的，拿块木板斜靠在墙上，钻在下面睡；条件不好的，就挤在墙边。很多人都已经奄奄一息。

唯一怕的，大概是美国飞机的声音。那时候，美国飞机经常盘旋在上海上空，炸日本人的据点。家里面因为灯火管制，每个灯上都罩上了黑罩子，窗户都用枕头棉被堵得严严实实，生怕吸引了飞机的注意。余梦伦在学校的时候，一旦有飞机从头顶上飞过，孩子们都会吓得浑身发抖；如果是从边上飞过，心里的恐惧会小一点。可是如果飞向父亲工作的方向，余梦伦又害怕起来：母亲说过，父亲工作的地方离日本宪兵队住的地方特别近，万一飞机丢炸弹下来，炸弹又不长眼，一个砸不准，后果不堪设想。

还真有一次，飞机朝父亲工作的方向丢下了一枚炸弹，母亲吓得面如土色，按着胸口不断地说："完了，完了……"小孩子们都看着母亲脸色不敢讲话，小妹妹哭了，外婆赶紧抱着她哄。不一会儿，父亲进了家，原来，炸弹离父亲工作的地方还远着呢。

母亲总是说，一家人的命都是系在裤腰带上的，说话的时候，她的表情坦然。她怕，却从不表现出来，只是经历了这一次，母亲下定决心，必须搬到更安全的地方去。在法租界的祖父家当然是最好的选择。

夏天一转眼就过去了，9 月，余梦伦转入了上海私立钱业小学继续读三年级。

钱业小学也在租界里，可与祖父家相隔 4 千米，余梦伦上学要搭乘大辫子铰接无轨电车。余梦伦不是长孙，却深得祖父疼爱，每一天，都是祖父牵着他的手，亲自送他到学校；余梦伦开始上课后，祖父再乘电车回家，临近中午，带上余梦伦母亲做好的饭，再赶到学校，这样，余梦伦一下课，就能吃到热气腾腾的午饭了；放了学，祖父已经等在学校门口，手里拿着三北藕酥糖，笑眯眯地等着孙子出来。隔辈亲在祖父和余梦伦之间体现得淋漓尽致，那个在交易所里叱咤风云的祖父，在孙子面前就是和蔼可亲又知识渊博的爷爷而已。

余梦伦第一天到钱业小学报到的时候，就像农村孩子刚刚进城，看什么都好奇，见什么都新鲜。钱业小学不是里弄小学，光教学楼就不止一栋，而是古色古香的古建筑群；每个科目都有专门的老师教授，老师们有丰富的教学经验，除了基础科目，还开设美术和音乐课；同学们也比里弄小学的同学更加礼貌，也更矜持，没有人穿得乱七八糟，也没有人拖着鼻涕到处跑……放学了，余梦伦迫不及待地把自己发现的“新大陆”讲给祖父听，祖父笑眯眯地听完，不紧不慢地告诉余梦伦这里的故事。

19 世纪中后叶，随着开埠带来的商机，上海钱庄业发展迅速，市北地区需要建一个会馆。1889 年，上海北市钱业会馆动工兴建，两年后竣工的会馆古色古香：有照壁、大殿、神皇殿、听事殿、戏台……1924 年 10 月，热心办学救国的钱业公会领袖秦润卿倡议钱业公会筹设钱业公学，他自认校董会主席，校址就设在北市钱业会馆内，1929 年公学改称钱业中小学，余梦伦上的，就是其中的小学部……

就这样，每天，一老一小相处的时间最多，祖父把一肚子的故事都告诉了他最疼爱的孙子，他的故事包含着很多为人处世的道理。

1956年，余梦伦（右二）与祖父合影（左一是堂弟、右一是弟弟余梦麟）

祖父给余梦伦讲慈溪的来历，希望他能够有董黯的孝心：慈溪原名“句章”，东汉人董黯就住在句章，他幼年丧父，和母亲相依为命。董黯的母亲得了一种难治的病，她想喝大隐溪的水，因为大隐是她的故乡。那时董黯母子住在慈湖以北的阚山脚下，距离大隐有三十里路。董黯经常早出晚归，去大隐挑水给母亲喝，后来又干脆把母亲接到大隐溪边居住。母亲的病终于好了，他们又返回老家。有一天，董黯正在劳动，院子里忽然泉涌成渠，那泉水的味道丝毫不逊色于大隐溪的水。乡里人都说董黯孝感天地，董黯却说：“是吾母之慈所感也！”于是将院里的渠水取名“慈溪”。“句章”后来也更名为“慈溪”。

余梦伦发现，祖父的故事，总是围绕着故乡。祖父热衷给两岁就离开故乡的余梦伦描述家乡的美丽：慈溪的自然风光得天独厚，栲栳山东西对峙，上林湖荡漾其中，越窑遗址幸留于此，青瓷文化孕育于斯。村庄青山拂云，翠竹绕林，茶园倚于山岭，山是满眼的翠，湖是粼粼的波，湖山之间躺着无数的瓷片和陶片，有细瓷的、粗瓷的，不论是瓷碗还是陶罐，依然如冰似玉，莹碧润泽，染青水，盛绿云，在阳光下闪闪发亮……

讲完了故乡，祖父也给他讲上海，讲他自己的经历，讲张乐平的《三毛流浪记》。祖父告诉余梦伦，上海对于富人来说是百乐门、是大光明影院、是华联商场、是十里洋场、是花园洋房……但是对于三毛这样的“小赤佬”来说就是地狱，三毛寒无衣、饥无食、居无定所，卖报不成、推车无俸，只能流浪街头，但三毛不想学偷窃、不想成为宠物的倔强，和他乐观诙谐、顽皮滑稽的性格，赢得了人们的尊重和喜爱。也许，祖父想告诉余梦伦的是，无论人生中遇到怎样的困境，都不能向苦难屈服，而是用笑容去面对。

余梦伦在祖父身边住了整整一年，直到他在钱业小学读完了三年级，祖父接送了他一年，故事也讲了一年。一年以后，抗日战争胜利了！整个上海都沸腾了！人们走上街头，笑啊跳啊，喜庆的鞭炮噼里啪啦不停地响，游行持续了整整一个星期。工厂不上班了，学校也不上课了，每天，余梦伦和一帮小孩子跟着队伍跑，看到日本鬼子也不再回避目光，倒是曾经气势汹汹的日本兵，突然低三下四、像丧家之犬一样，贴着墙根灰溜溜地走。

可惜的是，战争结束后，余梦伦就告别了祖父，以及祖父的故事，随父母搬回了老泰安里，回到了里弄，一直在弄堂小学读到毕业。

# 余梦伦

余梦伦院士传记

Academician Yu Menglun's Biography

第七章

# 上海解放啦！

给余梦伦留下最深印象的是，1949年7月6日的150万军民大游行，余梦伦的母亲也领着孩子们走进了游行的队伍。

1949 年 5 月，上海解放，余梦伦即将小学毕业。

这是一个值得纪念的日子。1949 年以前的上海，很像电影《北非谍影》里的卡萨布兰卡市，有点乱、有点脏，是一个繁华却又病态的地方，是一个罪恶的地方，也是一个很特殊的地方。日本人的凶残，29 路军的顽强，民族工业资本家的挣扎，底层工人的贫困，美女明星的脂粉，百乐门的靡靡之音，青红帮的码头，石库门的贫民区，中统的暗杀，夜晚的酒吧，共产党地下组织“永不消失的电波”和满街报童手里挥舞的《新华日报》……这个不夜城变成了一个孤岛。

就在这个孤岛上，德军企图联合日军要把在上海的犹太人进行最后的解决，制定了残忍的“梅辛格计划”；就在这个孤岛上，上海的电影明星们演出了一出《乌鸦与麻雀》；就在这个孤岛上，革命先烈王孝和，也是余梦伦父亲的同班同学和浙江老乡，微笑着走上刑场；就在这个孤岛上，张乐平创造了代表底层贫困人民的三毛，《三毛流浪记》最后的一页是“三毛迎解放”，快乐的三毛笑得大嘴都咧到耳朵后面去了，手里提着一挂长长的鞭炮，身上穿着新衣服，脚上穿着新鞋子……

1949 年 4 月渡江战役后，中国人民解放军相继解放了南京与杭州，完成了对上海的合围；5 月 12 日，解放军开始向上海外围发起进攻；5 月 23 日，解放上海的总攻打响；5 月 27 日，中国最大的工商业城市和金融贸易中心——上海全部解放，中国人民解放军上海市军事管制委员会正式成立。身经百战的陈毅将军形象地把上海战役比喻为“瓷器店里打老鼠”。这个老鼠不好打，时任京沪杭警备总司令的汤恩伯，在上海曾大肆吹嘘，说他在上海建成的工事是攻不破、摧不毁的“钢铁阵地”，他要使上海成为“斯大林格勒第二”。

整整 16 个日日夜夜，中国人民解放军运筹古城内外，决胜浦江两岸。上海迎来了自己的解放日。

上海在攻城战役中，没有停过电、没有停过自来水，电话局照常工作，成为战争史上的奇迹。茅以升、吴有训、吴觉农、侯德榜、卢于道、梅兰芳、周信芳等名流，在地下党的宣传下也都自愿留在上海迎接解放，为解放后的上海建设保留了旺盛的人脉。

与此同时，上海军事管制委员会的接管人员也及时跟进，在中共上海地下组织的密切配合和人民群众的热情协助下，有秩序地进行接管工作。警备部队实施严密的警卫措施，工人护厂队积极护厂，保护了人民生命财产的安全。人民解放军模范地执行城市纪律，露宿街头，不进民房，谢绝馈赠，保护外侨，以实际行动扩大了中国共产党和中国人民解放军的政治影响。

在上海攻城战役的 16 个昼夜里，余梦伦一家老小近 10 口人，哪里也不敢去，都挤在小小的房间里。5 月，是南方的梅雨季节，空气湿得都能挤出水来，房间里又闷又热，好像是在桑拿室，憋得要命。屋子外面，枪炮声不断，碎砖烂瓦满地都是，透过门缝可以看见街头倒卧的尸体。渐渐地，枪炮声慢慢停息了，到处都是死一般的静寂。

天亮了，余梦伦大着胆子悄悄推开房门，被眼前的景象惊呆了：满是碎砖烂瓦玻璃碴的弄堂被清扫得干干净净，没有了血迹、没有了硝烟、没有了屠戮的上海，又恢复了它的优雅和美丽。弄堂的青石板地上睡着一群群被炮火撕得衣衫褴褛的年轻士兵，这些士兵的老总陈毅攻城前就告诫过他们："入城纪律是入城政策的开始。有计划、有秩序、有纪律，则加快我们好日子的到来；无组织、无计划、无政府，则永远不能得到。"他还要求他的士兵："大家要讲卫生，胡子、衣服都要弄清爽，现代化的大城市是要讲卫生的。"于是，他的士兵们回到驻地就洗衣服，洗得干干净净；然后一个个排队理发、刮胡子，清清爽爽地打进大上海。由于闷热的天气和成群的蚊虫，战士们的脸上、脚上被咬得东一个包、西一个疙瘩，斑斑点点，有的眼睛肿成了一条缝，但没有一个人进入老百姓的房间里休息。

人民解放军的质朴品质和高尚情操，深深地印在了余梦伦的脑海里。但给余梦伦留下最深印象的是，1949 年 7 月 6 日，上海 150 万军民大游行，庆祝上海解放。江湾路 1 号门前搭起了检阅台，游行队伍气势磅礴地从四面八方涌过来，震耳欲聋的口号声，隆重热烈的仪式，每个人的脸上都带着笑容，每个人都张开了喉咙喊着，每个人手里都挥舞着一面小红旗。平素矜持、难动声色、不会轻易动感情的上海人释放出连他们自己都没有想到的热情和亢奋，来迎接过去被他们看不起的泥腿子解放军，欢呼新中国的到来。

余梦伦的母亲蒋学忍也挥舞着小红旗，领着孩子们走进了游行的队伍。而余梦伦的父亲余佩卿却没有这么冲动，他知道大上海不是那么容易被征服的，谁都知道“打江山容易，坐江山难”，何况留给共产党的是这么一个烂摊子。

1948 年 8 月，国民政府抱着最后一搏的希望，进行了所谓的“币制改革”，即以金圆券替代法币。

1948 年 8 月 19 日，国民政府颁布《财政经济紧急处分令》，宣布自当日起以金圆券为本位币，发行总限额为 20 亿元；金圆券兑换法币 300 万元，东北流通券 30 万元，兑换的最后期限为 11 月 20 日。该法令还规定限期，收兑民间的金银外币：黄金每两兑 200 元，白银每两兑 3 元，银元每枚兑 2 元，美元每元兑 4 元。同时实施“限价政策”，所有物价必须保持在 8 月 19 日的水平上。

为了监督各大城市的“币制改革”执行情况，蒋介石派出了多路经济管制督导员。上海是全国的财政、经济和工商业中心，坐镇上海的正是蒋介石的大公子蒋经国，他誓言“只打老虎，不拍苍蝇”，“要把上海翻一个身，成为新的经济阵地”。蒋经国如是说，亦如此做，杜月笙之子杜维屏就是因为囤积罪银铛入狱。但当调查矛头直指孔祥熙之子孔令侃的扬子公司时，蒋经国还是被迫放走了这只最大的“老虎”。上海滩“太子打虎”的闹剧就此草草收场，金圆券的脆弱地位也从此不保。

当政府的限价政策失败后，上海市面异常恐慌，到处出现抢购浪潮，南京路上各大公司商品所剩无几，连陈年冷货也变成人们追逐的对象，丽华公司纽扣柜台竟高悬“每人限购一只”的字牌。各家商店都卖断了货，货架上空空如也，甚至连平时难以取缔的摊贩都不见了踪影。

进入 1949 年后，上海的物价更是如脱缰野马似地猛涨。5 月 21 日，上海市场的粳米零售价每石竟达金圆券 4 亿 5 千万元，比 4 月同期上涨 170 多倍！

老百姓已不再相信金圆券，市场上以黄金、美钞甚至实物充当筹码，特别是银元再次成为一切交易的本位币。在恶性通货膨胀的蹂躏下，上海百业凋零，民怨沸腾。大部分工商业者已到了山穷水尽的地步，难以维系。当时的中国经济研究所编写的《上海工业现状》指出："如此情形再延长两三月以上，上海工业恐有全面崩溃之虞。"

在短短9个多月的时间内，金圆券的发行总额高达近68万亿元，远远超过了当初20亿元的限额，沦为废纸。钞券面额从最初的1元、5元、10元、50元、100元迅速增大。1949年3月起，万元以上大钞频频出笼，5月24日发行的钞券面额最高达100万元，中央银行甚至还印就500万面额的钞票券。买一个大饼（北方叫火烧）需要两三张面值1亿金圆券的纸币，经济的崩溃，预示着国民党的末日即将来临。

这段时间里，余梦伦年纪虽小，仍能感受到家里紧张异样的气氛，一向自信满满的父亲开始忧心忡忡，担心起家庭的生计，堂堂一个大药店的白领，居然捉襟见肘，担心吃了上顿没下顿，更何况普通的平民百姓。弄堂里的四邻们也人心惶惶，提着一面袋子的钱换不来一升米，最后只能换回一盒火柴，连一向乐观的母亲也沉不住气了，米桶里的米已经见底，眼见着孩子们要挨饿。

这场“金圆券风潮”的实质是一次赤裸裸的经济掠夺，结果是表面繁华的大上海像风干了的橘子，“金玉其外，败絮其中”。物资严重缺乏，人民政府所接管的存米仅够全市半个月的供应，存棉只够一个月的用途，燃煤至多够用七天。加上投机资本家以银元为筹码兴风作浪，操纵哄抬物价，大多数市民生活十分困难，陷于极度不安。6 月 5 日，上海市军管会果断取缔操纵银元金钞的大本营证券大楼，宣布从次日起改用人民币，并限期收兑伪金圆券。几天之后，军管会又采取行动，宣布限期收兑收存外币，严禁外币流通；查封了证券大楼，由中国银行挂牌收兑银元。同时，为了保障广大人民群众的利益和生活，决定在华东 37 个城市举办折实单位储蓄，吸收了大批存款。这些措施，对稳定市场、解决职工工资的保值问题，起了极大的作用，博得全市人民的热烈拥护。这样，人心大快，人心大定了。余佩卿的脸上也露出了难得的欣慰笑容。然而，还有一场名叫“天灾”的考验在等待着他们。

1949 年 7 月 24 日，上海解放刚刚不过两个月，大街小巷依旧涌动着欢庆胜利的喜悦之情。然而一场空前的灾难却突然袭来。7 月 24 日碰巧是星期天，不少家庭举家出游，享受悠闲的假日。没想到午后天空逐渐阴沉下来，刮起了阵风。

“怎么又要下雨了？”刚把衣服晾出去的母亲又急忙把衣服收回来。1949 年上海的黄梅天显得格外漫长，霪雨霏霏，绵绵不绝，好不容易熬到 7 月中旬才出梅。这又要下雨了，衣服总也晒不干，已经生霉了。可谁曾料想这场风雨非比寻常！ 12 级的台风此时已穿越冲绳岛，以每小时约 26 千米的速度从宁波方向朝杭州湾直扑过来，是上海自 1915 年以来遭受的破坏性最大的一次风灾。晚上 8 点，上海开始下雨，且越下越大。顷刻之间，除了个别地势较高的路段外，市中心沿黄浦江、苏州河方圆 15 千米的区域尽成泽国，南京路永安公司附近水深及腰，跑马厅简直成了“小西湖”，四周的篱笆被暴风尽数吹翻在地。“屋漏偏逢连夜雨”，福州路外滩的防汛泵站在这关键时刻却遭水淹，完全无法使用。余梦伦家住的闸北区是重灾区，平均水深达 1 米，有的水深至 2 米。胡同变成了一条条肮脏的河流，上面漂着各种各样的木头家具、衣物、家禽，甚至还有小孩子玩儿的赛璐璐洋娃娃。

余梦伦家也成了孤岛，一家人被困在小小的阁楼上，就像汪洋里的一条船，随时都可能倾覆。没有了电灯，没有了自来水，房屋倒塌声和人们的惊叫声不时可闻。爸爸急得像热锅上的蚂蚁团团转，扼腕叹息不知如何是好；妈妈不停地流泪，把孩子们紧紧地搂在自己的怀里。上海全市已经有 1600 多人淹死，6 万多间房屋倒塌……终于，有人来搭救他们了，那些露宿街头的解放军蹚着泥水来解救他们，并且每人每天节省 2 两大米，送到灾民的手里。轻易不动感情的父亲被感动了，彻底卸下了心里的包袱，他顾不上妻子儿女，天才蒙蒙亮，就迅速赶到药店，发动大家展开自救，用水桶、脸盆、罐头盒甚至长筒雨靴来排除店堂里的积水，然后拖干地板，整理货架。8 点一到，一切准备就绪，准时开门营业，给新中国的新上海献上了一个碰头彩。

解放后，由于有一定的文化基础和热心为大家服务的劲头，积极上进的母亲在政府和群众的推举下，担任了闸北区街道居民委员会的主任，将街道

“经营”得红红火火；后来，因患高血压病退休。闸北区政府为感谢母亲对集体事业的奉献，1960 年，特批准在新建成的西藏北路居民小区内奖励一套住房，从此，余家才告别了这水淹过的、连厕所都没有的旧居。

# 余梦伦

余梦伦院士传记

Academician Yu Menglun's Biography

第八章

# 梦想露新芽

余梦伦站在黄浦江边，放眼看去：帆影点点，在中国的港口，在中国的江面上，居然没有一艘中国产的大轮船——他要成为一名造船工程师，造一艘中国的船！

台风停息了，艳阳高高挂在天上，一扫阴雨连天的霉味。秋高气爽，每个人的心里都亮堂堂的、暖融融的。就在这一年，余梦伦从竞立小学毕业，考取了上海南洋中学位于北京东路的初中部。和他一起的，还有小学班里两位好朋友：俞寿亨和董天标。

和默默无闻的里弄小学不同，上海南洋中学可是鼎鼎大名，是上海最早由国人民间自办的新式中学堂。19世纪中叶，在“废科举、兴学堂、育英才”的口号下，王维泰（字柳生）在松江秀野桥畔开办学堂；1896年，学堂迁至上海城厢大东门内王氏宗祠“省园”，利用祠堂余房、庭园，并添建一幢二层七间的“洋楼”作为教室，命名为：育材书塾。育材书塾设正馆（相当于中学）与备馆（相当于小学），备馆先开；正馆课程为经史、词章、掌故、算学、化学、英文等，备馆课程专重国文，兼有英文、算学等学科，中国著名外交官顾维钧就毕业于育材书塾的备馆。这些课程的设立，注定了这是由中国人自力主办的民间第一所私立“西学”学校。1898年9月，维新变法失败，众多学校被迫关停，育材书塾却因其私立性质，得以保全。

光绪二十六年（1900年），王培孙奉叔父王维泰之命，接办育材书塾。王培孙的接手可谓临危受命，此时中国北方遭遇八国联军入侵，上海也人心惶惶、学生减员、财政困难、惨淡经营。王培孙的夫人沈竹书卖去首饰、支撑困境，在众教员齐心协助下，才勉强渡过难关，使学堂书声不辍。王培孙接办育材书塾后，曾赴日本考察教育，回国后不久，即将校名改为南洋中学，时为 1904 年。

回国后的王培孙，致力于学制和课程设置的改革，将中学四年制改为五年制，并先后建成了图书馆、实验室、实习工场、科学馆、学生宿舍和大操场等。1930 年，典雅的南洋中学图书馆建成，10 万多册的藏书为上海中等学校之冠。当时的南洋中学以学制健全、设备完善、师资力量雄厚和教学质量优良闻名沪上。

然而，1937 年上海“八一三”淞沪会战爆发，上海沦陷，在日寇铁蹄下，南洋中学也难逃浩劫，校舍被日军占领，学校被迫停课。由于外文图书及部分仪器来不及迁移，其后荡然无存，尤其是校董捐赠的 2000 倍显微镜被掠夺，更令人痛愤。但学校终不忍废学，遂于 1938 年租借公共租界内北京路盐业大楼五楼 10 间房屋作为教室，重新开学。

余梦伦是上海解放后，第一批考进南洋中学的初中生。此时的南洋中学，名声虽然依然响亮，却没有了过去的辉煌，没有美丽的校舍，没有绿茵铺地的

南洋中学本部教学楼

操场，也没有高大巍峨的礼堂，学校还在盐业大楼五楼，几间破旧的房子充当教室。师生总共有500人，学生是饿着肚子学习，老师是不拿薪水义务讲课。已届78岁高龄的校长王培孙，见到中国人民解放军纪律严明，新政府一心一意为百姓服务，禁不住老泪纵横，深有感触地说："古人有'闾阎宴然'之语，今固见之。南洋中学当重振旗鼓，待从头收拾旧河山，为新中国、新上海培育更多的人才。"

在南洋中学的三年时光，是愉快的，虽然短暂，却给余梦伦留下了深刻的印象。南洋中学的课程设置以有利于学生品德修养、升学和就业为前提，设国文、英文、算学、化学等科。由教师自定课程、自编教材，随社会需要不断更新和充实授课内容。除此之外，南洋中学一直秉承老校长王培孙的教育思想，爱国、爱家、爱生活；不读无用之书，不学无用之技。学习和社会紧密相连，反对"两耳不闻窗外事"，主张"不能只读圣贤书"。老校长自己也是身体力行：积极参加光绪二十九年在张园举行的拒法拒俄爱国集会、五四时期在北门公共体育场召开的"国耻纪念"国民大会、五卅反帝示威大游行等一系列反帝爱国活动。九一八事变后，他把陆游的《示儿》、文天祥的《正气歌》等爱国诗文，列为学生的必读教材，激励学生的抗日救亡意志。

在南洋中学的三年时光，是幸福的，尽管校舍简陋，但余梦伦的精神一直丰富而充实。校舍在盐业大楼五楼，没有操场，南洋中学引以为傲的体操项目无法开展，余梦伦在校三年，连体育课都没有上过；可他记得，盐业大楼里"铁笼子"似的电梯不让学生使用，每天，他都一鼓作气跑上五楼，小孩子之间还要比谁跑得快，虽然累得满头大汗，却特别开心。学校没有食堂，只有一个小厨房，每天，同学们都要带饭，饭盒放在厨房里的蒸笼里加热，中午领回来，热气腾腾、香喷喷的，同学们之间你尝尝我的、我尝尝你的，每个人都吃到了百家菜。南洋中学的老师多出身名门，课上得精彩，通常并不留家庭作业，下

南洋中学初中部大门

了课就可以自由活动。于是每到放学时分，余梦伦就背起书包，一溜小跑，成了黄浦江和苏州河的常客。

苏州河就在南洋中学附近，是一条流经上海的内陆河。苏州河属于太湖水系，上海开埠前，一直叫它吴淞江；开埠以后，由于可以乘船从上海直达苏州，所以被称为苏州河。

都说黄浦江是上海的母亲河。不过，能够从更深层次上观察、预期上海发展的动态与趋向的，却是苏州河。可以说，苏州河是上海历史的一面镜子，是插在上海躯体内检测上海生命与活力的体温表。苏州河原本是一条不知名的野河，沿河两岸曾经错落地散布着农田、湿地、芦苇、沟岔；秋风一起，苇叶瑟瑟，鸟飞虫鸣，鱼虾肥硕，是孩子们野钓的圣地。但它的周围很快就参差地立起了英国领事馆、理查饭店、百老汇大厦、光陆大戏院、邮政局大楼、自来水厂等形形色色的高楼。这些楼临水而立，被称之为“连云楼阁”，苏州河上也被灯光映照得五光十色，汇入到都市风景画中去了。

余梦伦最喜欢去的还是黄浦江，以及黄浦江和长江的汇流处吴淞口。

这里是万里长江的入海口，江面宽阔，水天一色。江面被薄雾笼罩着，风风雨雨使得这里的一切显得那么严峻，充满了一种特殊的魅力。19 世纪中叶以来，黄浦江借助于地理位置及水运之利，沿岸金融贸易业、港口运输业、近代工业得以逐步兴起和发展，带动了上海的繁荣，使上海成为世界闻名的国际大都市。

城市因水而灵动。综观全球的世界级城市，绝大多数傍水而起，因为它们脱胎于古代农业城市、近代工业城市，饮用、灌溉、运输、生产，都离不开源源不断的水。极少数没有大河流的世界级城市，往往是首都，为了政治、军事需要，才背离自然“发育”规律，远水枯立。

这一切对于十三四岁的少年余梦伦来说，过于深奥了。他是来看船的。两岁的时候，他还没有记忆，就在母亲怀里坐了木杆大帆船——“沙船”来到上海。之后，他在上海十六铺码头看到了形形色色的船，又坐了因爆炸而闻名天下的“江亚轮”，以及趣味横生的“脚划船”，都是船，怎么有那么多不一样？余梦伦的小脑瓜里，各种船像幻灯片一样播放着。回到家乡，见到了泥鳗船、听到了戚继光利用泥鳗船抗击倭寇的故事，余梦伦更是对船产生了好感和强烈的好奇心：左脚踏在船后，右脚蹬泥滩，泥鳗船就像箭一样射向前方，速度之快如陆上之马——是怎么做到的？

从此之后，余梦伦对船的热爱更是一发不可收拾：他梦想做一条属于自己的船。余梦伦看过的船太多了，已经烂熟于心，闭上眼睛也能做出来。船的外形不难做，照葫芦画瓢就可以；船身是流线型的，光光滑滑，还要涂上桐油；船舱是一个小铁盒，灌上水以后，有一个管子通出来；燃料用酒精或者烧酒，酒精一烧，咕嘟咕嘟开了锅，船后冒出白颜色的蒸汽，小船就突突地往前开。一开始，余梦伦在洗澡盆里玩，然后到小溪边去玩，小伙伴们羡慕得要死，佩服得五体投地。

在艳羡声中，余梦伦突然找到了自己的目标和方向，他立下远志：以后，要成为一名造船工程师！

有了梦想之后，余梦伦仿佛变了一个人。以前，他放学了要么跑回家，盼着吃外婆准备的点心，一般是路口买来的生煎馒头，一周能吃一次鸡鸭血汤、配一个葱油饼，汤清饼酥，每次吃，余梦伦都觉得像过年一般满足。要么，他就和好朋友俞寿亨和董天标边走边玩，俞家开小饭店、董家卖炒花生，可惜余梦伦从来没吃过朋友们的请。父亲为人大方，被人们戏称为“老开”，余梦伦也有样学样，都是他大大方方拿出零用钱，请好朋友们吃包子。

等余梦伦爱上了造船，嘴上的福利就没有了。一下课，他就迫不及待地奔到黄浦江边，看船。

黄浦江有着号称国际客运站的上海港，这里挤满了中国和外国的万吨海轮以及大大小小的船只。有桅杆伫立、吊锚上翘、白帆鼓胀、顺风顺水的渔船；也有密西西比一样的大轮船，踏着滚滚江水，鸣笛驶向对岸。

余梦伦站立在黄浦江边，放眼看去：帆影点点，在中国的港口，在中国的江面上，居然没有一艘中国产的大轮船，那些破蔽的小木船，可怜地漂泊在风浪里，甚至不敢和大轮船靠得太近。余梦伦的心被刺痛了，发誓要用自己的双手和聪明才智来洗刷这些耻辱。他想起老师曾经给他们讲过的一个故事：伟大的文学家罗曼·罗兰在他的小说《约翰·克里斯朵夫》里写道：“克里斯朵夫感到肩膀上的孩子越来越重，越来越重，他忍不住叫道：啊！这么沉重，这么沉重，孩子，你是谁呢？孩子回答：我是希望！”现在他要把这个越来越沉重的小孩抗在肩上，去实现自己的理想。

在立下壮志的少年眼里，此时的黄浦江，宽阔无比，江面上波浪叠涌，浩浩荡荡，滚滚向前，尽显雄浑壮阔；水面倒映着城市的光影，波光粼粼，流光溢彩。

# 余梦伦

余梦伦院士**传记**

Academician Yu Menglun's Biography

第九章

# 唯有读书高

三年高中生活，余梦伦是在“沉默”中度过的。“沉默”也不尽是坏处，这使他学习更专注，更擅长独处，有更多时间思考，成绩也开始名列前茅。

1952年的秋天，余梦伦从南洋中学拿到了初中毕业证。按照余梦伦的想法，初中一毕业，他就会和他的许多同学一样：去工厂当工人。

那个时候，读书已经不是最时髦的选择，而当工人却是小伙伴们最心仪的志向。当时社会招工友，门槛很低，有些年龄小的学生们，也进得去。听到谁工作了，大家都特别羡慕：初中毕业，已经是小知识分子了，又受到企业的青睐，完全可以满足自己的自尊心，况且还有薪水。

如果能当一个邮差也很好，余梦伦心里想。在小孩子看来，邮差是一个高大上的工作，邮差的工资，听说特别高；邮差的地位，好像和工人不一样；邮差都有一辆自行车，叮叮当当一路顺风；邮差都有一套漂亮的绿色制服，给人传递信息，报个平安，蛮受大家欢迎的。关键是邮差的工作比较稳定，吃的是皇粮。

那个时候的余家，经济并不宽裕。小弟弟余梦麟比余梦伦小一轮，阴历还是同一天生日，此时才3岁多；加上三个分别6岁、9岁和12岁的妹妹，小妹妹到了学龄，大妹二妹都在读小学；母亲没有收入，还有外婆同住，虽然父亲薪水较高，但养一家人也是捉襟见肘。

父亲曾经和人一起做过生意，余梦伦还记得，家里曾经堆了上百个热水袋，可迟迟没有卖掉，始终堆在家里，成为了父亲生意失败的见证。实在没有钱的时候，家里只能把米饭和猪油、酱油放在一起拌一拌，就上几根萝卜干就是一顿饭。萝卜干腌得很咸，如此才能“少吃菜，多吃饭”。下午的点心肯定是没有了，零用钱也没有了，父亲下班常常给他们带回来的三北藕酥糖、豆酥糖也吃不到了；讲究生活品质的父亲，在做生意被骗、几乎倾家荡产的时候，连每天都要喝两杯的黄酒也不喝了，就着酒的花生米也不再出现在饭桌上了……即使如此，父亲并没有丧失信心，仍然体面地出门努力工作，所以余家食不果腹的时期并不长，孩子们甚至觉得天天吃猪油拌饭也很美味，可是身为长子的余梦伦印象深刻。

如果自己工作了，至少可以帮助父母减轻一些负担。尽管家境已经转好，可余梦伦希望能为父母分忧。但是同时接受了传统儒家教育和西方先进思想的父亲母亲，在私塾相识、靠知识在大上海找到一席之地的父亲母亲，无论生活多困难，都坚定地认为，“万般皆下品，唯有读书高”“再穷也不能穷教育”。在他的家里，可以住陋室，可以弹素琴，但必须“谈笑有鸿儒，往来无白丁”。只有一条路，读书最可靠。

虹口中学教学楼

读不读书不容商量，有些事情却是可以变通的。比如，在哪儿读书。南洋中学虽好，但毕竟是私立学校，学费相对要高一些，离家也远。于是，余梦伦把目光投向了公办学堂——上海市虹口中学。虹口中学与共和国同龄，素以“严以治校、严以治教、严以治学”为办学理念而闻名，从三个“严”字就可以看出，学校管理甚为严格。学费虽然便宜，但进去并不容易，需要参加考试，其难度并不亚于考大学。也许正因为难进，激起了余梦伦的自尊心，他决定报考虹口中学。

考完等待发榜的日子最难熬，好在只有短短的五天。发榜的日子是星期五，余梦伦和他的两位同学俞寿亨和董天标，一起去看榜。结果三个人都考上了。事情就是这么奇妙，三个人一同进了南洋中学，又一同考取了虹口中学，可谓真正的三剑客。

虹口中学坐落于车水马龙的虹口区中心地带：武进路86号，因而有着很多天然的地理优势。毗邻商业街四川北路，离七浦路和昆山路百官街也是几步之遥；可以说是身居闹市，正好可以考验学生和老师的定力。除此之外，虹口中学自然环境也不错，可以一览江南水镇的特色，窗外就是小河潺潺、杨柳飘飘，偶尔可以看见一叶轻舟在水面上荡漾。虹口中学占地虽然很小，但“麻雀虽小五脏俱全”，有游泳池，还有礼堂、体操馆，和南洋中学在盐业大楼时期的艰苦条件相比，是天壤之别。

对余梦伦而言，高中生活和初中生活，也是天壤之别。一方面，高中生活充满了趣味性，在南洋中学因为条件限制而不能开展的实验课、体育课，在虹口中学他都有机会试一试。

虹口中学的教育，特别强调“实践出真知”，要求学生凡事动手做一做，加强对学习的理解，这一切正好对了余梦伦的胃口。于是，他和同学们为了搞清看不见、摸不着的电的原理，用铁丝进行导电实验，当场用电引燃了爆竹，并把自己电得麻酥酥的。化学实验室是余梦伦最喜欢去的地方，在他眼里，那些普普通通的瓶瓶罐罐中蕴藏着无穷的奥秘，在这里可以把甲瓶的液体倒入乙瓶，再混合一点丙瓶的液体，看看会不会有什么新物质生成，还可以探究蓝色液体是怎么变成红色的。

另一方面，不知愁滋味的少年，在虹口中学，第一次感受到了无奈、自卑等种种情绪。

客观地说，从小到大，父母并未对余梦伦的学习提过苛刻的要求。尽管也望子成龙、望女成凤，可他们只是教育孩子，要正直、诚实、善良，不能沾染烟酒、赌博等坏习惯，其余的，就任孩子们自己在人生的画卷上尽情挥洒，从不过多约束。余梦伦也不是传统意义上的好学生，他聪明、好学，却并不死读书，做完功课就和小伙伴出去疯跑，学着父亲的样子做小手工，养蛐蛐养得风生水起。

余梦伦的成绩，一直在班里处于中上水平，但他严重偏科：从小学起，他的英语就不好。这让英语比普通话还好的父亲感到纳闷。俗话说："近朱者赤，近墨者黑"，家里到处摆的都是英语书，自己也时不时地迸出几句"洋泾浜"，耳濡目染，儿子怎么会学不好呢？到了初中，因为学校在盐业大楼上课，周围没有体育场，余梦伦三年没有上过体育课，再加上小时候患过伤寒，身体孱弱，余梦伦在虹口中学的体育课上又碰了钉子。

那时候，虹口中学体育课的主要内容是打篮球，余梦伦的同学们大多是本校初中直接考上学校高中部的，打篮球已经成为男孩们生活中不可或缺的一部分了：上体育课，打篮球；课间，还是打篮球；就算是去上个厕所，路过篮球架也要跳起来，假装手中有球，来个投篮。可是，余梦伦完全不会打篮球。体育考试的时候，他总是很担心，刻苦操练了几百次的"三步上篮"，每次都投不进球，连体育老师都很无奈。在他的经验里，数学好的小孩体育就好，体育不好的小孩数学就不好，"这个小孩很怪"。

是的，这个体育不好的"怪"小孩，数学却好得让人吃惊。从小学开始，余梦伦就在数学方面表现出了难得的天分，就是上课随便学学，却能代表整个学校去参加区里的数学竞赛；初中，他的数学仍然突出，在国文和英语偏科的情况下，仍然能以优异的总分考到虹口中学；在虹口中学，他的数学成绩好得连体育老师都有耳闻，可是，在数学课上，余梦伦却受到了人生中第一次可谓"重大"的打击。

那是一次普普通通的数学课，数学老师出了一道题目，让同学们自己思考、然后找同学解答。这是一道有点复杂的数学题，需要反常规去思考、多途径去判断，就像中式衣裳的盘扣，看起来很复杂，其实一解百解。多数同学都低下了头，尽量避免自己的眼睛和老师对视；读完了题目的余梦伦却挺直身板，期待地看着老师。

一看到题目，余梦伦的脑子里就迅速地做起排列，很快就理出了清晰的脉络。难者不会，会者不难，在余梦伦眼里，这是一道非常简单的题目，他轻而易举就能列出公式，算出答案。等老师点到他的名字的时候，余梦伦心中充满了喜悦，他希望自己能沉着地胸有成竹地把看起来复杂的数学题明白无误地解释清楚。可是，就在这个关键时刻，他突然发现自己说不出完整的句子，无论如何也表达不出自己想说的话，甚至张不开嘴。

在他的脑海里，解开的数学题清晰明了，可他就是说不出来。他的嘴唇在颤抖，他的脑门在冒汗，他的面孔憋得通红。他就那么站着，什么也说不出来。他看到老师的眼睛由喜悦变成期待，由期待变成疑问，最后变为深深的失望。最后，数学老师不耐烦地挥挥手，让余梦伦坐下了。

余梦伦依着手势，坐下了。他觉得自己像一个木偶，整个身体都木木的，无言的羞愧紧紧地捏着他的心。

在任何时代、任何城市，老师的知识水平、教学方法甚至个人魅力，都是千差万别的，而这些都会对学生产生极大的影响。老师留给学生的，无论是好的影响，还是坏的影响，都会深深地烙印在他们的成长记忆中。一个好的老师，知道该怎样爱护学生的自尊心，怎样挖掘学生的学习潜力，怎样激发学生的学习热情。而这位数学老师，显然深深伤害了余梦伦的自尊心。

下了课，他想去找老师解释，可是老师挥挥手不耐烦的样子，让他张不开嘴。如果站在老师面前还是说不出话呢？老师能理解他藏在心底的小秘密吗？

早在幼年的时候，家里来了一个和余梦伦一样大的小亲戚，说起话来结结巴巴，一会儿就憋得满头是汗，面孔通红。余梦伦觉得很好玩儿，什么都想尝试的天性，让他迅速地“学会”了口吃，可惜的是，这一学就让他再也没有回到口若悬河的境界。口吃让他感到自卑，羞于与人交流；口吃让他沉默，他更喜欢沉浸在自己的世界里。

就这样，小时候还爱玩爱闹、活泼开朗的余梦伦，因为口吃，渐渐变得内向、沉默起来。余梦伦的改变没有在家里引起多大的波澜，也没有人大惊小怪。在父亲看来，人长两只眼睛、两个耳朵、一张嘴，就是让你多看多听少说话；何况病从口入、祸从口出，不说话就没事了。在母亲看来，儿子的改变仅仅是增加了他的动手能力，装装收音机、做做模型船，多一份手艺，多一份吃饭的本领，太爱说话、爱表现自己的男人是很讨人嫌的。在父母亲的宽容下，余梦伦甚至觉得，口吃也不是一件大不了的事，他只是着急表达的时候结结巴巴，平时说话并不困难。

可是，数学课上，他一个字都说不出来；急得满脸通红的时候，数学老师无心地一挥手，又深深打击了他的自尊心。余梦伦想了又想，最终没有勇气去找数学老师解释原因，他也没有主动再在数学课上回答过问题。之后，他的话就更少了。对社交的恐惧，使余梦伦最喜欢的事情就是一个人闷头干活和研究，

“两耳不闻窗外事，一心只读数学书”，这是他心情最舒畅的时候，一辈子也没有改变。

三年高中生活，余梦伦就在“沉默”中度过了。“沉默”也不尽是坏处，这使他学习更专注，更擅长独处，有更多时间学习思考，他的成绩也由中上到了班里的上游，除了体育课还不那么尽如人意。

在“沉默”中，让所有高三学生目眩的高考悄悄到来了。

# 余梦伦

余梦伦院士传记

Academician Yu Menglun's Biography

第十章

# 金榜题名时

北京大学！拿着录取通知书，余梦伦的手有点颤抖，紧绷的神经松弛了下来，喜悦的心情难以描述，他脸上的表情却是淡淡的，平静如水。

1955年，余梦伦高中即将毕业，面临着人生第二次抉择。

第一次抉择，是他初中毕业，要在工作还是继续读书之间做出选择。这一次，选择更复杂些。继续读书，这一点毋庸置疑。慈溪乃至宁波一代一代人的奋斗史，祖父的故事、父亲的经历，都让余梦伦明白，知识才能改变命运，“万般皆下品，唯有读书高”是余家的绝对真理。可是，要去哪里读书？学什么？留在上海，还是去看看外面的世界？余梦伦心里有一些模糊的轮廓。18岁的少年已经明白，有时候，人们看似有选择，实则不过是跟着时代和命运，随波逐流。

就在这个时候，上海和余梦伦家都悄然发生着一些决定命运的变化。

上海解放初，余梦伦的父亲余佩卿由于业务娴熟，为人正直，已经晋升为上海中英大药房营业部主任；上海解放后，余佩卿对新政府的所作所为颇有好感，他自己会做收音机，和家人一起“偷听”来自延安的声音早已是常态，比起别人似乎了解共产党更早一些。

解放军解放上海后，随着部队的前进，把维持好生产和人民生活迫切需要的“二白一黑”用火车、船只、独轮车和肩挑运入上海。“二白一黑”是老百姓形象的说法，就是白米、棉花和煤炭，这些家常的东西可是当时上海紧急需要的物资，解放军渡江以前就已准备妥当，运抵上海后，稳定了市场、赢得了人心。

余佩卿是营业部主任，懂经济，每天主要的工作就是做账、结账。他算过一笔账：解放伊始，上海物资严重缺乏，人民政府所接管的存米仅够全市半个月的供应，存棉只够一个月的用途，燃煤至多够用七天。加上投机资本家以银元为筹码兴风作浪，操纵哄抬物价，大多数市民生活十分困难。1949 年 6 月 ~10 月，上海市金库总支出 300 多亿元（旧币，一万元旧币等于一元人民币），是伪政府一年支出的几十倍，救民众于水火，使得国民经济迅速发展。这是一个伟大的靠得住的一心为民的政党。

最关键的是：余佩卿是旧人员。上海是中国最大的工商业城市和最重要的经济中心，被誉为是中国的“半壁江山”，解放初期，上海的旧人员高达 20 多万，旧人员的接收和安置关系到中国共产党在上海是否能够顺利地立足，是上海接管工作重要的一环。上海解放初期，大多数旧人员对共产党的政策还不了解，对共产党抱有怀疑和害怕的心理。尤其是国民党散布的谣言，“共产党有三头主义：刚来时点点头，过些时候摇摇头，最后要杀头”，造成了许多人心理上的恐慌。

对于余佩卿来说，“怕”谈不上，他属于那种上无片瓦遮身、下无立锥之地、单纯依靠薪水维持一家大小生计的人，没有什么过高的奢望，基本要求就是生活，吃饭，能让小孩上得起学。由于对国民党的腐朽统治失去了信心，他也希望能换个政府，改变一下困苦的现状。出于谨慎，余佩卿一开始采取的是观望的态度，他看到共产党接管的上海没有出现停工停电的混乱，上海人民的生活基本上得到了保障；上海百乐门的歌照唱，舞照跳，霓虹灯照样闪烁，生产正常进行，没有变成一座“死城”。共产党的政策也很宽松，原来的分红制度、工资制度、劳动保险制度维持现状，对旧职员和工人原封不动地加以接收，这让他信心大增。

余佩卿技术好，能力强，态度又诚恳，很快就得到了政府的信任和重用。公私合营的时候，余佩卿作为公方的代表晋升为药房经理。为此，他更加努力工作，拥护政府和共产党。在余梦伦的记忆中，父亲解放后像变了一个人，觉悟特别高，早出晚归，半夜还在工作，从来没有一句牢骚。为了响应国家号召，他主动提出来降低自己的工资，第一次从141元，降到130多元，然后又降到125元，最后只剩90多元了。工资降低了，不会听他说“影响我生活了”，连作为家庭主妇的妈妈也没有提出异议，甚至主动投身到社会主义革命中去。

唯一没有变的，是父亲和母亲对余梦伦和弟弟妹妹们的要求和期望。父亲工作越来越忙，家里读书的孩子越来越多，他很少过问孩子们的学习，却通过言传身教，润物细无声地影响着孩子们的心灵。父亲的屋里都是书，有的书相当昂贵，但欢迎孩子们随便翻；父亲的打字机就摆在桌上，余梦伦常在父亲不用的时候，跑过去摸摸，敲敲键盘，打几个字出来。然而，父亲的爱和关怀其实一直都没有缺席，他静静陪伴着孩子们成长，只有在孩子们的人生小船要偏离航道的时候，才上前打一把方向。

父亲知道，余梦伦曾经有一个美丽的梦想，那就是当一个轮船制造师。他很欣慰，长子的梦想，不是赚大钱、当大官，而是让黄浦江上游弋的船只

1955年虹口中学高三毕业照（后排右六为余梦伦）

飘扬着庄严的五星红旗。可惜，这个梦想他最终没有实现。

1955年，余梦伦从上海虹口中学高中毕业，他的大学志愿是上海交大造船系。然而，在高考体检的时候，余梦伦才知道，他的眼睛属于“色弱”。色弱比色盲轻得多，余梦伦能看到正常人所看到的颜色，只是辨认颜色的能力较为迟缓。但在当时，色弱是不能考工科的，大海是和他无缘了。

对余梦伦来说，梦想没有开始就破灭了，还是一个“不可抗力”，实在是个不小的打击。不久，余梦伦又听说，曾经的三剑客，和他一起考入南洋中学、又一起进入虹口中学的两个好朋友俞寿亨和董天标，都被保送到华东航空学院，而自己的成绩并不比他俩差，就是因为色弱不能保送，余梦伦心里有说不出的难受。

本就不怎么说话的余梦伦更加沉默了。而他的沉默和难受，都被父亲看在眼里：是帮儿子的小船打打方向的时候了。父亲告诉余梦伦：不能选择工科，就转向理科，既然不能在大海上畅游，就把脚踏踏实实地落在大地上。任何职业，都是我国社会主义建设所需要的，没有高低贵贱，只要一步一个脚印地努力，一定会有收获。父亲还说，既然你喜欢数学，为什么不去读数学系呢？兴趣是最好的老师呀！

余梦伦牢牢记住了父亲说的每一个字，也记住了父亲似乎是在不经意间提出的建议：数学系。他把目光做了个 180 度的调整，投向了离家千里之外的北京，报考了他之前从没考虑过的北京大学。

余梦伦的选择，在父亲的意料之中，却让母亲和外婆吃了一惊。在上海人的思维里，上海的一切都是最好的。当北京的长安街上骆驼们还在甩动着巨大的驼掌时，上海的南京路上各种轿车已经川流不息；当北京的女人们还包着蓝白色的布头巾受风沙的肆虐时，上海的女人们则穿着花旗袍、高跟鞋款款而行；当北京人还在以炸酱面、包子、炒肝为美食的时候，上海人却左手拿刀、右手拿叉，吃西餐、喝洋酒了；当北京人的公子哥还在架鸟笼，数“袁大头”的时候，上海人早就开始玩股票了。因此，在上海人的心目中，除上海之外，都是乡下人。上海人恋家，许多上海孩子，为了能留在上海，宁可考一个上海的中专，也不愿意到外地去上大学，为的就是能够留在上海。

然而，余梦伦并不这样想。在他的身上深深隐藏着三北人不安于现状、四海为家的基因，一旦有了机会，就会顽强地显露出来。余梦伦的爷爷和爸爸都是从家乡走出来，到上海讨生活的。余梦伦也是个十八九岁的热血青年，他很想借此机会离开家乡，挣脱父母温暖的怀抱，到一个广阔的天地去经风雨、见世面，在他眼里，外面的世界更精彩。

此外，北京有上海不可比拟的教育资源，北京大学、清华大学、北京师范大学、协和医学院，个个声名显赫，对学子们有着极大的诱惑力。余梦伦之所以报考北京大学，是因为北京大学的教学理念更对他的胃口。

北京大学在著名学者、教育家、民主主义革命家蔡元培先生任北京大学校长时，就改“门”为“系”。在确定各系的序列时，蔡元培指出：“大学宗旨，凡治哲学文学应用科学者，都要从纯粹科学入手；治纯粹科学者，都要从数学入手。所以，各系秩序，列数学系为第一系。”因此，北大数学系也被称为中国第一学府第一系，著名数学家江泽涵、程毓准以及原哈佛大学数学系主任奥斯古德的加盟，使得北大星空灿烂，群贤毕至，少长咸集，数学系名噪一时，成为全国数学研究与教育的龙头，是有志于数学的青年学子选择的第一志愿。相反，以理工闻名的清华大学，当时的数学并不突出，清华强的是物理。从西南联大解散到院系调整前，北大的数学实力是明显强于清华的，当时北大师资中后来成为院士的人数是清华的两倍还要多。

既然要读，就要读最好的！于是，余梦伦做出平生最重要的一个决定：考北大。

在同学们和弟弟妹妹眼里，余梦伦是一个有大将风范的人，从他的脸上很难看出他的喜怒哀乐来。考试的时候，他是轻轻松松地去，考完回来，他是平平淡淡地回。饭照吃、觉照睡，照样去黄浦江边看轮船。没人知道他到底考得怎么样，也没人敢问他考得怎么样。其实，余梦伦的心里在翻江倒海，虽然他自己感觉考得不错，但是否能考进北大，则是个未知数。

1955年8月已经见底，余梦伦好几天没去黄浦江和苏州河了，他在期待着录取通知书的到来。树上的秋蝉叫得使人心焦，邮递员清脆的自行车铃铛声本是他最爱听的声音，现在他却听得心惊肉跳，因为里弄里已经有几个考生接到录取通知书了，正所谓："洞房花烛夜——隔壁，金榜题名时——别人"。母亲询问的目光尚可忽略，父亲的只字不提却让他觉得更加不安。快到开学的日子了，邮递员送信也跑得更加勤快，一天一趟改为一天两趟：上午10点，下午4点。终于有一天，余家人听到了邮递员的呼叫："余梦伦，通知书！"——这简直就是天籁之声，弟弟妹妹、隔壁邻居都围了上来，有人在惊呼，北京大学！余梦伦的手有点颤抖，信封上的地址是他自己亲手填上去的，应该没错！紧绷的神经松弛了下来，喜悦的心情难以描述，他脸上的表情却是淡淡的，平静如水。

母亲在笑，教子有方，是她的胜利；父亲脸上的表情仍是淡淡的，在接到儿子递给他的通知书时，他看着信封，只是低低责备了一句：你的字怎么写得这么难看？

然而，父亲心里的喜悦，是难以名状的。为了庆祝儿子考上北京大学，一贯节俭的父亲决定奢侈一把，好好庆祝一下。一家八口，在上海最有档次的地方：南京路的国际饭店 18 楼，吃了一顿让余家孩子们终身难忘的庆功宴。国际饭店最著名的是西餐，父亲却偏偏点的是炒菜，父亲希望让孩子们感到，作为一个中国人的自豪和归属感。

这一餐吃掉了 20 多块钱，把余家一个月的菜金吃得分文不剩，可父亲觉得，这顿饭吃得值、吃得尽兴。聪明的余家孩子都心知肚明，只有考上国家一流的名牌大学才会有这个待遇，这是父母对大哥最高的奖赏，也是对后来者有力的鞭策。榜样的力量果然是无穷的，有了大哥做榜样，后面的四个弟弟妹妹是“不用扬鞭自奋蹄”。果然，没过多久，二妹余梦霞也紧随大哥的步伐，考进了北大。

# 余梦伦

余梦伦院士传记

Academician Yu Menglun's Biography

第十一章

# 北上的列车

1955年8月末，余梦伦乘坐的学生专列喷着白色的粗气，哐当哐当地驶进了北京站。对于这座充满了皇家气派的北京城，他的心里充满了敬畏。

北上的火车要开了，这是一趟送学生的专列，余梦伦将和上千学子一起，从上海奔赴北京。

站台上挤满了人，青年学子大多朝气蓬勃，虽有离愁别绪，可更多的是对新世界的向往，眼神里尽是跃跃欲试的好奇。送孩子北上的父母们不住地嘱咐着什么，担心和不舍的情绪溢于言表。

余梦伦家也是如此。小妹妹瘪着嘴，强忍着眼泪；二妹抓着哥哥的手，宣布要追随哥哥考去北大；一向坚强的母亲，眼眶也泛了红。小弟弟余梦麟才7岁，还不太知道啥叫“要面子”，不管三七二十一，揪着哥哥的衣角不放，哭得惊天动地。要知道，哥哥是小梦麟心中的偶像，从小，他就是哥哥的“跟屁虫”，哥哥走了，“小尾巴”要跟着谁呢？尽管母亲早就嘱咐过，哥哥去北京是喜事，不能哭，掉眼泪会触霉头的，但小家伙实在太小，很难控制自己的情绪，不高兴就是不高兴，把鼻涕眼泪抹了哥哥一身，搞得余梦伦的鼻子也酸酸的。

父亲的脸上永远都是宠辱不惊，眼睛很少停在儿子的脸上，到处张望着，好像在找什么人。只有儿子知道，父亲在竭力掩饰自己的感情，偶尔，两个人的目光碰在了一起，父亲就会不自然地把身子转过去，让余梦伦想起朱自清的散文《背影》。父亲老了，身体开始微微发胖，腰板虽然还像以往挺得笔直，但不经意间还是会塌下来放松一会儿。在余梦伦的记忆里，父亲是很严肃的，不苟言笑，但今天送别儿子的时候，却努力使自己有点笑模样，看着有点陌生。

这种告别场面是一种煎熬，余梦伦心里暗暗希望能够早点结束，他不善于表达自己的感情，看着弟妹的眼泪更觉手足无措。当车轮开始滚动的时候，弟弟哭的声音更大了，妈妈干脆热泪长流，妹妹们挥舞着小手绢，跟着车跑，爸爸终于用自己干干净净的西服袖子擦了擦眼睛。这一幕，余梦伦一直藏在心里。

北京和上海相距千里，路途遥远，但余梦伦并不感到寂寞。车上整整一个车厢都是北上的学生，年轻的脸上泪痕未干，已经和同伴嬉笑打闹起来。拉着这帮对未来充满憧憬的妙龄学子，连老旧的绿皮火车也重焕青春，仿佛绿得更鲜亮些了。余梦伦这是第二次坐火车了，算老资格了，在南洋中学的时候，学校曾经组织他们坐火车去昆山春游，那是他第一次坐火车。不过，即使是第一次坐火车，他也没有像车上的同学们那样，把脸贴在车窗上使劲儿向外看，火车穿过一个山洞就惊呼不已，甚至快乐地发起了“小合唱”。余梦伦是安静而略内向的，他规规矩矩地坐在自己的座位上，妈妈给带的皮箱规规矩矩地放在头顶的架子上，每隔一会儿，他就抬头看一看。

通知书来得晚，没有多长时间留给余梦伦做远行的准备。好在余妈妈早有准备，在儿子的皮箱里放进了上海人很少穿的棉衣棉袜、毡帽围巾，当然少不了皮鞋和领带，这是一个男人场面上必须要用的东西。箱子里最特别的，是父亲的雨衣。余梦伦还记得，每逢下雨，父亲就会披上这件大大的、厚厚的雨衣出门。那时候，雨衣的质量真好啊，不论雨多大，父亲雨衣下的西装仍然笔挺、领子仍然立着，脱下雨衣，身上不会有一个雨点儿。就这样，看父亲穿了十几年，离家的前一晚，父亲执意把雨衣塞到儿子的箱子里。余梦伦不要，父亲是老上海的男人，有头有脸、格外讲究，自己只是个学生，下了雨跑两步，淋湿了又有什么要紧？最后，还是母亲说，拿着吧，父亲马上要买新的了，余梦伦才收下、叠好、放在箱子最上面，他隐约觉得，雨衣上好像还有父亲的体温。

沉浸在自己的思绪里，伴着同学们叽叽喳喳的聊天声、远处飘来的歌声，以及车轮的滚动声，余梦伦进入了甜蜜的梦乡。

第二天，大家没有那么兴奋了，车窗外面绿色在消退，高楼在减少，生活在变得枯燥，车轮声也变得单调。一路欢歌变成了车厢里的静悄悄，有同学开始怀旧，有同学开始后悔，车厢里的温度和外面一样开始下降。到了第三天，一车的人都在昏昏欲睡，本是斯文矜持的学生，在长途跋涉的劳累中，已顾不得许多，能睡就睡，能躺就躺，有的躺在过道里，有的躺在座椅下，身手矫健的，干脆躺在了高高的行李架上。每个人的心都随着窗外景物的愈加荒凉而一点点往下沉，不像是去上学，倒像是去充军。而余梦伦三天三夜里，始终规规矩矩地坐在座位上，不伤一点大雅。上海男人的绅士风度和骨子里的贵族精神在这时表现得淋漓尽致。

火车进入河北的地界了。来北京之前，余梦伦把北京想得很好：蓝天白云、宫殿式的房子，女孩子都穿着布拉吉，肩上搭着两条粗粗的麻花辫；不像上海女人穿着旗袍、烫着头。火车驶过丰台，透过车窗，余梦伦看到一个老农光着个膀子、骑着个毛驴优哉游哉，这是他第一次发现，北京和想象中的完全不一样。

三天三夜的长途旅行终于到达了终点。1955 年 8 月末，余梦伦乘坐的学生专列喷着白色的粗气，哐当哐当地驶进了北京站。这是余梦伦生平第一次到北京。没有料到，这一来，就要做长达 60 年，甚至更久的北京市居民。上海成了一个遥远的梦，在那个梦里有爸爸、有妈妈、还有弟弟妹妹，就是没有他自己。

老北京的车站在前门，一下车就能看到熙熙攘攘、热闹非凡的欢迎新生的接待站。各大院校都在自己的桌子上摆着学校的标签：清华大学、北京师范大学、北京地质学院、北京航空学院、中央戏剧学院……每一个都赫赫有名，普通的手写体也仿佛镀了金。很快，余梦伦就找到了自己的学校：北京大学——金字塔的塔尖。前来接站的学长，见了余梦伦他们就像见到了自己的亲人，嘘寒问暖，满面笑容，这让余梦伦一路上渐渐凉下来的心又热乎起来。

北京的秋天，是一年中最好的时候，秋高气爽，蓝天白云，路边的银杏树叶子已经黄了，小风一吹，落在地上，像一柄柄金色的小摇扇。

1955 年的北京还没有几幢高楼，和上海比起来，实在是寒酸，但红墙绿树黄色的琉璃瓦，那说不出的皇家气派还是让人肃然起敬。接站的师兄很热心，不停地向这些上海来的师弟师妹们介绍北京的风景和古建筑：前门又叫正阳门，余梦伦在烟盒上见过它，是只有皇帝才能出入的正南门，也是老北京的最高建筑；北海公园，中国保留下来的历史最悠久、最完整的皇家园林之一；钟鼓楼，是北京的报时中心。

不一会儿，到了余梦伦朝思暮想的天安门，1949 年 10 月 1 日，毛泽东主席在这里庄严地向全世界宣布：“中华人民共和国成立了！”天安门成为新中国的标志。

夕阳西下，接站的汽车在长安街上行驶。出了西直门，余梦伦惊讶地发现，街上真有骆驼。长长的驼队在尚是土路的大街上慢悠悠地散着步，留下长城城垛般的高高低低的影子。北京的骆驼也有着皇家的气派，高昂着头，挺着胸，巨大的蹄子一步一个脚印。走在最后的骆驼脖子上系有一个明晃晃的驼铃，金色的夕阳照在驼铃上，仿佛是一个灿烂的小太阳。

“快看，骆驼。”有个同学在尖叫。

学长的脸上很平静，一副见怪不怪的表情。在以后的日子里，余梦伦发现这的确是再正常不过的事情了。在北大的校园里，余梦伦不仅见到了拉粪的牛车和拉水的马车，还见到了穿着灰色长衫的教授和留着长发的学子。虽然灰色的长衫穿在男人颀长的身子上是那么的庄严、那么的有学问和那么的飘逸，但对看惯了西装革履的上海人来说，的确是有恍然隔世的感觉。留着长发也是一种派头，大多是中文系的诗人们，还有人学着闻一多先生，嘴里叼着一个大大的烟斗，眼镜片比瓶子底还要厚。余梦伦的头发一直没有留起来，爸爸妈妈总是告诉他：头发要短，指甲要剪，皮鞋要擦，衣服要干净，始终要保持一个上海人的体面和规矩。

进了海淀区，离北大和清华越来越近了，而周围的环境越来越苍凉。天快黑了，余梦伦发现北京的天上闪烁着无数亮晶晶的星星，而在上海他通常看到的是逼仄的一线天，他的心情在天高地阔中好了许多。接站的学长突然问：“你们知道咱们燕园最出名的是什么吗？”

“教授！”北大的教授最多，走在路上，除了学生就是教授，西装革履、走路仰面朝天不看路的，是教授，大多是“海归”。玉树临风、风度翩翩、长发飘飘，身边总有女学生在请教的，也是教授。低头走路，拱肩缩背，心无旁骛的也是教授，里面可能有大隐者。身上的衣服不甚整洁，常有破洞的，化学系教授也。含而不露，或狂狷不羁，偶尔露峥嵘的最受学生的欢迎，因为你实在不知道他到底有多牛，更可能是教授。

学长摇摇头。

“北大的文物？”一个声音犹犹豫豫。

有点靠谱，北大毗邻圆明园，有一部分甚至是建在圆明园的遗址上。

学长还是摇摇头，看到大家苦思冥想的样子，学长笑了，一字一顿地告诉大家:“一塌糊涂。”当大家还在糊里糊涂，苦思冥想什么是“一塌糊涂”的时候，古色古香的北京大学到了，沉重的大红门上包满了金色的大铜钉，兽头衔环，门口有栓马桩，下马石，完完全全的皇家气派。有这么一位，和余梦伦同时考到北大，也是数学系的学友，也许还坐在同一辆车上，写过这么一段话:“五年的北大生活，我学到了、懂得了不过两个汉字：敬畏。”此时此刻，余梦伦的心里也充满了敬畏。

# 余梦伦

余梦伦院士传记

Academician Yu Menglun's Biography

第十二章

# 一塔一湖图

余梦伦站在燕园门口，这是他人生的一个重大跨越：跨入这道门之前，他只是一个普通的江南小伙；跨入这道门后，他将开启一段崭新的人生旅程。

余梦伦只身一人，站在燕园门口，那是1955年的夏末秋初。那一年，新版人民币开始发行；那一年，共和国十大元帅授衔；那一年，周恩来总理在万隆会议上提出“和平共处五项原则”；对于百废待兴的中国来说，那是极为重要的一年。

对于年轻的余梦伦来说，1955年也是极为重要的一年：这一年，他考入了北京大学数学力学系力学专业。这是他人生的一个重大跨越：跨入眼前这道门之前，他只是一个普通的江南小伙。跨入这道门之后，他将开启一段崭新的人生旅程。

到北大的第二天，余梦伦就知道什么是北大的“一塌糊涂”了。一塔，是博雅塔；一湖，是未名湖；一图，是北大图书馆。

未名湖，大名鼎鼎。未名湖由著名历史学家、教育家钱穆命名，其之于北大的意义，就像汉唐之于中国一样，除了湖景之美外，更多的是一种文化意义上的象征。在未名湖北的镜春园，残留着一扇垂花门，门联上写着“乐天知命，安土敦仁”。由此可知，未名湖能以“未名”为名，体现的是知识分子追求的心境，淡泊名利，宽容无争；未名湖能以“未名”而扬名天下，是因为那些曾在湖边

1955年，余梦伦入学后在北大未名湖畔留影

散步、凝神的大师们，是他们自由、深邃而悠远的思想，让这湖水、这园林都生出了一种独特的灵气。

吸纳百年书香、沉淀青春无数。坐看风起云舒的未名湖，接纳了多少赤子情怀，从来不说破；看懂了多少人情世故，从来不言明。有多少乳臭未干的少年从这里走向世界，有多少功成名就的学子回到这里，未名湖从未沸腾，也从不喧嚣。

博雅塔，是燕京大学哲学系博雅教授捐建，也因此，一个普普通通的水塔有了“博雅”之名。湖光塔影，历来都是北大最迷人的传说。在未名湖的一汪清水中，博雅塔的倒影在一圈圈的涟漪中荡漾；傍晚的太阳倒映水中，使得博雅塔有了颜色。湖畔零落的秋叶，和金色的湖水交相辉映，显得秋色更浓、更美。

北大图书馆馆藏文献资料 1100 多万册（件），是亚洲高校第一大图书馆。陈独秀、蔡元培、胡适、李大钊、闻一多……这些新文化运动的先行者，秉承“朝闻道，夕死可矣！”的治学精神和壮烈情怀，在这里孜孜不倦，苦苦追求真理和光明。在北大的五年里，余梦伦呆的时间最多的地方就是图书馆。

站在未名湖畔，望着博雅塔，作为北大人的自豪感在余梦伦心里油然升起。他明白：考进大学，仅仅是马拉松长跑的起点，路途很长，一刻也不能松懈，既要有长跑的忍耐力，还要有冲刺阶段的爆发力。也因此，在北大的五年里，余梦伦选择的体育项目是跑步，他在寂寞单调的跑步中，磨炼自己、激励自己、锻炼自己。从迈出第一步开始，他的脚步一天也没有停下来。

对余梦伦而言，大学是一个崭新的世界。

新生到校，被安排在北大宿舍区 1 - 12 斋的二层简易楼里居住，数学力学系力学专业被安排在 12 斋。12 斋的上下两层楼房被分成 4 间大屋，余梦伦所属的力学 2 班一共 26 名男生，都被安排在二层东边一间大屋里，屋内又被分隔成三个隔断，最里边的隔断住 10 人，另外二个隔断各住 8 人。屋内没有暖气设施，冬天生火炉取暖。

来到北大的第二天，余梦伦和所有的同学一样，报到后便领到一个捷克斯洛伐克生产的、白色的、碗口镶着蓝瓷边的洋瓷碗，碗底印有 Made in Czechoslovak 的字样。碗很大，饭菜都可以装进去。领到这样大的洋瓷碗，余梦伦觉得新鲜又兴奋，他在家里用的碗是细瓷的，小小的，和北京人喂猫的碗一样大；上海人的胃口小小的，和猫咪吃的一样少；上海人食不厌精、脍不厌细，一碟菜也就是几筷子的分量。而在北大，饭厅很大、桌子很大、碗很大，菜是盛在盆里的，有荤有素还有汤。第一个学期，北大实行包伙制，学生进了饭厅可以敞开来

余梦伦（后排左三）和大学一年级室友

吃，一桌 8 个人，吃起饭来风卷残云一般。

拿着这样的大碗，余梦伦觉得自己好像更接地气儿了，他学着大家的样子，把饭菜都盛进大碗里，大口地吃饭、大碗地喝汤，巧妙地捞起汤桶里的看得见却很难捞得着的鸡蛋花，食欲一天天在增强。父亲如果看到他现在这个样子，肯定要大吃一惊，吃相不好！

吃完饭，细心的余梦伦和同学们一样，把捷克斯洛伐克造的洋瓷碗洗净擦干，用一个白布袋装好，把白布袋挂在书包上。随着学习越来越忙，学子们吃饭的时间越来越短，去图书馆的步伐越来越快，洋瓷碗和书包里的铁皮铅笔盒不停地冲撞着，发出一种清脆的响声，形成了燕园一道独特的风景。

第二年，北大开始实行饭票制，余梦伦的家境还算好，没有申请 14.5 元的助学金，只申请了每个月 6 元钱的助学金。父亲的工资解放后已经降到了 90 多元，家里七口人已经过得紧紧巴巴，可母亲还是坚持每个月寄给余梦伦 10 元钱。当时，北大的食堂一个月的伙食费是 12.5 元，剩下的钱就只能买点牙膏、手纸等日常用品和文具了。即便这样少的钱，余梦伦也常有结余：大学五年，余梦伦几乎没有在甲菜的窗口打过菜，他知道父母的不易。到了第三年，父亲的工资又涨了一些，寄给余梦伦的钱也由10元钱变成了15元，但余梦伦的手头并没有宽松一点，因为父亲告诫余梦伦，国家也不容易，6元钱的助学金咱们不申请了，让给更困难的同学吧。

是的，国家不容易，从食堂的变化就可以看出来。刚来的时候，食堂里有桌子、有凳子，吃多少自己盛，管够。到了第二年，就只有桌子，没有凳子了，饭也开始定量了，同学们学会了边走边吃，春天里张家口的风沙吹过来，饭菜里掺点沙子是常有的事。到了第三年，桌子凳子都没有了，都进了大炼钢铁的“马丁”炉。硕大的饭厅空荡荡，大家从窗口买好饭后，就揣着饭碗朝着宿舍方向边走边吃。到了第五年，也就是1959年，粮食开始定量，开始有粗粮，开始吃不饱，菜里油和肉也少了，学生们开始勒紧裤腰带了。其实，国家对这些未来的栋梁还是疼爱有加的，给了他们许多优惠和特殊的政策，三年自然灾害并没有让北大的学子们忍饥挨饿。和他们一样，共和国的领袖们也勒着裤腰带过日子：不但不吃肉，连油炸花生米都不吃了。

北大是个穷北大，北大归教育部管，教育部是个清水衙门。但是，物质的贫乏并不等于精神的贫乏。在精神方面，北大是富有的，是强者，北大的这种富有，足以抵抗那物质的贫乏而引人自豪。一代又一代的北大学子，许多人一介布衣，终生清贫，但却是精神的强者、时代的骄子。

在北大，“书呆子”并不是贬义词，也不是通常所说的死读书、读死书的“两脚书橱”，而是抓紧一切时间埋头苦读、心无旁骛的苦学者。在北大，聪明人也不是通常所说的那种脑瓜机灵，反应敏捷的人，更不是那些投机取巧、耍小手段、玩小聪明的人，而是指有理想、有目标，并能坚定不移地实现自己人生目标的人。

同是北大毕业的校友，著名评论家谢冕曾经说过：“只有先做呆子，然后才能做聪明人。一开始就想做聪明人，什么都没有，而要装天才、做神童，那才是呆子。聪明绝顶，目空一切，这是北大学生容易犯的毛病。我们要杜绝这种小聪明，争取将来的大智慧。”在同学们眼里，余梦伦绝对是那种书呆子和聪明人的结合体。在大学五年里，他的生活轨迹几乎就是三点一线，宿舍——教室——图书馆。对于食堂，他仅仅是一个过客，如飞鸿掠影般，用洋瓷碗装满饭菜转身就走，不带走里面的一丝云彩。宿舍就是一个睡觉的地方，如果图书馆能通宵的话，恐怕连宿舍都可以不用了，而教室是他呆的时间最长的地方。他不会跳舞，没有去过一次由大饭厅改成的舞厅；他也没有到未名湖畔去谈恋爱，学校不让谈呀，别的同学偷偷地谈，而他严守校规，绝不越雷池一步。

偶尔放松一下紧张的大脑和疲惫的身体，余梦伦也会到校园里的小水坑去钓钓鱼。20 世纪 50 年代的北大，不止一个未名湖，大大小小的湖泊、水坑到处都是，犹如密密麻麻的眼睛。水坑大多隐没在芦苇里，极隐蔽、极安静，里面有许多小草鱼。余梦伦喜欢和大家一起静静地坐在水坑边，眼睛紧紧地盯着水面，不放过一个涟漪。风吹草动，汗珠从脸上流下来，蚂蚁从脚脖子爬上来，蜻蜓落在了鱼竿上，狡猾的小鱼儿吃掉了鱼食，早就溜之大吉，他还在目不转睛地盯着水面上的鱼浮子，一动不动。身子还在那里，似乎什么都没想，灵魂早在学术海洋里遨游了。他喜欢这种状态。有些小鱼非要愿者上钩，就放到小桶里，凯旋时，再把它们放生了，很有成就感。

余梦伦入校的时候，北大周围都是庄稼地，虽然曾经是皇家园林，那也是皇家的后花园，闹中取静，自然要选地广人稀的地方。从校园里出来，过了西直门，就是动物园，然后就没有什么单位了，自然，也没什么地方可去。出行不方便，同学们干脆就不进城，每年总共进城两次，一次是五一国际劳动节，一次是十一国庆节，进城是为了参加天安门的庆祝游行。

刚入学就恰逢国庆日，听说要到天安门去见毛主席，余梦伦和同学们兴奋得一夜没睡好，一大早，同学们就穿上自己最好的衣服，排着队步行到清华园火车站，站在用于拉煤的敞篷火车上，每个人都心潮澎湃，兴奋丝毫不减。火车到了安定门，下得车来，步行到皇城根北大的老校址——沙滩红楼，在红楼后面的“民主广场”休息待命。之后，再步行到天安门广场，参加庆祝游行 。

1955 年国庆阅兵是人民解放军实行军衔制后的首次阅兵。受阅部队指战员身穿 55 式军服，军官佩戴军衔肩章、兵种勤务符号领章和帽徽；士兵佩戴帽徽和领章；男军官夏季戴大檐帽，女军官戴无檐帽，陆、空军士兵戴船形帽，海军士兵身穿白色的海魂衫。余梦伦第一次看到这样的阅兵式，顿时被强大的军威所震撼，当受检阅的飞机飞过人们的头顶时，余梦伦仰起脸来，眯起眼睛，不愿让激动的泪水流出来。看着穿过云层的飞机，看着飞机在蓝天上留下的轨迹，余梦伦没有想到他将和航天、弹道轨迹结下不解之缘。

1955 年，国庆彩车首次出现在国庆的游行队伍中，余梦伦和同学们跟在彩车后面，手里挥舞着花束，尽情地欢呼着，整个天安门广场形成了一个花的海洋。六声礼炮响后，余梦伦看见了天安门城楼上的毛主席，毛主席穿着合体的、淡棕色的中山装，戴着一顶八角帽，神情庄重、身材伟岸，向游行的队伍招着手，人群中，欢呼声变成了阵阵呜咽。

华灯初上，繁星满天，礼花五彩缤纷，沉浸在喜悦之中的人们还在天安门广场上欢呼歌唱，跳集体舞。不喜热闹、不善歌舞的余梦伦，只是默默地看着、听着，用他独有的方式静静地兴奋着，感受着作为一个中国人翻身的喜悦和当家作主的骄傲，努力想象着毛主席对他和他的同学们说的话：做一个好学生，做一个对国家有用的人，为祖国的强盛献出自己的青春乃至生命，像绚丽的礼花在天空中开放，哪怕最后灰飞烟灭，随风飘去，也绝不后悔。

# 余梦伦

余梦伦院士传记

Academician Yu Menglun's Biography

第十三章

# 命运的选择

北大浓厚的学术氛围、自己不高的成绩排名、同窗们的刻苦努力，都让余梦伦感到时不我待。是时候奋起直追了！

由北京大学西校门进入，向右手边走 100 多米，就是大图书馆；再往右走 100 来米，就到了数学力学系办公室和系图书馆所在地——北阁（后来系办公地迁至静园五号院），数学力学系的北阁和地球物理系的南阁组成两座对称的姐妹楼阁。北大的校园建在原燕京大学的旧址上，故称燕园，北阁具有明清建筑风格的古典优雅，四周绿树掩映、绿草萋萋，余梦伦的大学时光就是在这里度过的。

1952 年，为适应国家大规模经济建设的需要，全国高等学校进行了院系调整，北京大学数学系与清华大学数学系、燕京大学数学系组建成为新的北京大学数学力学系，段学复为首任系主任。当时共有十名教授，他们是原北京大学数学系的江泽涵、许宝禄、申又枨、庄圻泰；原清华大学的段学复、闵嗣鹤、程民德；原燕京大学的徐献瑜、戴文赛等。

余梦伦入学的时候，数学力学系只有数学和力学两个专业。到了余梦伦大三的时候，系里新设立的计算数学专业号召数学和力学专业成绩优异的同学报名、转入计算数学专业学习，余梦伦是力学二班唯一报名、也是唯一入选的学生。计算数学专业成立不久，因为师资短缺和专业设置不完备，余梦伦和其他入选的同学们在数学专业插班一年，之后才真正开始上自己的专业课程。因此，余梦伦大学五年，把数学力学系的所有专业都上了个遍。

余梦伦在北大的学号是 5501090，其中 55 表示 1955 年入学，01 是数学力学系的代号，而 090 可能是按入学名次排的，这意味着，在数学力学系入学的 200 人里，余梦伦的成绩不过是中等水平。公平地说，从里弄小学一直到高中，余梦伦都不是特别用功的学生，男孩子本身就顽皮好动，家庭环境的宽松更是让他有机会去发展自己的兴趣爱好。在大学以前，学习不过是余梦伦成长中并不那么重要的一部分，学校对他的影响可能还不如父母言传身教的影响来得大。

到了大学，一切都不一样了。北大浓厚的学术氛围、自己不高的成绩排名、同窗们的刻苦努力，都让余梦伦感到时不我待。是时候奋起直追了！当然，还有一个很重要的原因，在大学，他学习的内容正是自己的兴趣所在。

兴趣是最好的老师，这话不假。学习力学既需要强大的计算能力，也需要工程思维和动手能力，这两点，余梦伦都具备、都喜欢。除此之外，北大“真正”的老师，对余梦伦更是影响深远。

20 世纪 50 年代，北大的校长是著名经济学者马寅初。在余梦伦心里，马校长是位敢于反抗国民党统治的民主人士，新中国成立后，年近古稀的马老更是焕发了青春。当时已过七十的马校长脸色红润，十分健康，喜欢洗冷水澡，还写过一篇关于“洗冷水澡的八大好处”的文章。

马校长没有架子，说话随便，常自称“兄弟我”，也不带官腔。由于他威望高，经常能请到中央领导人来北大演讲，如 1957 年苏联十月革命 40 周年时，周恩来总理就曾来北大演讲，台下的余梦伦挤在人群里看着总理，心里充满了敬爱之情。马校长听力不好，每次听演讲时，他总搬一把椅子放在讲桌旁，边听边记。

马校长关心国家大事，经过深思熟虑，于 1957 年提出控制人口、实行计划生育的主张。不幸在极左思潮煽动下，从1958年开始，他的“人口论”受到批判，被说成是“马尔萨斯主义在中国的翻版”。在北大也掀起批判他的逆流，在无奈之下，马寅初被迫辞别北大校长一职。有好心人劝他公开认个错，但他坚定表示：为了坚持真理，即使牺牲性命也在所不惜。

教授理论力学的老师周培源是一位杰出的科学家，也是余梦伦最尊重的老师之一。1952年，周培源在北大领头创建了我国第一个力学专业，他是全国人大副委员长，又是全国科协主席、当代著名物理学家，但他更是一个普通的教授，在百忙之中，他仍坚持亲自给余梦伦这些刚进校不久的青涩学子们教授基础学科，承担三个学期的理论力学基础课的教育工作，对他来说实属不易。由于周老师社会活动多，有时不能按计划授课，系里派吴林襄老师协助周老师，周、吴两位老师相互默契配合，把理论力学教学搞得有声有色，深得同学们的赞誉。除了授课育人之外，周培源将自己大部分的精力献给了力学与理论物理中两个十分困难的领域：湍流理论和广义相对论，并在这两个领域中都取得了令世人瞩目的成就。

周培源身材魁梧、风度潇洒，他常以自己的学识、见解和治学、做人之道来教育学生、影响学生，深受学生爱戴。余梦伦还记得，周先生曾经对同学们说：“我在学校读书的时候，学习成绩不是最好的，但我的身体是学校里最好的。我每天黎明即起，打扫庭院，锻炼身体，不论多忙都要坚持长跑。我有一个同学，学习很好，总考第一名，但他身体不好，也不锻炼，结果早早就去世了，把一肚子学问都带走了，也没能为国家服务几天，很可惜。一个优秀的学生要全面发展，不要光是学习，要为国家服务，你要更长时间地为国家服务，考试光考满分没有用，还要有一个好的身体。虽然我不是前三名，但我很健康，我一直能为国家工作，我就靠锻炼身体。学习好不一定身体好，但身体好可以保障学习好。”

先生的话，很多学生听听也就过去了，余梦伦却记在心上。他从小身体就弱，小学三年级的时候还因为患上伤寒休学一年，周先生的话他特别有体会：身体不好的人是不能集中精力、夜以继日地去研究课题，持之以恒地为国家服务的。不擅长球类运动的余梦伦选择了通过跑步锻炼身体，跑步不太需要技巧，更需要恒心和耐心，这正是余梦伦所拥有的品质。每天早上，余梦伦都在操场上一圈圈地跑、没完没了地跑，五年下来，瘦小的身体越来越强壮、动作越来越矫健。

教授高等代数的丁石孙先生也对余梦伦影响深远。1927 年出生的丁石孙只比余梦伦大 9 岁，给余梦伦他们班上课时也不过 28 岁，还是个大孩子。年龄的接近使他特别能和学生打成一片，没有一点儿老师的架子。这个“大孩子”毕业于清华大学数学系，毕业后留校任教，北大数学力学系主任段学复不惜以 6 个人去换他一个人来北大，可见丁先生才华之出众。丁先生上课深入浅出、耐心细致，还常常把自己学习的经验传授给年轻的学生们。余梦伦印象最深刻的，是丁先生说，要充分利用时间、坚持读书，睡前读 15 分钟书，一年就能阅读 91 个小时，10 年呢，30 年呢？从那时起，余梦伦养成了睡前读书的习惯，这个习惯坚持了 50 多年。

1958 年，丁石孙先生三十岁刚出头，正处在创造的最高峰时，却遭到了厄运，受到了批判和处分；“文革”中他受到了更大的冲击，与一批“黑帮”和“牛鬼蛇神”一起排队劳动，只见他面色阴暗发黑，只有两只眼睛还炯炯有神，略显当年的神采。

这对余梦伦触动很大。那是一个宁左勿右、非理性的时代，风头正劲的“大跃进”煽动了中华大地的浮夸狂热，“捷报”“放卫星”满天飞。激进的人们对新生活的向往、对旧制度的憎恨，对国家领导人无质疑的崇拜，在一项项的各种斗争中都显得热情百倍，丧失了最基本的判断能力。就连科

1960年，余梦伦二妹考取北大无线电系后，兄妹在天安门前留影

学研究也采取群众运动的方式，北大物理系、化学系和生物系高喊“乘风破浪，赶超英美”的口号。据说仅北京市一万多名科学工作者苦战两个多月，便献出两千多项科研成果，其中超过世界水平的有66项，达到世界水平的有一千多项。中国，一夜之间成为屹立在东方的巨人的梦想仿佛很快就要变成现实。

妹妹来信告诉余梦伦，当上居委会主任的母亲不但号召里弄里的人上交废铜废铁，而且把自己家里的锅碗瓢盆、门锁、铜梳子，凡是沾铜带铁的都交上去了，里弄里真正成了夜不闭户，暂时还能做到路不拾遗。

人们还相信，在自己身边有坏人、有阶级异己分子，他们贼心不死，攻击新社会、不满新政权，妄图颠覆无产阶级专政。于是在“三反”“五反”中，每个人都积极地冲在斗争最前沿，慷慨激昂、义愤填膺，尤其是1957年的“反右”，使许多人大吃一惊，没想到坏人居然就在自己身边，甚至是自己曾经仰慕过的人。

北大也没能幸免。1958年春，即“反右”后的第一个春天，北大校园的政治空气是令人窒息的、压抑的。人与人之间的紧张、不正常的病态关系，同未名湖的湖光塔影、春光明媚形成了强烈的反差。各系各年级要“人人制订规划，个个争做左派”。班上的右派同学也订规划，不过叫作“加紧改造好，争取早日摘掉帽子。”这年3月，北京各民主党派和无党派人士一万多人在天安门广场举行“自我改造促进大会”，号召知识分子在思想改造上来个大跃进，把知识拿出来、把力量使出来、把心交出来，贡献给人民、贡献给党。不久，北大便开展了披肝沥胆向党诉衷曲的“向党交心运动”。

余梦伦本来就不善言谈，已经钻进力学象牙塔的他对阶级斗争是一头雾水，理不出个思路来。好在大家都知道他本就是个沉默的人，不积极“交心”并不是立场问题，而是性格原因，因此常常放他一马，让他切切实实地感受到了什么叫“因祸得福”。

数学力学系左面那座阁楼便是系图书馆。在如火似荼的“反右”斗争中，只有图书馆不喧闹、不嘈杂，尽管人来人往，可是每个人都小心翼翼，馆内几近无声。呆在图书馆里，余梦伦才感到一丝宁静，在书的海洋里，他的头脑和精神感到放松和充实。从此，这里就成了余梦伦的第二个宿舍，没有课的时候，他早晚都泡在图书馆里，拼命地汲取知识的精华。一天只有24小时，16小时用来读书，余梦伦还觉得完全不够用。那有什么办法呢？每天只有24小时。

如果一直学力学专业，也许爱思考又涉猎广泛的余梦伦毕业后，会成为一个力学专家，就像教他理论力学的老师周培源一样。然而，有时候一个看似轻巧的选择，会改变人一生的命运。

余梦伦大学三年级的时候，数学力学系新成立了计算数学专业，专业主任徐献瑜先生多次在系里举办讲座，动员数学和力学专业的大二学生们转入计算数学专业继续学习。徐献瑜先生是中国计算数学的开拓者、中国第一个计算数学学科和第一个国家级计算中心的创建者，也是中国第一个“数学软件库”的研制和建立的主持人。

在徐先生的讲述中，余梦伦动了心：1946 年 2 月，伴随着火炮技术的发展，世界上出现了第一台电子数字计算机“ENIAC”，用于计算炮弹的弹道。我国是在 1956 年开始，由电子计算机专家夏培肃主导研制国产计算机的。1957 年，我国自主研制成功国产小型电子管计算机。

徐先生告诉年轻的学子们：“计算机的诞生是出于军事目的，目前的应用领域也是以军事为主，可未来，科学计算是计算机发展的重要方向。现在，我国有了自己的第一代计算机，可是计算机人才还几乎为零，因此，国家决定成立计算数学专业，为我国计算机事业培养人才。”

在当今，计算机在各个国家都是热门专业，而在当时却需要多次动员。当时的北大，最热门的选择是纯数学，力学次之，计算数学不过是一个分支学科，学生们对此几乎没有任何了解，老师们连讲课的教材都没有。比余梦伦高一级的北大学长，选择了计算数学、后来成为汉字激光照排系统的创始人和技术负责人的王选院士后来回忆：他做出转专业的决定，是因为“看到了我国 1956 年 1 月刚刚制定的《十二年科学技术发展远景规划》，规划中把原子能、自动控制、计算技术列为重点发展学科”。

余梦伦没看到《十二年科学技术发展远景规划》，他是在徐先生描绘的蓝图中看到了自己的方向和目标，毅然决然地报了名。没想到，他是力学二班唯一报名的同学，自然也是唯一被选上的同学。也许这是余梦伦一生中做过的最冲动的决定，这个决定影响了他一生。

新成立的计算数学专业师资、教材都缺乏，第一年和数学专业一起上课。在研究数学的过程中，余梦伦渐渐发现：数学对培养人是很关键的。数学注重抽象思维，它可以培养你的思想方法，调整你考虑问题、分析问题的角度。因此，数学有助于你抓住最主要的矛盾，扬弃次要的琐碎的问题。另一方面，数学注重逻辑，通常考虑两个事物之间的逻辑关系。人们在处理很多事情时都会碰到这个问题。也许，这种能力有的人可以从实际生活中锻炼出来，但接受过数学训练的人，思路会更清楚。他非常尊重的丁石孙先生就说过："一个人，一个国家甚至一个民族，对待数学，重要的不是公式，不是定理，而是它的方法。"

第四年，计算数学专业有了自己的课程安排，徐献瑜先生、胡祖织先生都来给学子们上课。如果说，徐先生是余梦伦选择计算数学专业的引路人，那么胡先生就是余梦伦的灯塔，是他的目标、前进的方向。

1959年，北大55级计算数学班在未名湖畔合影（后排左二为余梦伦）

胡先生当时已经是计算数学领域出名的大教授，为人却低调亲和，不事张扬。身为北大的工会主席，胡先生公务也很繁忙，但和很多教授下课就走的风格不同，胡先生经常在没课的时候走进教室，为同学们答疑解难。在余梦伦眼里，胡先生一直默默工作、“老黄牛”般地奉献着。最重要的是，他也不爱表达、不擅表达，凭着刻苦钻研取得了很大的成绩，这让同样不爱表达的余梦伦看到了自己的努力方向。

在余梦伦大学四五年级的时候，正是我国计算机事业发展之始，国内纷纷仿制苏联计算机。这时北大计算数学和无线电的师生们，在当时我国计算技术的先驱张世龙老师的带领下，开始自行设计“北京一号”小型数字计算机，并于1958年设计成功、交付空军使用。同年，师生们又开始“红旗”数字计算机的设计工作，这是我国国内最早自行设计、指标先进的数字计算机之一。余梦伦和同学们一起投入到“红旗”计算机的研制工作中，学数学的学生不懂电子

北京大学数学力学系1955级入学50周年留念（前排左六为余梦伦）

学方面的技术，采取边学边干的办法，逐步掌握门电路、磁芯存储器等方面的知识，为我国计算机技术的发展作出了在余梦伦看来“微不足道”、实则非常重要的贡献。

五年匆匆，在同学们眼里，余梦伦确实是个和胡先生一样的人。当年和他一起考入数学力学专业、然后又一起转到计算数学专业、一起被分配到航天的同学安维廉回忆道：“他比较好静，不怎么说话，做人很低调。他不像我们班的很多人思想很活跃、很张扬，他给我的印象就是，属于老老实实、踏踏实实做事的一个人。4 月 6 号我们一起离开学校，从此各奔东西。”

1960 年 4 月 6 日，余梦伦提前毕业，后来被分配到北京南郊的国防部五院一分院，一个叫东高地的地方，一待就是 50 多年，再也没有挪过地方。

校友聚会（后排左一为余梦伦）

# 余梦伦

余梦伦院士传记

Academician Yu Menglun's Biography

第十四章

# 航天一新兵

1960 年 4 月 6 日，余梦伦从北大数学力学系提前毕业，被分到国防部五院一分院总体部弹道组工作。他做梦也没想到，自己会成为一个“搞导弹的”。

1960 年 4 月 6 日，对余梦伦来说，是一个非常难忘的日子：那一天，他从北京大学数学力学系计算数学专业提前毕业，背着被褥和简单的行李，和 20 多个北大同学一起，被大卡车拉到一个“神秘”的地方。

1960 年春天，正是余梦伦大学五年学习的最后一学期。除了忙于毕业学习和有关科研任务，成绩优异的余梦伦还承担了北京电视大学数学业余辅导员的工作，每周要抽一定时间奔波在北京各工厂、学校中，进行学员的辅导工作。

就在 4 月 6 日前一天，系主任把余梦伦叫到办公室，通知他提前毕业，马上处理好学校各方面的事情，准备去国防部第五研究院报到，参加国防建设。

由于研究项目涉及国家机密，国防部五院从成立之初，就被蒙上了一层神秘的面纱。对于当时的人们来说，国防部五院是个闻所未闻的新部门，这也是余梦伦第一次听到国防部五院的名字。系主任只告诉了他单位名称和报到时间，“具体做什么，你到了那儿就知道了，现在还要保密”，“你回去收拾收拾，明天单位的车会来接你们”。就这样，余梦伦的人生轨迹被彻底改写了。

“除了当教师，我哪里都可以去。”大学毕业前夕，余梦伦在毕业意向表里这样写道。在 1960 年，大学生毕业都是由国家直接分配工作的，学生本人的意见作为参考。事实上，在那个“我是革命一块砖，哪里需要哪里搬”的年代，优秀学子们都迫不及待地为百废待兴的祖国建设事业贡献自己的力量，对国家分配的任何工作都没有怨言，只要革命工作需要，“打起背包就出发”。

余梦伦的心情也是如此，“我哪里都可以去”的朴素话语正是他内心的真实想法——尽管在当时，分配到哪里、做什么工作可能会影响一生的命运。同时，他也了解自己的弱点：紧张了就会口吃。北大计算数学系成立不久，师资教材都缺乏，优秀的学生很可能留校任教。这工作在很多人眼里是个好差事，可对余梦伦来说，当老师是支下下签：他怕登上讲台、怕当众说话，高中数学课上因口吃答不出问题的阴影时时在他脑海中闪现；而老师这个职业是那么神圣，自己接触过的老师都是那么优秀和杰出，老师对学生的影响之重不可估量——他斟酌已久，还是提出了不当老师的想法。

还好，国家是知人善用的。尽管在接受分配的时候，余梦伦并不知道，自己将要去的国防部五院是国家最高、精、尖的航天部门。

中国航天波澜壮阔的发展诗篇正是从国防部五院开始书写的。1955 年 10 月 8 日，世界著名的火箭专家钱学森辗转回到了祖国。在钱学森回国一周年的日子，也就是 1956 年 10 月 8 日，国防部第五研究院（简称国防部五院）在北京成立，代号中国人民解放军 0038 部队，钱学森出任国防部五院院长。这是我国导弹、航天事业奠基的历史性纪念日。30 年后，谈起国防部五院的成立，钱学森感慨万千地说：“这在中国历史上是一件大事……老人要记住，也要让后来人知道，这是很重要的事情。”

20 世纪 50 年代，世界上几个主要大国已经进入了所谓的“原子时代”和“喷气时代”，航天技术也进入了一个新的发展时期。而当时我国经济还十分落后，工业基础和科学技术力量还很薄弱，为了把有限的人力、物力、财力，集中使用在最重要、最急需、最能影响全局的方面并首先取得突破，在听取了一些著名科学家尤其是刚回国不久的火箭专家钱学森的规划设想之后，党中央做出了重点发展以导弹、原子弹为代表的尖端技术的决定。大力发展导弹技术的决策指出了我国国防科学技术的一个重要的主攻方向，对我国的国防建设和科学技术的发展具有重大的战略意义。毛主席曾一锤定音:“这是决定命运的。”

得知中央军委要成立导弹研究院，为科学家找驻地之后，总后勤部拨出了军委 124 疗养院、北京军区 106 疗养院和北京空军曾用于野战救护的 466 医院作为国防部五院的总部。这几个单位均位于当时的北京西郊，如今的西三环马神庙一带，房子多是军用野战简易房，周围荒草丛生，晴天一脚土、雨天一脚泥，连买生活用品都困难——余梦伦离开学校的第一站，就是这里，而他对国防部五院的第一印象，竟是“人山人海”。

原来，来自祖国各地的学生们早早就到了，余梦伦他们来自北京市的学生，是最后一批到达的。人齐了开饭，几千人排成整齐的队伍，一人一个碗、一双筷子，盛两勺饭、一勺菜，就是航天第一餐。没地方坐，天之骄子们就左手捧碗、右手往嘴里扒饭，有人站、有人蹲，余梦伦就站在院子里、就着春天的风沙，大口大口地吃完了，反正他在北大也习惯了站着吃饭。

吃完饭，几千人在 466 医院的食堂里一起开大会，1956 年 10 月 8 日，国防部五院成立大会也在这里召开，看似简陋、甚至寒酸的食堂，却是我国第一个导弹研究机构货真价实的诞生地，中华民族惊天动地的航天事业就是在这里，迈出了具有历史意义的第一步。

余梦伦波澜壮阔的人生第一步也是从这里迈出的。就是在 466 医院的食堂里，余梦伦知道自己成为了一名光荣的航天人。其实，余梦伦对我国航天事业的发展并不是一无所知，时任国防部五院院长的钱学森先生曾经在 1956 年去北大作过报告，数学力学系，特别是力学专业的学生们知道有钱先生的报告，连饭都顾不上吃，就是为了提前跑到会场占座，余梦伦也是其中热情的一员。只是当时的他并没有想到，自己以后也会成为钱先生麾下的一个兵。

没错，一个兵。国防部五院是部队编制，分到五院，余梦伦从一个文弱学生一下变成了威武的中国人民解放军的一员。

战士当然要听党的话，哪里需要哪里安家。在大会上，最重要也是最漫长的一项就是念学生分配名单，从留在总部的学生开始，一分院、二分院一路念下去，让热血沸腾的学生们等得心焦。余梦伦还好，他被分到一分院，很快就听到了他的名字，也是这个时候，他才知道，马神庙不是他的终点，只是个中转站。

名单念完了，余梦伦和其他分去一分院的同学继续坐进大卡车的车斗，继续和行李一起在北京的风沙里颠簸向前，人和行李在露天的车斗里摇了一个小时才到达。起先，卡车向东边开，一路上还能看到楼房和小轿车，上了长安街，大家都很开心，叽叽喳喳地议论着，以为一分院会在市中心附近；过了天安门，卡车还没有停下来的意思，车头拐到南边，越开越快，看来，不会在市中心了；不一会儿，车速慢下来，柏油马路变成了坑坑洼洼的泥巴路，楼房变成了庄稼地，除了拉着余梦伦他们的大卡车，路上一辆车都没有，更别说小轿车了——车斗里的年轻人们渐渐安静下来，除了未来工作内容的未知，也许每个人心里又多了个大问号：这个神秘的一分院究竟在哪里呢？

国防部五院成立后，按照专业分工建立了总设计师室（也称总体设计室）、空气动力室、结构强度室、发动机室、推进剂室、控制系统室、控制元件室、无线电室、计算技术室、技术物理室等10个研究室，可谓“麻雀虽小，五脏俱全”。1957年11月，国防部五院成立一周年后，以总体设计、空气动力、结构强度、发动机和推进剂5个研究室为基础，组建了余梦伦即将到达的一分院。一分院主要负责导弹总体设计和弹体、发动机研制，由国防部五院院长钱学森兼任一分院院长。一分院建院初期只有175人，驻地在北京长辛店附近，一年后迁到了南苑，后来又搬到了东高地——如今的中国运载火箭技术研究院所在地，拉着余梦伦和他的新同事们的卡车就是到东高地的。

当时的东高地，除了纵横交错的铁路线，几乎什么都没有。从卡车上下来还没站稳，余梦伦就得知，工作之前先要给他们这些“新兵蛋子”集训一个月：每天早晨跑步出操，晚上听报告，学习三大纪律八项注意，夜里大家一起睡在大通铺上，真正体验了一把部队的生活。6月，新兵们正式穿上了军装，拿46元工资。余梦伦兴奋地写信回家，告诉父母自己参军的消息，事实上，家里早已知道了这一好消息，因为长子进入部队，居委会还给余家贴了光荣榜。但是，因为保密的原因，父母并不知道儿子将成为一个“搞导弹的”。

余梦伦也没想到，自己会去航天领域工作，成为一个“搞导弹的”。他设想的是，自己既然学计算数学，就应该去计算中心，工作方式是“在一个大办公室，角落里有一台大计算机，别人有什么要算的，我就来算”。然而毕业分配改变了他的命运：被分到航天的余梦伦，心里既喜又忧。喜的是，能直接参与国防尖端事业的研究工作，从事向往的工程设计；忧的是，学数学的他还没什么经验，就要挑重担子了，心里不免有些忐忑不安。

军训结束后，余梦伦被正式分到国防部五院一分院总体部弹道组工作，直

1964年，一部一室弹道组合影（后排右三为余梦伦）

到这一刻，他还不清楚自己所学的数学专业和搞导弹火箭有多大关系。其实，此时国内也没几个人搞得清楚什么叫做“弹道设计”，当时我国高等学校的导弹专业以及相应的弹道设计等专业刚刚起步，根本没有毕业生，只能从高等学校的数学专业和力学专业学生中招收；组里先来的同志百分之百都是学数学或力学的，而且有两位也是来自北大数学力学系的，他们是王炬和刘宝镛，这让余梦伦紧张的心情放松了不少。余梦伦在航天的工作内容和他设想的也差不多：大家每天坐在办公桌前，每人都有一台老式的手摇计算机，不是忙于学习思考，就是忙于计算，摇计算机的声响此起彼伏，形成一种特有的“交响乐”。工作中有需要计算的东西，大家分工进行，都能够在最短时间内送上准确的答案。

这，即是余梦伦步入导弹弹道设计领域的开端，事实上，也是我国导弹弹道设计事业的开端。

# 余梦伦

余梦伦院士传记

Academician Yu Menglun's Biography

第十五章

# “1059”的秘密

仿制“1059”是中国现代火箭技术的起步，而计算“1059”的弹道也是余梦伦弹道事业的起步。刚刚毕业的余梦伦，便一头扎进了导弹弹道的设计工作之中。

1059 导弹是中国仿制成功的第一枚地地弹道导弹，是中国现代航天技术发展的第一个里程碑，并由此开始了中国航天发展的伟大征程。可以说，仿制“1059”是中国现代火箭技术的起步，而计算“1059”的弹道也是余梦伦弹道事业的起步。

1957 年 12 月下旬，根据中苏两国政府在 1957 年 10 月 15 日达成的《中华人民共和国政府和苏维埃社会主义共和国联盟关于生产新式武器和军事技术装备以及在中国建立综合性原子工业的协定》(简称《国防新技术协定》)，两枚苏制 P-2 弹道导弹连同测试、发射、运输和加注等地面设备一起，静悄悄地运抵中苏边境满洲里。

导弹，是一种依靠自身动力装置推进、具有制导系统的飞行器，可携带常规炸药弹头或核装药弹头。导弹的威力之处在于，它可以远距离遥控发射实施突然打击，命中精度也高，可谓是“拒敌于千里之外，灭敌于无形之中”。

20 世纪 50 年代，在经受了美国在朝鲜战争和台海危机中的两次核讹诈后，新中国的领袖们深切地认识到，对付强权政治必须依靠强大的军事实力，不掌握尖端武器，国家的腰杆永远也直不起来。然而，要从年轻的共和国工业门类残缺不全、人才奇缺、资金困难、科研实验室几近为零的一穷二白状态下发展导弹，难度可想而知。与此同时，同是社会主义阵营中的兄弟国家，苏联早已研制出了导弹，“老大哥”如果伸出援手，势必缩短中国的导弹研制进程。

“老大哥”的“援手”P-2 导弹是个庞然大物，全长约 17.7 米，最大直径 1.65 米，起飞重量约 20.5 吨，射程约 590 千米。经过钱学森和任新民的鉴定，此型近程导弹是苏联已经淘汰的旧型地地导弹。然而，正如分管军事工业的聂荣臻副总理所说：“苏联的导弹虽然不是最好的，但却是我们没有的，值得大家好好研究学习。”大家决定尽快摸清导弹的设计结构、材料和零件的性能，仿制出属于我们自己的导弹。

当然，仿制不是目的，而是为了以后的自行设计。仿制是学习国外先进科技成果的有效途径，是引进、消化、吸收和再创造的过程，是世界各国科技发展的必由之路。苏联就是从仿制第二次世界大战中德国人研制的 V-2 导弹起步，先仿制出 P-1 导弹，在此基础上改进研制出 P-2 导弹，并由此逐渐走上航天强国之路的。

“老大哥”就是我们学习的目标和榜样。P-2 导弹运抵后，苏联按《国防新技术协定》派遣到中国的专家和提供的图纸资料也陆续抵达北京，仿制工作在快马加鞭地进行着。1958 年 1 月底，毛泽东主席在最高国务会议上提出赶超世界先进水平的任务。承载着国家决策层重托的航天人团结一心、艰苦奋斗，在科学研究这个没有硝烟的战场上奋勇拼杀，计划在 1959 年 10 月 1 日前完成仿制工作，让中国仿制的苏制 P-2 导弹在国庆 10 周年时亮相。为此，这枚未来的导弹于 1958 年 4 月被命名为“1059”——这正是“1059”的秘密。

令人遗憾的是，“1059”没能如期出现在国庆 10 周年的庆典上。除了材料、设备缺乏，技术力量薄弱等现实困难外，苏联方面对执行技术协定的态度有了变化也是仿制延期的重要原因。从 1959 年 6 月开始，中苏关系已经开始恶

即将拆迁的总体设计部办公楼

化，他们能拖就拖，能不供货就不供货，甚至为“1059”的诞生设置种种障碍。1960 年 7 月，当我国仿制 P-2 导弹的工作进入最后阶段时，赫鲁晓夫下令撤走在华工作的全部苏联专家。苏联突然断绝援助，给我国导弹的仿制工作造成了很大困难。

余梦伦正是在这个时候开始参与“1059”的弹道计算工作的。“1059”是我国仿制的第一个地地弹道导弹，也是余梦伦参与计算的第一个弹道。

通俗地讲，导弹弹道即是导弹的飞行轨迹。弹道导弹的弹道设计就是为导弹设计飞行轨迹，要解决下列问题：研究各种发射条件对最大射程的影响，确定最大射程设计指标；研究导弹的飞行性能与总体设计参数、弹道设计参数的依从关系；根据给定的弹道设计参数，选择合理的飞行程序。

从未见过导弹，甚至连导弹的基本知识都知之甚少的余梦伦，一头扎进了一个全新的领域——导弹弹道的设计工作之中。

苏联专家撤走了，没关系，我们还有自己的老专家。对余梦伦指导最多、影响最大的就是当时的弹道专家方俊奎。

方俊奎是江西人，从小就刻苦努力、品学兼优。1937 年，他从清华大学物理系毕业，由清华大学物理学院院长兼物理系主任吴有训推荐，到兵工署弹道研究所工作。他对工作执著追求，埋头从事试验研究，尤其在弹道知识方面，打下了深厚的基础，说他是我国弹道研究的第一人也不为过。

方俊奎夫妇退休后在成都留影

1957 年，因为国家对航天工作的重视，方俊奎从二机部四所调到了国防部五院，在总体设计室任工程师，从事导弹弹道研究设计工作。当时，中国导弹弹道研究设计队伍只有 3 名刚出校门的大学生和 3 名计算员，6 位“元老”对于弹道的了解都来自方俊奎：导弹弹道设计既需要懂弹道学，又需要懂无线电、控制原理和大地测量等，而这些，他们的方老都懂。方俊奎毫无保留地向年轻人传授着他多年积累的知识和经验：弹道学的基本理论、计算运算和在各种外力作用下的基本方程、飞行控制……方俊奎无私的精神感染着每一个人，这些经验，就在弹道组里一代代口口相传，余梦伦对于弹道的最初了解，也是从方俊奎和比他早来两三年的同事们那里学到的。

苏联的援助全部取消，没关系，我们本就不单纯地依靠外援。事实上，在仿制 P-2 导弹的过程中，中国航天人始终以自力更生的精神来消化外援，一步步向独立研制稳步迈进。苏联专家还在的时候，方俊奎为了弄清 P-2 导弹的弹道设计，坚持到炮兵教导大队听苏方有关人员讲课，早已摸清了 P-2 导弹射前的诸元准备，如大地测量、气象预报、现场条件、方位计算以及瞄准点的调整等等；同时，他对苏联确定的无线电横偏校正系统的变射向方案作了重大改进，大大提高了导弹变射向发射的能力。回到东高地，方俊奎又将学到的知识传授给弹道组的同志们。

掌握了重要知识的同志们深感责任重大、力量无穷，变压力为动力、变气

20世纪60年代，弹道组计算员在交流计算经验

愤为发奋，更加努力地日夜奋战在科研生产第一线。大家边工作边学习，晚上和白天一个样，每天晚上办公楼灯火辉煌，大家为攀登国防科技高峰而拼搏，在余梦伦和同事们的努力下，攻克了一个又一个难关。在摸索中，他们得出这样几点结论：首先要掌握导弹飞行的基本原理，建立导弹正确飞行的数学模型；其次是了解国外导弹弹道学的发展现状，努力学习国外已经成熟的理论和方法，做到知己知彼，不断缩小我国与先进国家的差距；三是融会贯通，要根据中国国情，结合我国具体情况，逐步建立适用的导弹弹道设计理论和方法，同时进一步掌握卫星发射弹道设计的理论和方法。

苏联留下的资料里只有弹道计算的结果，却对如何进行射表编制，如何推导公式守口如瓶，丝毫不肯透露，没关系，我们有“反设计”。

何为“反设计”？“反设计”和一般设计先有图纸、按照图纸做出实物的顺序正好相反，是根据实物画图纸。研究人员曾在钱学森的带领下，把弹体、发动机，乃至每一个螺丝钉、垫圈都小心地拆下来，仔细研究做好记号后再分别测量，最后动手绘制图纸——“反设计”的目的是摸清导弹的设计结构和材料、零件的使用性能。

P-2 导弹虽然有资料和图纸，可资料里只有结果没有过程，弹道组还得靠“反设计”来帮忙。弹道设计离不开计算，“反设计”亦然。那时候，国防部五院还没有电子计算机，设计计算全靠手摇计算机。

20世纪60年代弹道计算用的手摇计算机

手摇计算机的计算原理是通过齿轮运动来完成计算：计算时，先按数字拨动齿轮，每摇一次可以完成一次加法，乘法则需要摇动多次才能完成；至于三角函数和对数函数，则需要查像《辞海》一样厚的数表才能完成计算。人工手摇计算一次弹道，从起飞算到关机点，需要 6 名计算员花费两个月时间才能完成。尽管计算如此繁复，余梦伦和同事们还是坚持将 P-2 导弹弹道的原设计结果重新进行计算和分析，不仅从中学会了如何进行弹道初步设计，还建立起导弹专业设计的数学模型。

“1059”的弹道设计在我国尚属首次，设计是否合理还不得而知；计算过程又如此复杂，涉及的计算员就多达 6 人。假设设计合理，计算员也可能领会错设计人员的意图；领会对了，计算过程又可能出错……怎么保证设计正确、计算又准确呢？没有办法。发动机可以上试车台，控制系统可以用计算机模拟，而弹道唯一的实验室就是靶场——只有导弹打出去，跟踪了飞行路线，才能最后知道弹道设计得合理不合理。

刚参加工作半年的余梦伦，就跟着“1059”上了靶场。

# 余梦伦

余梦伦院士**传记**

Academician Yu Menglun's Biography

第十六章

# 放飞争气弹

发射成功！发射场内顿时成为欢腾的海洋，身边的同事们很多都淌下了激动的眼泪，感情内敛的余梦伦忍住了泪，却掩不住脸上的笑意。

1960 年 10 月 23 日零点 45 分，整座北京城都沉睡着，万籁俱寂。

一条长龙悄然从北京南郊的导弹总装厂出发，直奔丰台火车站。这是一趟由 18 节客、货和特种车厢组成的专列，上面搭载了 1059 导弹、诸多仪器、地面设备和特种车辆，还有 120 名发射试验队员。余梦伦就是这一百二十分之一。

24 日 4 点 40 分，经过一系列检查的神秘专列才启程离开北京向目的地驶去。列车所过之处，铁路两旁早早布置了由民兵和解放军战士组成的双层警戒线。每逢停车，车上所有试验队员一律下车，背向专列设防，不准任何无关人员靠近列车。

一路上，几个参试人员一边紧张地不断看手表，一边数着车窗外向后退去的电线杆和路边上的里程碑——他们在用土办法测量列车的时速。为保证导弹不受到过大的振动，他们必须按照《产品运输保管技术条件》的严格规定，控制列车的速度不超过 70 千米 / 小时。

相对而言，余梦伦在列车上是比较轻松愉快的，他繁重的工作任务在下车之后。

在疾速行驶的火车上摇摇晃晃，余梦伦的思绪越飘越远，他想起自己上一次坐专列的情景：那还是 1955 年 8 月，余梦伦在上海乘坐学生专列，到北京上学，父母和弟弟妹妹在车站送他，小弟弟哭得脸都花了；由于当时交通落后，车速很慢，从上海到南京就晃了好久；当时长江大桥还没有建成，在南京过长江时，火车要分成几截上轮渡过江，这就耗费了五六个小时。

火车从上海北火车站出发，整整开了三天三夜才到达北京前门车站。开车时，大家兴高采烈，盼望早点到达祖国的心脏；到第二天时，硬座坐得大家背发酸、腿发软，很多同学撑不住了，就在地上，甚至座位下睡得东倒西歪。

此次坐专列去靶场，是余梦伦第一次坐卧铺车，他好奇地爬上爬下，躺下去，又坐起来，新鲜不已；遗憾的是，这次他只能悄悄地走，甚至不能告诉父母自己的去向。余梦伦已经一年多没回家了，因为保密，半年多来，他只给家里写过一封信，父母只知道，儿子参了军，其他的他什么都不能说——事实上，连他自己都不知道，这趟列车将会把他带向何方。

10 月 27 日 13 点 20 分，经过三天三夜的昼夜兼程，专列抵达酒泉导弹试验基地。

酒泉导弹试验基地位于酒泉市金塔县与内蒙古额济纳旗交界处，西依山、东临河，是聂荣臻元帅亲自挑选的一块宝地。这里是我国最早建成的导弹发射试验基地，后来以“中国航天第一港——酒泉卫星发射中心”的鼎鼎大名响彻世界。而余梦伦他们乘坐的专列到达的时候，这个建在戈壁滩上的基地还尚未完全建成，很是荒凉。

事实上，这已经是靶场的建设者们精心“耕耘”了近三年的成果。1958 年，解放军炮兵司令员陈锡联上将率领总参作战部部长王尚荣、志愿军第 20 兵团代司令员孙继先、军械试验靶场场长张贻祥等人，与苏联专家组盖杜柯夫等人，一同考察了导弹组合试验靶场的位置。之后，志愿军第 20 兵团从抗美援朝战场回国后神秘地消失，秘密开赴西北大漠。由志愿军第 19 军团机关、工程指挥部、后勤部为主组成的“特种工程指挥部”，也在工程兵司令员陈士榘上将的率领下来到这里。当时，从各军兵种汇集来的人员多达10万人。

戈壁沙漠，荒无人烟。在三年自然灾害面前，基地的建设者们只能用沙枣、甘草叶、骆驼刺掺着玉米面、青稞面充饥，长期营养不良使得许多人得了夜盲症，身体浮肿。还是聂荣臻特批给他们每人每天二两黄豆，才使情况有所好转。就是这二两黄豆，连基地司令员、政委也无权享用，全都留给流血又流汗的建设者们。就是这样苦苦奋战了两年半，建设者们硬是在空荡荡的戈壁滩上矗立起星罗棋布的建筑物，1960年10月，我国第一个综合导弹试验靶场已经初具雏形，可以承担“1059”的发射任务了！

酒泉靶场的荒凉、沙漠气候的恶劣、生活条件的艰苦，对出生在富庶的江浙一带、成长在梦幻的大上海、求学和工作都在首都北京的余梦伦而言，是难以想象的。尽管在出发之前，他就有了心理准备：因为发射基地处于建设初期，又正值国家经济困难时期，基地物质条件很差，由于靶场招待所刚刚建成，被褥等用品还没有准备齐全，余梦伦和其他参试队员都被要求自带脸盆、被褥等生活用品，他们都是扛着沉重的行装从北京奔赴大西北的。

和在专列上的轻松不同，在基地，参试人员要和基地同志一起承担繁重的导弹发射准备工作。由于苏联单方面中止援华协定，撤走了全部苏联专家，发射准备工作全部由中国人自己来完成。顾不上适应环境，余梦伦和试验队的同志们就投入到紧张的工作中去了。

导弹弹道不是在总体设计阶段就已经计算好了么？为什么在基地还有繁重的工作呢？这还要从弹道专业的具体工作内容说起。

弹道专业有两项与靶场相关的重要工作：一项是新的发射场建设，需要有弹道工作者参与，从弹道角度来评估选址的合理性；另一项，也是最重要的一项，就是制定导弹飞行弹道以及相关的导弹发射诸元，比如，飞行姿态程序角、关机特征量、推进剂加注量、推进剂加注后导弹停放时间以及气象修正等。

弹道导弹的运动轨迹是一个近似的椭圆部分弧段。根据飞行中受力的特点，弹道导弹弹道分为主动段和被动段。导弹在主动段的运动是加速过程，被动段的运动是依赖主动段获得的能量所作的惯性飞行。

在主动段，导弹通常是从地面垂直起飞上升，经过几秒到十几秒后，在控制系统作用下开始转弯。在主动段，作用于导弹的力有发动机推力、空气动力、控制力和地球引力，其中发动机推力起主要作用。在这些力的作用下，导弹的飞行速度、飞行高度和飞行距离逐渐增大，而弹道倾角则逐渐减小。当导弹飞行的运动参数达到命中目标所要求的数值时，导弹控制系统发出发动机关机信号，开始被动段飞行。

被动段又分为自由飞行段和再入段。从弹头与弹体分离到弹头再入大气层之前称为自由飞行段，在这段弹道上，弹头是在接近于真空的环境中飞行，作用在弹头上的力主要是地球引力；从弹头再入大气层到弹头落地称为再入段，在这一阶段，弹头在稠密大气层内高速飞行，空气动力的影响随之增加，可达到地球引力的几十倍。

此外，影响近程导弹弹道的因素还有地球自转和地球扁率扰动引力。导弹在起飞瞬间获得地球自转的水平初速和目标点在导弹飞行期间随地球自转产生的位移，会对导弹射程造成不可忽略的影响。地球自转的影响随发射点纬度、射击方向和射程而变化，对射程的影响最高可达全射程的 10% ~ 20%。地球扁率是地球非球形引起的，实际的地球更接近于椭球体，它的影响有两方面，一是对地球引力的影响，二是它会影响导弹相对地球空间位置的变化。

由此可见，弹道导弹发射和飞行过程中受到多种力的影响。1059 导弹在基地进行飞行试验，发射点和目标点都是预先确定的，导弹是按相对固定的弹道飞行。这意味着从事弹道工作的研究人员在靶场不用再考虑地球引力变化和发射点经纬度带来的影响，但要重新计算因其他因素的变化对弹道造成的改变，诸如发动机推力、空气动力都随着发射当天气温、气压和高空风的变化而改变。所以，弹道专家们仅仅在办公室里无法完成所有的设计工作，他们必须在现场，根据发射地的情况和气象条件进一步精确地进行弹道计算，当场确定导弹发射的关机速度、发射方位角和加注推进剂后的停放时间等重要数据。

由于这次发射是仿制导弹的飞行试验，基地从事弹道工作的同志受过苏联 P-2 导弹发射训练，所以这次导弹发射的弹道诸元工作由基地同志承担。但作为导弹设计单位的弹道工作者，必须通过这次飞行试验来验证我们的弹道设计

1059弹道导弹

工作，这也是一项光荣而艰巨的任务。这项任务落在参加这次飞行试验的余梦伦、刘宝镛和谢鸿仪三个才二十郎当岁的年轻人身上，刘宝镛是余梦伦在北大数学力学系的学长，比他早两年来到东高地，也是这个“三人弹道小组”的组长。为导弹的发射做测试准备工作，对三个人来说都是第一次；事实上，对中国人来说也是第一次。是骡子是马，不到发射成功的那一刻，谁都不敢说。

余梦伦是沉稳少言的性格，尽管是第一次承担这样重要的工作，可从他脸上看不出一丝紧张，他不急、不躁、不畏惧，和同事们一起边学边干——要知道，导弹弹道计算是“失之毫厘，谬以千里”的大事，就需要余梦伦这样思维缜密、做事周到的研究人员。

11月3日，用于首次发射、编号为000360的一枚1059导弹开始测试；测试结束后，导弹被装上专用运输车送往三号发射场区。在那里，发射人员用高架起重机把导弹吊到起竖托架上。接着，载着导弹的起竖托架缓缓驶进发射台，起竖托架上的液压装置把导弹竖成垂直的发射状态，开始垂直测试。

垂直测试合格后，导弹开始加注推进剂。大家双眼紧紧盯着数据线，手中不断地计算着：酒泉当天是零下20多度的严寒天气，气温和气压改变了大气密度，从而改变了大气的气动特性，必须对导弹的射程进行修正，同时还要进行高空风的测量，计算高空风对落点的修正量。受到温度影响，推进剂的加注量有所改变，发动机的性能也产生了变化，导弹的弹道也会因为发动机推力的改变而发生改变，必须计算修正量。导弹加注的液氧沸点为-183℃，外界气温高于这个温度，液氧会蒸发从而影响射程，因此，对加注推进剂后的导弹的停放时间有严格要求，过长或过短都会影响射程，从而导致发射失败，需要计算出停放时间和射程的关系曲线，并告知总体部门停放控制的具体时间。

说起来道理并不复杂，如今算起来也真的不复杂，可是在那个没有电子计算机的年代里，各种因素对弹道影响需要靠手摇计算机来完成，这绝不是一项轻松的任务。

盼望的日子终于来了。1960 年 11 月 5 日，是我国航天历史上永远值得纪念的一天。凌晨，酒泉导弹试验基地呈现出一派繁忙的景象。在探照灯的照射下，整个发射场坪明如白昼，竖立在发射台上的 1059 导弹俨然一把利剑直指夜空。9 时 02 分 28 秒，发射指挥员下达了点火命令。

余梦伦站在发射场后方的敖包山上等待着，他的心脏怦怦地跳，不知是紧张，还是激动。

随着一声惊天动地的轰鸣，他看见发射台周围腾起一团浓烟，导弹的尾部向下喷吐出橙红色的火焰，随即拔地而起，直刺蓝天。数秒钟后，垂直上升的导弹开始程序转弯，最后变成一个亮点向正西方向飞去。与此同时，指挥中心不断传来各跟踪台站“发现目标，飞行正常”和“跟踪良好”的报告。

发射场内顿时成为欢腾的海洋，掌声和欢呼声响成一片。身边的同事们很多都淌下了激动的眼泪，感情内敛的余梦伦忍住了泪，却掩不住脸上的笑意。带着笑容，他还在等，等弹着区的消息。

7 分 32 秒后，550 多千米外的落区传来报告，导弹准确击中目标。10 时 45 分，搜索部队找到了导弹弹体。至此，我国第一枚导弹首次飞行试验获得圆满成功。

这一天，是苏联最后一批专家撤走后的第 85 天。当晚，发射试验人员在一起，参加了发射场用部队“伙食尾子”（节约的伙食费）举办的庆祝宴会。说是宴会，其实不过四菜一汤，有西红柿炒鸡蛋、猪肉炒辣椒、炒豇豆和炖黄羊肉。发射场的领导告诉大家，豇豆是部队战士自己种的，黄羊肉是野外打来的。菜肴虽然品种不多，但是试验人员已经非常知足了。要知道，在三年经济困难时期，国家供应困难，在基地的一个多月里，食堂里没有青菜，也没有肉，只有土豆——主食和副食都是土豆。虽然工作辛苦，生活困难，可是一想到自己从事的工作是参与我国第一枚弹道导弹的发射工作，余梦伦就忘记了所有的困难和艰辛。但他清楚地记得，聂荣臻元帅在庆祝宴会上兴奋地说："在祖国的地平线上，飞起了我国自己制造的第一枚导弹，这是我国军事装备史上一个重要的转折点！"

12 月 6 日和 16 日，1059 导弹又分别进行了两次飞行试验，均获得成功。试验结果表明，1059 导弹的仿制设计、制造工艺和原材料，全部符合导弹技术条件要求，仿制工作取得成功，为转入自行设计打下了良好基础。随后，我国又小批量生产了该型导弹。

1059 导弹的仿制成功，是我军武器装备和导弹发展史上的一个重要里程碑，它标志着我国在掌握导弹技术的道路上迈出了关键的一步，也带动了我国导弹研制基地、发射基地的建设和发展。从此，我国拥有了一支导弹研究、设计、生产和试验的人才队伍；我国火箭制造技术、设计技术、研制体系等各方面均完成了从无到有的跨越，初步建立了独立自主的火箭研制体系。

1964 年 2 月 27 日晚，一枚 1059 导弹被送到中国人民革命军事博物馆展出。半个月后，按照上级指示，1059 导弹更名。根据毛泽东的名言"东风压倒西风"，"东风"成为中国地地导弹系列的代号，"1059"被命名为"东风一号"。

从"东风一号"开始，中国的战略导弹从无到有、从小到大、从单级到多级、从近程到远程、从液体推进剂到固体推进剂、从陆基到海基，不断发展，取得了举世瞩目的成就。而余梦伦和他的弹道研究，也伴随着我国战略导弹的发展而大步向前。

余梦伦

余梦伦院士传记

Academician Yu Menglun's Biography

# 第十七章 东风吹又生

导弹的弹道设计是导弹核心参数的基因和灵魂，东风二号导弹弹道设计的重担落在了几个平均年龄不满30岁的年轻人肩上，25岁的余梦伦是年龄最小的一员。

结束了“东风一号”的发射测试工作，余梦伦和同志们从远在酒泉的试验基地一路颠簸，又换车又生病，折腾了四天四夜才回到北京。

然而，从小身体就瘦弱的余梦伦并不觉得辛苦：1059 导弹（即后来的“东风一号”）的成功发射让他感受到了航天工作的乐趣所在，胜利果实的美妙滋味使他的身心都充满了对弹道设计工作的激情和热爱，饱满的热情激励着他不断地向新的研究领域发起冲锋。

回到东高地，余梦伦一分钟也没有休息，一头扎进了弹道设计的蓝海里。其他的科技人员也和他一样，对工作保有高度的热情，因为他们牢记聂荣臻元帅在 1059 导弹首次飞行试验成功的庆功宴上所说的话：1059 导弹发射成功，标志着我国导弹研究的仿制阶段将要结束，开始转到自行设计阶段。

然而，模仿只是个开始、是“爬楼梯”的阶段，自行设计才是真正的考验。苏联领导人赫鲁晓夫听说我国要自行设计中近程导弹，不屑地回应：“中国现在过的是‘大锅清水汤，三个人穿一条裤子’的生活，还想造导弹？做梦吧！造几个大鸭蛋我看还行……”

不得不承认，赫鲁晓夫的嘲讽之言有一半是正确的。1960 年到 1963 年，中国人确实在和饥饿苦苦斗争着，那是所有经历过那个年代的中国人都难以忘怀的岁月。一场全国性的饥荒不断蔓延，人民的副食品供应几乎中断，粮食供应也大幅缩减。在国防部五院，饥饿导致科技人员“上楼梯两手扶栏杆，蹲厕所两眼冒金花”，70% 的人患上了浮肿病，许多人还得了肝炎。

条件虽然艰苦，但中国的航天事业不能停步。毛泽东决心不再吃肉的同时，也下决心要搞尖端武器，他亲自征询聂荣臻等人的意见，批准了关于《导弹、原子弹应坚持攻关的报告》。随后，毛泽东又在南下杭州时，对解放军副总参谋长杨成武和南京军区司令员许世友说：“在科学研究中，对尖端武器的研究试制工作，仍应抓紧进行，不能放松或下马。”

毛主席和党中央的大力支持，也使航天人下定了“必须自行研制、必须成功”的决心。

自行设计的第一步，是在仿制 1059 近程导弹的基础上，设计一种中近程导弹，这样做符合我国的实际情况，是稳妥可靠的选择。聂荣臻向国防部五院下达了“必须突破从仿制到独立设计这一关，用我们的双手，制造出中国自己的导弹”的指示，在制造飞机、汽车都困难的中国，航天人开始了自行研制一种新型导弹——中近程地地导弹的工程，并把这种导弹命名为“东风二号”。

经过科技人员的加班加点、刻苦钻研，“东风二号”总体设计方案很快就拿出来了：导弹全长 20.9 米，弹径 1.65 米，起飞质量 29.8 吨，采用一级液体火箭发动机，最大射程 1200 千米——“东风二号”比 1059 导弹长得多，也重得多，射程更是从 590 千米变成 1200 千米，足足翻了一倍还多；此外，东风二号导弹对目标的打击也要求更为精准。

控制系统是导弹的“大脑”，有清醒的“大脑”，才能使导弹更精准的打击目标，弹道设计工作则为控制系统研究奠定了基础。导弹的弹道设计是导弹核心参数的基因和灵魂，由于精度要求高和计算量大，弹道设计被称为导弹设计

“总体中的总体”，重要程度不言而喻。

重担落在了几个平均年龄不满 30 岁的年轻人肩上，他们来自国防部五院一分院弹道组，25 岁的余梦伦是弹道组年龄最小的一员。和余梦伦一样，弹道组的年轻人都刚出校门不久，尽管有幸参加了 1059 导弹的仿制，对弹道计算有了一定的认识，但自行设计导弹弹道对他们来说，却是平生第一次。组织把这份工作交给他们，是信任也是考验；敢于承担这份工作，是初生牛犊的勇气，也是为国争光的强烈责任感。

弹道组不仅平均年龄小，人员配置也相当紧张。飞行程序设计、精确弹道设计、偏差弹道计算……每个人都要负责一个项目，每个人都需要独立解决一个又一个难题，每个人都在自己的一亩三分地里辛苦耕耘着，生怕拖了整体的后腿。

在“东风二号”的弹道设计过程中，余梦伦主要承担的工作是研究如何提高弹道的精度。

苏联送来 P-2 导弹的时候，与弹道相关的资料里只有计算结果和编制好的射表，没有计算推导过程，更没有提出设计时需要考虑的影响因素。当时，余梦伦和同事们采取了“反设计”的方法，从结果反推出公式和计算过程，这使他们掌握了弹道设计的部分内容；但发射的时候，一切还是按照苏联编制好的射表数据进行，反推是否正确，无从查证。

东风二号弹道导弹

直到1964年，余梦伦读到一份国外的资料，才知道当时大家伙儿反推的公式和方法都是正确的——这是后话。1961年开始自主研究提高“东风二号”弹道精度的时候，余梦伦还“不识弹道真面目”，他日思夜想、努力拨开重重迷雾，就为了阳光穿过雾气照进来的那一刻。

导弹在地球上飞，自然离不开地球的种种影响。

公元前500年前后，古希腊数学家毕达哥拉斯和他的弟子们，首先提出了大地是球形的设想；过了100多年，古希腊著名的科学家、哲学家亚里士多德第一次对大地是球形做出了论证；之后的千百年，科学家们对此争论不休，为了捍卫真理不惜流血牺牲……随着科学技术的发展，人们渐渐相信了地球是圆形的。苏联的P-2导弹和我国仿制的1059导弹，也都是基于“地球是圆的”这个概念计算的，可实际上呢，地球是“扁”的！

地球是个球体没错，但地球并不是一个规则的圆球形，而是一个两极稍扁、赤道略鼓的不规则球体：地球的极半径约为6357千米，它的赤道半径约为6378千米。从数据上可以看出，虽然“误差”较小，但明显地球不是真正的圆球！在余梦伦看来，地球就像个“坑坑洼洼的土豆”，有高山、有盆地，作为一个讲求精准的科研人员，他认为，如果需要算出精确的弹道，那就必须把这看上去微小的“误差”考虑进去！

就这样，余梦伦依据他所掌握的地球物理和天体测量等知识，在东风二号导弹弹道设计的过程中引入了“地球扁率”的概念。

地球扁率是描述地球形状的主要参数之一，是重要的地球物理参数，它以赤道半径（长半轴 a）和极半径（短半轴 b）的差与赤道半径之比值即 f=(a-b)/a 表示。这个公式看起来简单，实际上数据相当复杂，1975 年，国际大地测量和地球物理协会通过决议，采用 a=6378140 米，f=1/298.257 的椭球体。随着大地测量的发展，地球物理参数需不断予以精确化。

地球扁率对导弹飞行的影响，一切还都需要自己计算。没有电子计算机，他就靠手摇计算机，趴在办公桌上沉默地写啊、算啊……余梦伦的性格本来就内向，如今一心扑在工作上，他更是一天都讲不上一句话，办公室里发生了什么，他从来不知道，同事们甚至都忘记了办公室里还坐着一个老黄牛一样的年轻人。

组内老同志刘宝镛在地球扁率对弹道影响方面有很深入的研究，在学长指导下，余梦伦经过了不知多少次推算，终于弄清了地球扁率对弹道的影响，确定了以发射点垂线为基准的发射坐标系，又推导出了导弹在新坐标系中的运动方程式，成功提高了弹道计算的精度；在弹道计算算法上，他也做了相应的改进，进一步提高了计算效率。这一研究结果不仅应用于“东风二号”，还被用于之后导弹和火箭的弹道设计中。

经过包括余梦伦在内的弹道组全体同志大量艰苦细致的工作，他们最终比原计划提前了一个季度完成任务。事实上，所有参加研制工作的同志们都是怀着为国争光的满腔热情、你追我赶地高速度完成了试制工作，从方案设计到第一发试样弹总装出厂，仅用了一年多的时间。

1962 年 3 月 4 日，首次飞行试验用的东风二号导弹和试验队乘专列启程，前往酒泉导弹试验基地。这一次，余梦伦不在车上，他没有亲自经历失败的痛苦，尽管在后方的他感同身受。

3 月 21 日 9 时 5 分 53 秒，第一枚东风二号导弹从发射台点火起飞。按照预定程序，它先上升后转弯，几秒钟后突然出现了大幅度的摆动，明显偏离航线；紧接着，发动机起火，火苗从尾舱窜出，导弹完全失控，从空中坠落下来，69 秒时在离发射台横向 68 米、纵向 660 米处轰然坠毁，在地面炸出一个深 4 米、直径 22 米的弹坑——试验失败了。

飞行试验失败后，周恩来总理作出重要指示：突破国防尖端技术恰如攀登珠穆朗玛峰，也得分阶段，逐步往上爬。国防尖端技术的综合性和复杂性很强，一定要按客观规律办事，循序渐进、打牢基础，有步骤地按程序进行。

聂荣臻元帅则指示：既是试验，就有失败可能，不要追查责任，失败是成功之母，要总结经验。周总理和聂帅的指示，极大地稳定了队伍、鼓舞了士气、振作了精神，研究人员积极投入到故障分析中，经过深入分析研究，很快找到了失败的具体原因。

没有按研制规律办事，缺少充分的地面试验，如：没有进行全弹系留试车；

发动机成功率仅25%就交付使用；把“东风二号”简单看成是“1059”的放大，在方案上没有仔细论证；弹体结构变化，总体没有估计到弹体弹性问题。

“东风二号”首发失败，提高了从领导层到研究人员对导弹研制工作复杂性、系统性的认识。这些在摸索中不断前进的航天人认识到，必须要建立起导弹的研制工作程序、建立起有别于“仿制”的以研制为核心的科研体系，建立从方案论证、方案设计、初步设计、技术设计一直到飞行试验、定型的完善的研制程序；“严格按程序办事”，制定导弹完整的地面试验计划，包括从强度试验到全弹试车等十七项重大地面试验；建立总设计师系统的制度，总体部是总设计师的工作机构，加强总体与分系统之间的协调关系；加强各专业的学科建设，鼓励攀登科学高峰的学习精神，全面掀起学习世界先进技术的学习高潮。

“东风二号”首发飞行试验失败后，余梦伦敏锐地意识到，弹道设计方案必须以试验和理论综合分析的结果为依据，要经过充分的可行性论证才能上马，否则会出大问题。可是弹道设计有其特殊性，它是抽象且难以验证的，又是一人管一摊，如何保证做出来的数学模型和应用方程万无一失呢？余梦伦又动起了脑筋。就像毛主席说的，办法总比困难多，几天后，还真让余梦伦给琢磨出来了：计算同样的弹道，他要设计三套不同的模型分别进行计算和推导，这三套模型中，一套是简化的，一套是最精确的，另外一套则介于两者之间，分别算完，再自己和自己比对。由于模型不太一样，算出来的结果也不会完全一致，细微的差别则可以忽略不计。有时候，他也会选用坐标系中不同的坐标起点来进行计算，从而验证自己的设计是否正确。正是用这样的“笨办法”，保证了设计计算的正确性。

与此同时，导弹总体设计部门也在重新对总体设计方案进行论证，研究设计和生产单位也对原来的方案进行了审查，适当地降低部分设计指标。之后的两年里，各单位分别完成了大量的研究、设计、试验和试制工作，并成功进行了发动机性能和可靠性试车，以及多次全弹地面试车。

1964年6月29日，在戈壁滩如火的骄阳下，航天人盼望已久的胜利终于来到了——修改设计后的东风二号导弹飞行试验获得圆满成功！7月9日和11日又发射两枚，均传捷报；9月至10月，又连续发射五枚，全部成功！东风二号导弹成功研制，是我国在地地导弹设计史上迈出的重要一步，是艰难的一步，也是可贵的一步，它为我国导弹武器的独立研制闯出了一条道路。

陪着东风二号导弹，余梦伦又迈上了新的征程。

# 余梦伦

余梦伦院士传记

Academician Yu Menglun's Biography

# 第十八章 两弹惊寰宇

在我国第一颗原子弹实施爆炸任务时，余梦伦正在茫茫戈壁滩上执行导弹发射任务。听到成功的消息，他在戈壁滩上像孩子一样又蹦又跳，喜悦之情溢于言表。

1963年8月5日，美国、英国和苏联联合签署了《禁止在大气层、外层空间和水下进行核试验条约》，意在阻止其他国家包括中国研制核武器，从而继续受制于他们的核讹诈。美国总统肯尼迪曾指示其情报部门负责人“原则上不管使用什么手段，必须阻止中国成为一个有核国家。”

然而，中国的核事业并没有被“阴谋”扼杀在摇篮里，反而迅速发展起来。1964年10月16日，放置在地面塔架上的中国第一颗原子弹成功爆炸，威力超过美国扔在日本长崎的那一颗，这也使中国成为第五个有原子弹的国家。

在我国第一颗原子弹实施爆炸任务时，余梦伦正在茫茫戈壁滩上执行最后一枚东风二号导弹的发射任务。在这次飞行试验发射前一段时间，余梦伦不在酒泉导弹试验基地，而是和后来成为我国战略导弹与运载火箭技术专家、当时不过26岁的龙乐豪一起被派到基地的导弹19号测量点，见习导弹飞行轨迹的测量任务。他们所在的19号测量点设在茫茫戈壁，除了一栋二层小楼、两个穿着军装的航天人和三个真正的小战士以外，一望无际，看不到人烟；食物和水无处购买，都要靠卡车进行每周一次的补给。每当卡车来的时候，大家都特别高兴，因为只有这个时候，他们才有机会和外人说句话。尽管如此荒凉，五个人还要不分昼夜地轮流站岗，以防敌人的破坏。

唯一的娱乐，是每天晚上的广播时间。除了放哨的同志，其他四个人都会在二楼听听新闻，了解一下国际大事。当广播里传来“加强国防建设的重大成就，对保卫世界的重大贡献——我国第一颗原子弹爆炸成功”的消息时，围着收音机的四个人张大了嘴巴，谁都不敢相信自己的耳朵。还是一个小战士第一个反应过来，从凳子上跳起来就往岗哨跑，想要和站岗的同事分享这个令所有中国人骄傲和自豪的好消息——因为太激动，他从楼梯上滚了下去，爬起来后仍然大笑着、步履踉跄地跑向茫茫戈壁。

作为航天人，余梦伦的心情更是激动万分。他们跟在连滚带爬的小战士身后跑下了楼，在戈壁滩上欢呼着、吼叫着，像孩子一样又蹦又跳，喜悦之情溢于言表。

与此同时，西方资本主义国家和苏联也都先后得知了这一“噩耗”。美国情报机关根据对我国核爆放射性尘埃等证据的搜集，惊讶地发现我国的第一颗原子弹远比他们想象的要先进——这颗代号 596 的原子弹不是他们想象中的内爆式钚弹，也不是设计更简单的枪式铀弹，而是一颗内爆式铀弹，这比其他国家的第一颗原子弹难度都高得多、技术风险也大得多。

中国原子弹技术发展的速度让美国人大吃一惊。尽管如此，美国国防部长麦克纳马拉仍预言：中国五年内不会有原子弹运载工具。西方舆论也一边倒，说中国是“有弹没枪”。这种说法是有一定依据的：凡是对战争和核武器有了解的人都知道，在极难取得制空权的现代化战争中，飞机很难作为运载核武器的有效工具，如果没有足够射程的导弹作为运载工具，原子弹也很难发挥作用。

只是美国人还不知道，在此之前，我国多次发射成功的东风二号导弹已经可以作为原子弹运载工具，这意味着，我国初步具备了“两弹结合”试验的重要条件。

为了确保“两弹结合”试验“稳妥可靠、万无一失”，周恩来总理在“东风二号”飞行试验成功的基础上，提出了提高“东风二号”的射程、使它成为一个有实战价值武器的要求。为此，1965年2月，中央专委正式做出提高“东风二号”射程的决定，并提出用经过改进提高射程的导弹作为运载工具，携带核弹头实现“两弹结合”的目标，从而形成一种具有实战价值的武器。

于是，导弹总体设计部门对“东风二号”的设计方案进行了修改，通过提高发动机推力和减轻结构重量等措施，满足了增加射程和改善作战使用性能等要求，而余梦伦也在此基础上，进一步修改导弹的弹道设计、使计算结果更加精确。与“东风二号”相比，改进后的导弹射程提高了20%，全惯性制导的控制系统大大提高了作战性能，因此，这型导弹被称为“东风二号甲”。

1965年11月13日，东风二号甲导弹首次飞行试验成功，此后又进行了7枚定型飞行试验，证明方案正确，射程和精度都满足试验的要求——至此，“枪”和“弹”都有了，只差给“枪”上膛了。

原子弹和导弹的结合试验，目的是验证导弹核武器的战术技术性能，这种试验比原子弹试验更加困难，因此，美国人曾把它比喻为“魔鬼的选择”。正是因为这种试验危险性极高，美国的两弹结合是将试验地区选在国外，并采用了高空核爆炸的方法。1962年6月9日，美国在太平洋约翰斯顿岛上空500千米爆炸了一颗140万吨当量核弹头，还是给1280千米之外的夏威夷瓦胡岛造成了大面积停电、电话中断、收音机不响、各种电子仪器故障等影响。

我国没有境外试验的条件，两弹结合只能在本土进行，这就从技术和安全等方面给导弹和原子弹的研究人员提出了极高的要求。面对困难，科技人员没有退缩，他们针对各种问题，从头做起，边学边干，很快就解决了遇到的所有“拦路虎”，两弹结合进入了真正的试验阶段。

1966年3月11日，中央专委召开第十五次会议，会上，周恩来总理指出：出于安全考虑，必须要按照先“冷试”再“热试”的原则进行。要以对党、对人民高度负责的态度，做到绝对可靠、绝对安全，确保万无一失。

“冷试”，简单地说，是指导弹携带没有核装药的原子弹弹头进行引爆控制系统的飞行试验，导弹飞行的弹道与真正试验也就是“热试”是一模一样的，唯一的区别就是，如果试验失败，不会造成核爆炸那么大的损失——这也是“冷试”成功再进行“热试”的原因。导弹造价昂贵，有专家为此感到可惜，认为用模拟弹也可以达到同样的效果，但周恩来总理坚持：核弹头是在我国国土上空飞行的，必须要不惜代价地实践一下。

事实证明，总理的坚持是正确的。

第一批“冷试”是利用原东风二号导弹进行的，余梦伦参加了这次飞行试验，“冷试”第一发飞行取得圆满成功，接着要进行第二发的飞行试验。经过了多发导弹发射准备的洗礼，余梦伦已经习惯了作为弹道设计人员在发射前的忙碌：测量风、气温、气压的变化，根据变化计算弹道的改变，尽量减小弹道偏差，修改射击诸元，进行计算校核……发射指挥部设在地下室，余梦伦上上下下、不断地跑来跑去，直到发射倒计时临射前才能喘一口气，此时又准备从地下室往地面跑，希望能亲眼看到导弹在天幕上划过的痕迹。

这一天，点火命令下达之后，大家习惯性地赶紧从地下室往楼上跑，要知道，这可是两弹结合的“冷试”啊，虽然外行人看起来都是“导弹直刺向蓝天”的景象，可对余梦伦这样的内行人来说，这可和他之前参与的导弹发射大不一样，他迫不及待地想看一看。没想到，还没跑到地下室门口，就被往回跑的人群挤了回来，听人们嚷着“快跑、快跑”，余梦伦一个激灵，明白大概是出事了。

余梦伦不由自主地跟着人流往回跑，心里还存有一丝侥幸。等跑回地下室的指挥室，他才明白真的出事了：导弹坠落在发射场坪上，巨大的震动使地下室天花板的尘土簌簌向下落，整个指挥室里烟雾腾腾，第一次经历这种场面的人们面面相觑，不知如何是好：胆大的人提议上去看看；谨慎的人则说还应该躲在地下室里，万一导弹爆炸了呢。大家心中万分焦急，这是成千上万的人们多少年的心血啊，竟然就失败了……余梦伦强忍着心里巨大的失落，从潜望镜里看见导弹的情况，没有火源，应该是安全的，到底是什么问题呢？

带着心里的问号，余梦伦径直走出了地下室。出去了他才知道，导弹起飞十几秒后就出现故障，直直落在发射场坪上。发射场坪下面就是地下指挥室，此时，经过之前的多次发射，航天人已经对危险有了一定的认识，挖好的地下室和地面之间隔了三米厚的水泥层——即使是近 30 吨的导弹也没有把这水泥层砸透，正是这水泥层保护了在地下指挥室的战友们。

尽管心急如焚，可余梦伦的专业是弹道设计，残骸分析他也帮不上忙，只能服从组织安排，停了工作，原地待命。还好钱学森立刻坐飞机从北京赶了过来，并立即投入到故障分析中。余梦伦印象最深的是，在导弹残骸分析现场，钱学森和大家一起研究分析，时到中午，大伙儿都拉着钱院长先去吃饭，可是他摆摆手，一个人在残骸堆里翻翻捡捡研究了一下午，微弓的背影激励了许许多多年轻的航天人。

在钱学森的带领下，技术人员一丝不苟地分析了故障、解决了问题，之后两发“冷试”都圆满成功。在当年下半年，直接用东风二号甲导弹进行第二批和第三批的“冷试”，共成功地进行了七次飞行试验，取得发发成功的优秀纪录。

1966 年 10 月 24 日，即全部“冷试”成功完成后的第 8 天，一切准备工作基本就绪，试验指挥部决定于 10 月 27 日进行“热试”试验。在我国本土范围内，用导弹将核弹头发射到国内核试验场实现核爆，这是我国航天史上的创举，也是世界航天史上的创举。因为，出于对安全性的考虑，实际的核导弹试射很少，多数国家都是将导弹和核弹分开进行试验；装载真正核弹头的弹道导弹飞

1966年10月27日两弹结合新闻号外

行试验，世界上至今也只有屈指可数的几次，其中一次就是我国发射的这一枚：虽然飞行全程不太远，但都位于我国国土上空，试验压力极大。这次试验也是我国历次核试验保密性最高的一次，我国使用东风二号甲导弹携带原子弹弹头从酒泉导弹试验基地发射，目标为新疆罗布泊试验场。

可惜的是，余梦伦此时已经投入到了新型号的预研工作中，没有在现场亲眼见证这一历史时刻。但他在北京密切地关注着报纸和广播，期待着吃上两弹“联姻”的喜糖。

1966年10月27日上午11时，发射操作手按下了发射电钮，旋即，“东风二号甲”携带着原子弹弹头直冲天际。按照设计的弹道，导弹稳定地转弯、飞向目标，经过9分多钟的飞行，原子弹弹头精确地在目标上方实现了核爆炸，把作为目标的标志塔笼罩在巨大的蘑菇云中……我国两弹结合试验获得了空前的成功。

两弹结合试验不仅有力地反击了外国“有弹无枪”的嘲笑，也在20世纪60年代恶劣的国际环境下，表达了我国使用核武器捍卫国家安全的坚定决心。

“导弹飞行正常，核弹头在预定的距离、精确地命中目标，实现核爆炸。”10月28日，余梦伦在《人民日报》号外中看到这一喜讯，他的心被喜悦的帆涨得满满的。

# 余梦伦

余梦伦院士**传记**

Academician Yu Menglun's Biography

第十九章

# 威震太平洋

弹道设计是“失之毫厘，谬以千里”的大事，洲际导弹射程可达14000千米，一丁点儿大的小差错也可能酿成大事故。余梦伦和他的同事们是在刀尖上跳舞啊！

20 世纪 60 年代中期，在结束东风二号导弹的发射试验后，余梦伦马不停蹄地又开始了新的征程：我国首枚洲际弹道导弹“东风五号”的总体方案设计工作。

洲际弹道导弹拥有全球覆盖的打击能力，可谓是保卫国家的“倚天长剑”，也因此成为了二战后大国军事政治博弈中最有分量的筹码。1957 年 8 月 21 日，苏联第一型洲际弹道导弹 R-7 远程发射试验成功，并于 1959 年入役；紧随其后的，是美国第一型洲际弹道导弹宇宙神，其在 1958 年 11 月 28 日完成全程试验，同样在 1959 年入役。

我国掌握核武器技术之后，洲际弹道导弹也被提上了日程。1965 年 3 月 20 日，中央专委第十一次会议原则同意研制远程洲际导弹，并下达了主要战术技术指标和研制时间安排，要求 1971 年开始飞行试验，1973 年定型。

就这样，编号命名为“东风五号”的洲际导弹作为型号研制任务，正式上马。数万研制大军把个人的理想与祖国的命运紧紧相连，也随之踏上了新的旅程。

此时，余梦伦刚刚完成“东风二号”的研制任务，来不及喘口气，就立刻投入到“东风五号”总体设计方案的研究中。在七机部一院副院长、也是“东风五号”总设计师屠守锷的带领下，他和科技人员们积极调研、攻关，1966 年 5 月，仅仅用了一年左右时间，“东风五号”总体设计方案就正式出台了。

其中，余梦伦和同组王云章、冯西平一起负责东风五号导弹弹道的设计和计算工作。很多人以为，弹道工作者只需要计算导弹飞行的轨迹，其实不然。弹道工作贯穿导弹研制的始终：从最初的方案设计、弹道落区勘察、初步设计、精确弹道计算一直到发射前的弹道诸元准备工作，以及飞行后的结果分析……哪里都有弹道工作者的身影。

作为洲际弹道导弹，东风五号第一个定下来的参数就是射程：8000 千米～ 12000 千米——能打到 8000 千米，就不再怕苏联的威胁；打到 12000 千米，连美国也要让咱们三分。射程确定，余梦伦和同事们开始了繁杂的计算：弹头重 3 吨，想打到 8000 千米，火箭剩余重量要控制在多大范围内？发动机推力要达到多少？推进剂加注量需要怎样优化？弹道要高一点儿还是低一点儿？飞得弯一点儿还是飞得平一点儿？由此，余梦伦和弹道组的同事们事无巨细地全部都计算好，提出对不同射程采用不同的弹道——“变程序弹道”的思路，导弹有关的性能参数才算定下来了。

计算导弹的飞行轨迹更是弹道工作者的看家本领。和余梦伦之前设计过的导弹不同的是，“东风五号”射程远，需要设计和计算的工作量也随之增加。之前的 1059 导弹乃至东风二号、三号、四号导弹都采用了从苏联学来那一套数学模型，如今，余梦伦和同事们对这个模型进行了大改造，大大提高了计算精度。要知道，弹道设计本就是“失之毫厘，谬以千里”的大事儿，洲际导弹射程可达 14000 千米，是当时我国射程最远的“东风四号”射程的三倍还多，这么远的距离，小差错也会酿成大事故。余梦伦和他的同事们是在刀尖上跳舞啊！

事实上，从我国当时的实际情况来看，余梦伦感到，要从技术上实现 12000 千米的射程还是有一定的困难的，如何用同样的速度实现预定射程，是余梦伦一直在苦苦思索的问题。设计弹道，没别的，就是一次一次不断地计算，使数值不断地向着最优的设计靠近。在不知计算了多少个日日夜夜之后，余梦伦提出，“东风五号”的飞行弧线应比之前的导弹再低一些、再平缓一些，发动机关机之后，弹道倾角达到 16.5° ，即可达到预定的射程目标。

早在刚刚开始“东风五号”设计时，余梦伦就发现，之前设计的导弹射程不同时，飞行弹道程序都是固定的，是通过调整发动机关机时间来实现对不同射程目标的打击，这样存在导弹推进剂不能充分利用的问题。为此，余梦伦为“东风五号”提出了变程序弹道方案：在最大射程时，按正常弹道倾角飞行；而在打击小射程目标时，采用抬高弹道倾角的飞行弹道，使之缩短一部分射程，基本能实现用完所有推进剂，来达到预定的小射程。这是我国弹道设计上的一次重大改进。

总体设计方案通过了，导弹各个部分都建起来了，然而，如何进行飞行试验却是个大难题。

此时，我国还不具备在公海试射洲际导弹的条件，而在国内靶场和落区条件下无法进行全程飞行试验，这可怎么办？善于思考和创新的余梦伦又动起了脑子。有时候，同事们会调侃，不知道余梦伦的大脑是什么材料制成的！怎么想着想着就能“灵光一闪”，棘手的难题就被他给解决了呢！

这一次，也是想着想着、算着算着，余梦伦就提出了适用于国内进行洲际导弹飞行试验的特殊弹道方案，即利用非全程弹道考核导弹各种技术性能和评定精度的飞行试验方案。余梦伦的方案包括两个内容，一是国内低弹道方案，根据弹道切合原理，改射程关机方案为速度关机方案，模拟 8000 千米再入环境；二是国内高弹道方案，模拟洲际导弹高空飞行环境。

具体来说，低弹道试验是压低弹道倾角、降低弹道高度以缩短射程的一种导弹飞行试验，其主要目的是模拟正常弹道的再入特性。高弹道试验是抬高弹道倾角、升高弹道高度以缩短射程的一种导弹飞行试验，其主要目的是模拟正常弹道的主动段性能，评估和分析主动段飞行对落点误差的影响，鉴定制导系统的测量精度和分离制导系统的工具误差。而不同弹道下，又可分别采用射程关机或速度关机方案（分别指导弹按预定的射程或速度特征量关闭发动机的关机方式）。

采用特殊弹道，会给飞行试验带来一些特殊问题。一旦飞行程序出现故障，极易造成超程飞出国境，引起不必要的国际纠纷；弹道最高点偏离正常弹道值，也会给跟踪测量带来相当大的困难。

怎么分段，怎么试验，每项试验考察什么问题，这都需要大量的数据分析做支撑。那段时间里，余梦伦和同事们经常通宵达旦地工作，眼睛里全是红血丝，无论在哪儿都不断写写算算，凡是能写字的地方都被他们写满了各种公式……最终方案被提出，还是应了那句老话——“功夫不负有心人”。

可以说，余梦伦和同事们提出的低弹道和高弹道相结合的国内飞行试验的特殊弹道方案，以及创造性地改射程关机为速度关机的方案和模拟再入环境的设想，开创了在国内有限射程范围内进行洲际导弹试验的先河，解决了洲际导弹在国内有限射程飞行试验的弹道问题，加速了我国洲际导弹的发展，在当时具有国际水平。

1971 年 9 月 10 日 11 时，东风五号 01 批第一枚遥测弹首次进行低弹道方案考核飞行试验，从酒泉导弹试验基地二号发射阵地 138 工位发射。一级按预定程序飞行，一级关机；二级点火和两级分离都正常，可能由于设计问题，不能适应低弹道，致使二级主发动机 207 秒时提前关机，落点比预定目标远了 565 千米，未能模拟全程弹头再入环境，防热结构和引爆系统没有得到考验。但试验表明，余梦伦提出的特殊弹道方案是可行的，导弹总体和各分系统方案基本可行，各分系统之间工作基本协调，达到了预期试验目的。周恩来总理亲自为这次试验定性：飞行试验基本成功。

1978 年 10 月，进行了速度关机的低弹道飞行试验。1979 年 1 月 7 日，首次射程关机高弹道飞行试验进行，试验落区为四川梅雨，试验射程 1569 千米。10 月 18 日，进行了射程关机低弹道飞行试验。这两次飞行试验考核了弹头控制系统、防热和突防系统。1979 年“东风五号”共进行了 5 次飞行试验。

多种特殊射程、射向和关机方式的飞行试验较为全面地考核了东风五号洲际导弹的技术性能，为进行全程飞行试验创造了条件。

1980 年对于“东风五号”而言是关键的一年。2 月 12 日，中央专委会议批准了国防科委提出的“东风五号”海上全程飞行试验方案，这就是著名的

580 任务。5 月 18 日 10 时 00 分 23.302 秒，“东风五号”在酒泉导弹试验基地点火起飞，沿着预定的理论弹道，从华北上空飞出国境，经西太平洋，向南太平洋目标区飞去……

试验成功了！在党中央洲际导弹研制命令发出后的第 15 年，我国终于彻底打破了超级大国对洲际导弹的长期垄断，毛泽东“管他什么弹，我们都要超过”的愿望实现了！ 1983 年，东风五号洲际导弹第一级发动机定型；1984 年，3 发“东风五号”参加国庆大阅兵；1985 年，“东风五号”获国家科学技术进步奖特等奖;1986 年 7 月和 12 月，配备的核弹头和“东风五号”相继设计定型。至此，“东风五号”项目的研发工作在历经坎坷之后画上了圆满的句号。

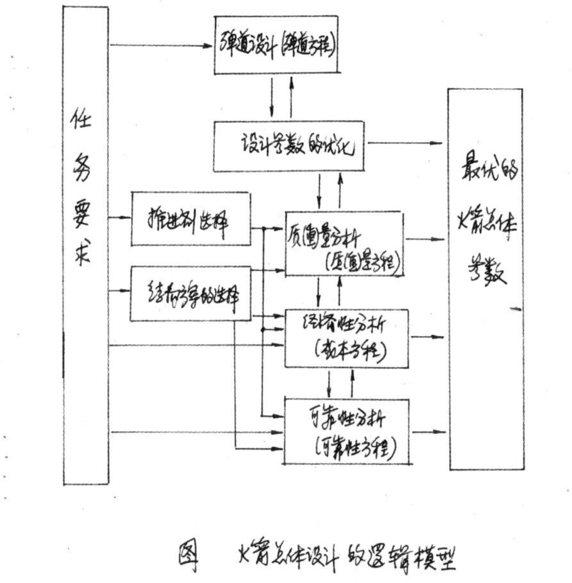


余梦伦运载火箭总体方案设计手稿

# 余梦伦

余梦伦院士传记

Academician Yu Menglun's Biography

第二十章

# 良缘天注定

都说良缘是“天注定”，但余梦伦和王信芳的结合，不仅仅是月老牵好了的红线，更是两个年轻人自己的选择。

1967年11月27日，对31岁的余梦伦来说，是一生中最重要的日子之一。

以前的30年里，进城、读书、工作，余梦伦人生中最重要的几个转折点仿佛都是“随波逐流”“命里有时终须有”的。不像大多数“热血”的年轻人，二十郎当岁的年龄，人生的路总是走得磕磕绊绊、跌跌撞撞；余梦伦的青春字典里没有“冲动”这个词，他的每一步都是不疾不徐、稳步向前的。

两岁时，他是被母亲从余姚的小村庄里抱到大上海的，从此生活环境和受教育的机会大大改变；考北京大学力学系是无奈之举，因为色弱不能学他梦想中的造船专业，又不能被保送到华东航空学院，尤其是小学、中学在一起十二年的最亲近的同学董天标和俞寿亨都被保送上了华东航空学院，他心中十分惋惜，却不知如何为自己争取；去航天是国家分配，彼时的他根本不知道什么是“弹道”，心里存着份对自己的怀疑。可以说，余梦伦是被命运的手推着走的，可能够把上天安排的每一步都走得扎扎实实，靠的是他从父亲身上继承来的品质：聪明、上进、刻苦、谦逊和大度。

也许，就是这样的品质吸引了王信芳，这个比余梦伦小三岁的江苏姑娘。

都说良缘是“天注定”，但余梦伦和王信芳的结合，不仅仅是月老牵好了的红线，更是两个年轻人自己的选择。尤其是余梦伦，这也许是他人生中第一次主宰自己的命运，认准了、认定了，即使之后母亲在上海帮他物色了其他姑娘，也绝不妥协。

和余梦伦不同，妻子王信芳一直清晰地知道，自己想要做什么，要做出多少努力来达到目标——她是自己命运的主人。

王信芳是从江苏南通远郊的农村里走出来的姑娘，家里用“一贫如洗”来形容并不为过。王信芳的父亲是个地地道道的渔夫，风里来雨里去，一辈子都在长江里讨生活，却没有积攒起属于自己的渔船，只能受雇于富人，赚取微薄的薪水，养活一家人。王信芳的母亲是个完全没有文化的家庭妇女，一手拉扯大了四个孩子：王信芳是家里的老小，她上面还有两个哥哥和一个姐姐。大哥比王信芳足足大了 20 岁，她出生的时候，大哥已经跟着村里的老乡去了上海，在上海瀛洲纺织厂做学徒工。凭借着天生的聪明才智和后天的发奋努力，大哥很快成为了厂里工人技术最好、薪水也最高的一个人，他省吃俭用，把赚到的钱不断寄回家里、贴补家用，后来家里也买了几分地——这经历同余梦伦的爷爷和父亲的经历颇有些相似。

生王信芳的时候，母亲已经 46 岁了。父亲打鱼，母亲织布种地，家里特别困难的时候，还曾经给人家当过保姆，小信芳几乎是姐姐和二哥给抱大的。后来，为了生活，姐姐和二哥也跟着大哥的脚步，相继去了上海瀛洲纺织厂当了纺织工人；再后来，姐姐嫁到了常熟，二哥一直和大哥在一个厂里当工人。

没人照看，小信芳就只能被母亲放在家里自己玩儿。有一天，母亲下地干活去了，王信芳自己去找母亲，半路上，有条大狗追上来，她拼命往前跑，大狗拼命追，小女孩哪里跑得过大狗，最后，王信芳还是被狗咬伤了。带着伤，她只能继续跑，边跑边哭，直到找到母亲，一头扎到母亲怀里大哭，母亲紧紧搂住她，暗暗落泪。

余梦伦和王信芳结婚后在上海

都说穷人的孩子早当家，放到现在，10 岁的孩子还被大人含在嘴里、捧在手心里，而小信芳 10 岁的时候，就已经是个小大人了，大哥的头生子即将呱呱坠地，她要去上海给大哥带宝宝去了。

1949 年，王信芳和母亲一起到了上海，住在大哥家里。原本是给哥哥、嫂嫂看孩子的，但是王信芳一心想要上学读书，于是她白天帮着嫂子带孩子，晚上就去离家不远的夜校如饥似渴地读书。古人云，“书中自有黄金屋，书中自有颜如玉”。虽然没读过几天书，可是王信芳深深地被书本里描绘的世界吸引着，乡下女孩的世界非常贫乏，是书本帮她插上了想象的翅膀。

带孩子本就是相当辛苦的差事，晚上要上课，下课后还要复习上课的内容、预习新的功课，可想而知有多辛苦，可对于王信芳来说，穷人家的女孩也能读书，再苦也是甜的。

幸福的时光总是匆匆，王信芳在夜校读了不到一年，就离开了学校。1950 年的上海，警报声就是城市的主旋律，警报声响起来，大人小孩都知道，蒋介石的飞机又来轰炸上海了！这时候，王信芳就赶紧把家里的被子都摊开，铺在桌子上，家里人都一起躲在桌子下面，无休止的警报声和急促的呼吸声交织着，连怀里的小婴儿都瞪大了眼睛不闹了。

有一天，夜校正在上课，教室里的灯突然灭了。拉开门，走廊里也是漆黑一片。后来才知道，是蒋介石的飞机炸了发电厂。“嘭”的一声，学校对面解放军部队驻扎的大院传出了枪响，不知道谁喊了一声“死人了！”，教室里尖叫声和哭喊声响成一片，小小的王信芳在黑暗里抱着双臂、瑟瑟发抖……尽管求知的愿望再强烈，她也不敢去上夜校了。

那一年，余梦伦在上海读初中，和王信芳抬头看到的是同一片天空，境遇却是如此不同。他们没有机会相遇。

时间走得飞快，1952 年，王信芳离开夜校已经一年多了。每天看着里弄里别人家的小孩子都背着书包高高兴兴地去上学，13 岁的小姑娘，心里的羡慕越攒越多。读书的愿望在她心里搁了太久，从小苗长成了参天大树，再也搁不住了。王信芳终于鼓起勇气，向大哥提出了想继续读书的心愿。二哥是最支持妹妹读书的人，大哥大嫂经过考虑，也同意了王信芳读书的请求。

1952 年 9 月，余梦伦开始在上海虹口中学读书，只比他小三岁的王信芳却背着书包高高兴兴地到“正言小学”上学了，一进校门，她就读二年级。读书的机会得来不易，王信芳自然格外珍惜。每天，别的同学还在睡觉的时候，她已经在菜场帮家里买好了最便宜的蔬菜；上课的时候，她睁大双眼，生怕漏掉一点点知识；放了学，她主动帮大嫂带孩子，全家人都睡了，她才在灯下做作业。即使是这么辛苦，王信芳的成绩在班里也是数一数二，到了四年级的时候，她跳了一级；五年级时参加了上海市夏令营，六年级更是当上了少先队大队长……最后，她只用了四年时间，就从小学毕业了。

1956 年，王信芳小学毕业，这时，她已经 17 岁了。大嫂已经生了四个孩子，后来又生了老五，家里更加忙不过来了。大哥在解放初期降了两级工资，全

余梦伦和王信芳在长白山

家大小八口人，仅靠哥嫂两个人的工资收入，生活的艰难可想而知。可看到小妹有志气，大哥决定继续供她上学，即使他还要从牙缝里抠出钱来请保姆——因为母亲得了脑梗，工人阶级家庭也不得不请保姆了。就这样，王信芳又读了三年初中，成了老王家最有文化的人。和她同龄的小邻居，也是给哥嫂看孩子、也迫切想上学，可是没有如愿。相比之下，王信芳觉得自己太幸福了，她对哥嫂的感激之情溢于言表。

1959年，初中毕业，国防部五院来上海招人，经层层选拔和审查后，选中了家里是贫农、哥哥们都是工人的王信芳。没和家人商量，王信芳就自己做了主，她带着“到北京就围绕在毛主席身边了”和“能学普通话”的朴素心愿，来到了国防部五院。集训中，她又是表现最好、工作最积极的，两个月的集训结束后，王信芳被分配到国防部五院一分院的打字室做机要打字员，比余梦伦到东高地还早了大半年。

这是王信芳第一次自己出远门，只身来北京，当时带队的人告诉王信芳他们：什么都不要带，到北京什么都有。可是大嫂不放心这个家里最小的妹妹，还是为她准备了被子、四季衣服和生活用品，知道北京冷，还特地为她做了驼绒棉大衣……样样齐全，好像妈妈送女儿出嫁似的。离别那天，全家一起出动为王信芳送行，让她感动得一直哭到过了南京。以后的生活中，虽然上海、北京远隔千里，但大哥大嫂对王信芳的关心从来没有间断过。

机要打字员的工作并不难，但保密程度很高。高度保密的工作，让王信芳觉得又神秘、又光荣，她工作得很努力，也很快乐。为了保密，王信芳主动和以前学校里的小姐妹们断了联系，和家里也很少沟通，在北京寒冷的冬夜里，乐观开朗的她，偶尔也会觉得有一丝孤单。

1962 年，经余梦伦的老组长林开彬介绍，不善言辞的余梦伦认识了活泼开朗的王信芳。余梦伦第一次“见到”王信芳，是通过林组长手中一张两寸的证件照，照片上的姑娘清秀大方，又是上海同乡，他第一眼就觉得挺中意；再听林组长讲她帮哥哥带小孩的同时刻苦读书，他的心底有一丝心疼的情绪冒出来；这姑娘只身来北京，工作努力上进，还入了党……在真正见面之前，余梦伦的心里已经烙下了王信芳的影子：这正是他想要找的、不花枝招展、踏踏实实过日子的姑娘。

王信芳那边，心里也挺满意。她做惯了自己的主，很知道自己要什么：第一，余梦伦也是上海人，以后两个人成了家，“吃饭能吃到一个锅里去”；第二，余梦伦是业务尖子，刻苦、上进，工作能力数一数二，在院里都出了名，这一点让她特别欣赏；第三，余梦伦还是个大学生，在只有初中学历的王信芳看来，能找大学生，对她而言是“高攀”，对她今后会有帮助，心里就接受了。

还是那句老话，姻缘天注定，缘分到了，这一恋，就是五年。相识的时候，余梦伦 26 岁，王信芳 23 岁，在当时已经进入“大龄男女”的队伍了；结婚的时候，余梦伦 31 岁，王信芳 28 岁，在现在也是名副其实的晚婚了。两个人不是学生，又不是异地恋，一恋五年，就是因为余梦伦工作太忙了。

五年里，没有轰轰烈烈，也没有花前月下，两个人在不同的岗位上，都为

余梦伦和王信芳一起参观长春第一汽车制造厂

航天事业竭尽全力。余梦伦仍然把大部分精力投入在工作上，从“1059”到“东风二号”，再到“东风五号”，他不断地研究、出差、开会、学习，两个人就在一个大院里，一个月才能见上一面。换了别的姑娘，可能真的难以接受余梦伦这样的“工作狂”，可王信芳也不是一般的姑娘，她喜欢的正是余梦伦这股工作起来不要命的劲头，何况她自己的工作也非常繁忙，几乎天天加班。她是个拔尖的姑娘，哪有那么多时间谈情说爱？

五年里，两个人就保持着一个月见一面的频率，不急不火地经营着他们的爱情。余梦伦不是浪漫的人，他们恋爱期间最浪漫的事，就是晚上在大院里遛弯儿，走累了，就坐在路边聊聊理想和未来。不敢聊工作，因为都是保密的；很少离开大院，因为他们约会的时间大多是晚上，连进城的车都没有。

五年里，两个人没有一起回过上海，更没有去过对方的家里。余梦伦只带着王信芳和在北大读书的二妹妹一起下过一次馆子，算是见了“家长”。后来，两个人要结婚的事，则是大妹妹到王信芳家里去提的。

五年里，余梦伦心里不是没有过结婚的打算，他的心里早已认定了王信芳，过年回家时，媒妁之言、父母之命的“上海女孩子”他见都没有见。余梦伦一直想，等到自己入了党，和王信芳更加般配了再结婚。谁知道，尽管他工作努力、成

余梦伦和王信芳的结婚照

绩频出，可因为父亲手里有一些股票，被认为是“资本家”，他的入党问题一拖再拖。

1967 年 11 月 27 日，在老组长、家人和朋友的催促下，余梦伦和王信芳拿着街道开的介绍信，在北京领了结婚证。没有聘礼、更没有仪式，领完证之后，两个人又回到单位各自工作，之后才请了婚假回到上海。

王信芳家里是大哥当家，回到上海，王信芳单独回家，才告诉哥哥嫂嫂自己已经结婚的事，再由大哥大嫂带着，一家人去余梦伦家吃了顿饭。两家人这才第一次正式见面，余梦伦的父母也是第一次见到儿媳妇，只有在北京见过这位新嫂嫂的二妹妹偷着乐。吃完了饭，王信芳的哥哥嫂嫂回家，把妹妹留在了余家，就算是“礼成”了。

“礼成”之后，余梦伦带着王信芳在上海照了一张结婚照。照片里，余梦伦穿着中山装，脸上自是喜不自禁的笑容；王信芳穿着对襟罩衣，笑容羞涩。余梦伦很是珍惜这张照片，照相馆给洗了张小的，他打算回北京再洗张大的摆出来。底片一直放在他的钱包夹层，钱包一直放在胸口。谁知道，这个心愿最终没有达成，钱包在北京被小偷偷走了，底片也就再无处可寻。

还好，尽管底片丢了，照片上的人还一直在身边陪着他变老。

# 余梦伦

余梦伦院士传记

Academician Yu Menglun's Biography

第二十一章

# 开辟长征路

“长征二号”小推力弹道方案，是余梦伦运用极大值原理和优选法，进行最优推力程序的分析，按弹道特性确定优化解的两点边值问题初值的方法，最终提出的。

弹道是“总体中的总体”，弹道工作者总是习惯把工作做在前头，余梦伦更是如此。早在 1967 年，他就开始琢磨在东风五号洲际弹道导弹基础上，研制新型运载火箭的设计方案了。

此时，正值“文革”时期，两派群众严重对立，科研生产几乎瘫痪，七机部也陷入了“有人没事干，有事没人干，有人有事没法干”的境地。造反派诬蔑聂荣臻是“二月逆流”，炮轰他搞“修正主义”路线；张爱萍惨遭批斗、囚禁，至左腿残疾；身体一向不好的一院 703 所所长、材料专家姚桐斌被活活打死……一心想工作的余梦伦则被个别人认为是“又白又专”，他带着巨大的心理压力，继续专心埋头做他的弹道设计工作，偶尔还自我解嘲，“白专”就是埋头技术研究而不关心政治的知识分子嘛，这帽子扣在我头上也没错！

后来，“文革”的火越烧越烈，余梦伦的工作也几乎停滞了。因祸得福，余梦伦得以从演算纸堆里抬起头来，考虑自己的终身大事。在领导和家人的催促下，1967 年年底，余梦伦和王信芳领了结婚证，已过而立之年的他终于有了属于自己的家，余梦伦心里更加踏实了；有活泼开朗的王信芳在身边，“文革”给他精神上带来的压抑和困扰也减轻了不少。

因为王信芳的理解和照顾，成了家，余梦伦反而有更多的时间投入到关于弹道的思考和计算中。如何提高火箭尤其是新型运载火箭的发射精度和运载能力，是余梦伦一直在考虑的难题，在写写算算中，时间悄然流逝。

1970 年 4 月 24 日，长征一号运载火箭成功发射了我国第一颗人造地球卫星“东方红一号”。卫星运行轨道近地点高度为 439 千米，远地点高度为 2384 千米，绕地球一周 114 分钟，用 20.009 兆赫的频率播送了乐曲《东方红》。发射成功的消息经新华社对外公布后，全国各地一片欢腾，到处锣鼓喧天、鞭炮齐鸣，大红喜报贴满了大街小巷。

东方红一号卫星的成功发射，也使得中国航天人在“文革”的愁云惨雾中重新看到了阳光，对进军太空再度充满了信心。于是，发射返回式卫星被提上了议事日程。返回式卫星是对地遥感卫星的一种，主要用于国土普查和地面测绘，为了清晰地进行对地观测，卫星需要在距地面 300 千米的低轨道上运行。

东方红一号卫星的重量只有 173 千克，而后来的返回式卫星重 1800 千克，是东方红一号卫星的十多倍！这意味着，返回式卫星对运载火箭运载能力的要求要远大于“东方红一号”。经中央研究决定，重型返回式卫星的发射任务，由在东风五号洲际弹道导弹基础上研制的新型运载火箭承担。1973 年 11 月，该火箭被命名为“长征二号”。

为实现长征二号运载火箭的运载能力目标，余梦伦已经从弹道方案上入手，研究探索了好几年：他尝试过却又否定了的方案不知道有多少个，每次灵光一现，他都开心得不得了，可是经过长时间的分析、计算、考虑，自我否定的时候，他又感到淡淡的失落。

“长征二号”是在原两级液体洲际导弹基础上研制的，全箭长约 32 米，直径 3.35 米，起飞质量 190 吨，火箭第一级推进系统为四联装的 4 台主发动机；第二级推进系统由 1 台主发动机和 4 台游动发动机组成。其中，第二级主发动机采用了75吨推力发动机，二级主发动机75吨推力是按弹道导弹飞行要求选择的，而这样不能适应发射卫星的要求。

根据火箭发动机的配置情况，余梦伦最先想到的方案是降低火箭二级推进系统发动机的推力。经过漫长的计算过程，余梦伦分析的结果表明，最佳方案是将二级推进系统中主发动机的真空推力从75吨降为35吨，这样可以将火箭运载能力提高0.5吨左右；但要实现推力的降低，需要重新研制该主发动机。重新研制发动机需要花费大量的人力、物力，同时，在液体火箭上应用推力太小的二级主发动机，也会降低火箭的射程。

另外，也有人提出级间滑行方案，即在火箭一、二级分离后，先让游动发动机工作，慢慢滑行，当滑行到适当高度时，二级主发动机再点火，以更大的推力将卫星送入轨道。但计算表明，对二级火箭而言，由于一、二级分离时火箭飞行速度不大，其级间滑行效果不及长征一号三级火箭在二、三级分离后进行滑行的效果，同时级间滑行虽能提高运载能力0.1吨左右，却使系统复杂，结构增重，总的效果不理想。这一现象在后来进行极大值原理弹道优化中，由推力极值弧判别条件来判断，也证明对长征二号二级火箭采用级间滑行是不可取的。

这两个方案，都被否定了。

为兼顾返回式卫星成功发射和运载火箭的射程要求，余梦伦又提出，采取折中的办法，选择推力为55吨的发动机作为二级主发动机。但又经过一段时间的设计和计算，余梦伦发现，重新研制真空推力为55吨的发动机的难度也很大，而且需要大量经费的投入——这不是最好的方案。

还有没有更好的方法呢？余梦伦又一次陷入了沉思。在别人眼中，思考就像宇宙中的黑洞一样，余梦伦被吸进去以后，就“两耳不闻窗外事”，仿佛与世隔绝：同事们说什么，他听不见；王信芳叫他吃饭，他就机械地拿着筷子往嘴里送，食不知味；躺在床上关了灯，他的大脑还在高速运转，突然跳下床又坐到桌前算起来也是常有的事……而对余梦伦来说，陷入沉思的时候，他就进入了另外一个世界，那是一个星光璀璨的数学世界，数字、符号、公式都排着整齐的队伍等他发号施令，作为司令的他，只要将精兵强将正确无误地挑出、组队，就可以去攻打目标的灯塔。余梦伦的灯塔，就是更优化的弹道设计方案！

失败是成功之母，此言着实不虚；如果还没有成功，只是因为坚持得还不够久。在失败了一次又一次之后，余梦伦不是没有气馁过，但他没有想过放弃。终于，他看到了灯塔的光芒，影影绰绰地，映照着深不可测的海，答案呼之欲出！

余梦伦想到了游动发动机。长征二号运载火箭二级推进系统配有4台游动发动机，之前，余梦伦的关注点都聚焦在降低主发动机的推力上，却忽略了游动发动机。长征二号运载火箭安装游动发动机的目的，一是调整火箭的姿态，二是提高火箭的精度。因为当主发动机关机后，推力不会马上消失，残留推进剂会继续燃烧产生推力。这种后效推力的误差较大，需要推力为4.5吨的游动发动机来进行修正补偿。当主发动机关机、推力完全消失后，游动发动机才会关机。在东风五号洲际导弹发射时，游动发动机只需要在主发动关机后再工作几秒即可关机。

根据弹道特性和降低推力能够提高运载能力的启示，余梦伦突然想到，是不是可以利用二级推进系统中的游动发动机，通过改变发动机工作程序，找到提高运载能力的有效途径呢？尽管已经失败了很多次、每次计算都繁琐复杂，可余梦伦仍然没有放过一点思想的火花，他又开始算起来。

余梦伦整天算呀、算呀，他把全身心都投入到弹道计算中去了。王信芳生孩子、坐月子，他也顾不上，依旧照常上他的班、算他的弹道。王信芳得了乳腺炎、连续高烧，只能躺在床上暗自落泪，好不容易盼到余梦伦中午下班回来，才陪她去医院看了病。看完病，余梦伦又跑回办公室去了。

“大推力发动机提前关机，将游动发动机独立工作的时间由几秒增加到近200秒，这样，整个二级火箭平均飞行推力就降低了，飞行中速度损失大大降低，相当于采用小推力发动机的效果。”从几秒到近200秒，是余梦伦一遍遍演算得出来的适用发射低轨道返回式卫星的最佳时间，结果出来了，大家都恍然大悟；可算出来之前，没人知道会是如何。

余梦伦的成果汇报，得到了领导们的首肯，最后确定的方案是：在二级火箭飞行时，先让主发动机与游动发动机同时工作，随后关闭主发动机，游动发动机独立工作，直到卫星入轨。这种方案被称为“小推力弹道方案”，其作用相当于把75吨的二级主发动机推力降到35吨的效果，对不同高度轨道的运载能力可提高0.3~0.5吨，而且可大大降低二级飞行时的轴向过载。这样就不需要更改二级主发动机推力，即可满足发射卫星的运载能力要求。

这一方案，是余梦伦运用极大值原理和优选法，进行最优推力程序的分析，按弹道特性确定优化解的两点边值问题初值的方法，最终提出的。小推力弹道方案能够将“长征二号”的运载能力提高25%，在火箭运载能力上取得了突破性的效果，解决了长征二号火箭发射返回式卫星运载能力不够的问题。

为实现小推力弹道方案需要解决游动发动机独立工作时的推进剂输送问题，发动机研究所开展了有关推进剂输送的方案研制工作，对“挤压式输送”和“泵式输送”两种方案进行了大量地分析，最终确定采用“泵式输送”方案，俗称“小泵方案”，游动发动机推进剂输送方案的确定和其最终研制成功，为“长征二号”小推力弹道方案的实现奠定了动力基础。

1971年9月10日，东风五号洲际导弹在酒泉导弹试验基地进行了低弹道飞行试验，基本获得成功。试验结果表明，总体设计方案可行，各系统之间的工作基本协调，达到了试验的预期目的。

发射前，余梦伦一直都在酒泉导弹试验基地忙碌地做着测试工作，可就在发射的前几天，他奉命从发射场离开，没有见证这令人激动的一幕。

对弹道工作者来说，火箭成功发射只能算是胜利了一半，飞行后火箭残骸成功落在了他们计算好的落区里，没有伤到人，也没有炸毁老乡的房子和财物，才算是取得了真正的胜利。余梦伦离开酒泉导弹试验基地，就是去甘肃给长征二号第一级火箭找落区去了。

从酒泉坐火车到兰州，一行人在兰州军区招待所落脚。余梦伦代表找落区的队伍，向兰州军区领导汇报了长征二号火箭的具体情况：火箭如何，弹道是怎么设计的，以及计划去什么地方找落区。

听完了汇报，兰州军区派了三辆吉普车，把一行人拉到了定西县。

兰州周围都是山，吉普车在颠簸不平的路面上“跳跃”了不知多久，终于通过了山区、看到了丘陵地带，又不知过了多久，终于到达甘肃定西陇东地区。

1971 年的定西县，给余梦伦的感觉，就像是 20 世纪 50 年代初刚到北京。从繁华的大上海到了海淀大街，看着路上的骆驼和路两旁稀稀拉拉的小平房，余梦伦是惊讶的。如今，从首都到了有名的贫困县定西，余梦伦再次受到了震撼，破破烂烂的土房子，屋里一家人只有一身棉袄，寒冷的冬天里，全家不能一起出门：只能谁有事穿着这个棉袄到外面去，剩下的人都钻在脏得都看不出原来颜色的被窝里面——不是懒惰，而是缺水，一家一个贮存雨水的水窖，没有过滤措施，几乎就是一窖泥巴水；可赶上旱的时候，这泥巴水比油都金贵。

在定西县住了 4 天，余梦伦也和老乡一样，喝泥巴水，顿顿吃洋芋蛋。一行人走访了村村寨寨，了解人口分布情况、是否有较大的工厂。因为落后，当时的定西没人的地方比有人的地方还多——就这样，选定了村落之间的一片长方形空地。

通常每次火箭发射时，为防止火箭“跑偏”砸到附近的村落，都会由乡政府把周围的老乡们组织起来，用卡车拉到安全的地方看电影，每个人还有几块钱补助。

一到发射的时候，老乡们都欢天喜地。家里没有值钱的东西，门一锁就上了卡车，口袋里紧紧掖着几块钱，发射比过年还高兴。唯一不好解决的，大概就是一家人出门，仍是只有一身棉袄。

这大概是第一次，余梦伦切身体会到，自己做的工作是可以改变普通老百姓的命运的。以前，他也认为航天是用来保家卫国、提高我国国际地位的，是政治使命，和普通人关系不大。而如今，看到欢天喜地上大卡车的老百姓，他明白，就像火箭发射能改善他们的生活一样，航天事业一定能为千千万万中国人带来福祉。初到定西，看到穷苦的人们，余梦伦不知道能为他们做什么；而如今，余梦伦明白，他能做的，就是做好自己的本职工作：往小了说，就是一次次计算、核对，如果计算有误差，老百姓就有可能失去遮风挡雨的房子；往大了说，就是勤勤恳恳、不辞辛苦，做好每一发火箭的弹道设计工作，为我国航天事业的发展不断添砖加瓦。

余梦伦从定西回到北京，洲际导弹低弹道飞行试验成功的消息也紧跟着传来。和“长征一号”一样，“长征二号”在导弹变为运载火箭的过程中，也是解决了一系列技术难题后，终于得以实现——余梦伦也是为航天作出了贡献啊！听到试验成功消息的那一天，余梦伦像父亲一样，买了二两黄酒，和邻居学着用鸡蛋炒了一道当时的流行菜“赛螃蟹”，和王信芳小酌了两杯作为庆祝，不胜酒力的余梦伦高兴得像个孩子，鸡蛋还真吃出了螃蟹味儿。

# 余梦伦

余梦伦院士传记

Academician Yu Menglun's Biography

第二十二章

# 尖兵在坚守

然而，科学试验不会总是一帆风顺，就像并不是所有种子都能长成参天大树一样：很多种子，刚刚发芽，就遭遇了一场难以预料的霜冻。

1974年11月5日，搭载着我国第一颗返回式遥感卫星的长征二号两级液体火箭整装待发，只待“点火”命令下达的那一刻。

一个月前，余梦伦和发射队伍一起来到了酒泉导弹试验基地。更早之前，长征二号火箭已经被装载在火车上，从北京运抵基地，等待着在发射场的进一步测试。

测试期间，发现和排除了相关问题，最后的测试显示：火箭一切正常。测量风、气温、气压的变化，根据变化计算弹道的改变，尽量减小弹道偏差，修改射表，模拟飞行……作为弹道工作人员，余梦伦在靶场的工作也准时完成了。

所有人都盼望着的欢庆时刻，似乎就在眼前了。

然而，科学试验不会总是一帆风顺，就像并不是所有种子都能长成参天大树一样：很多种子，刚刚发芽，就遭遇了一场难以预料的霜冻。

长征二号火箭的原型——洲际导弹在多次高、低弹道飞行试验中均表现优秀；但真正的长征二号火箭，在第一次正式发射的时候，就遭遇了意想不到的“滑铁卢”。

1974年11月5日下午5时40分，搭载着我国第一颗返回式遥感卫星“尖兵一号”的长征二号两级液体火箭起飞。

和之前在地下指挥室看发射不同，这一次，余梦伦完成了发射前的准备工作，走出了地下指挥室，来到距发射台 1.5 千米的安控站，执行有关安控方面的工作。他和许许多多的参试人员一起，在地面上等待着点火命令，他也想亲眼见证长征二号火箭直入云霄的盛况。

然而，长征二号火箭起飞 6 秒钟后，突然像醉汉一样失去了平衡。箭体出现了余梦伦意料之外的越来越大的俯仰摆动。20 秒后，姿态自毁系统发出信号，“轰隆”一声，长征二号火箭连同搭载的返回式卫星在空中爆炸，一团巨大的黑红色烟火在蓝天丽日下显得格外惨烈，炸碎的残骸纷纷扬扬散落在距发射台东南方向约 500 米左右的地区内。

长征二号火箭在摇摇晃晃中飞得很高，在抬头往上看的余梦伦眼里，火箭在头顶上摆动、爆炸，烟火就在头顶上点燃了——一切发生得太快，没有人躲，没有人逃，就看着火箭从头顶砸下来……“趴下！”不知道谁先喊了一声，“令必行、禁必止”的航天人全都麻利地趴在了地上，趴着的余梦伦看到，火箭落下来砸在不远处……

发射台附近的一间房子被一块火箭碎片砸塌了，发射场周围的火焰仍在熊熊燃烧，很久之后才被消防人员扑灭；浓重的爆燃气味则一直在基地弥漫着，过了很久，只要想到这次失败，余梦伦的鼻端仿佛还环绕着这呛人的气息。

尽管这不是中国航天史上的第一次失败，但这几年里，科技人员在“文革”混乱的形势下，顶着巨大的压力，付出了极大的心血和汗水，才盼到了这一点火升空时刻的到来，但最后得到的，却是如此残酷无情的结果。都说男儿有泪不轻弹，可是这一刻，现场很多科技人员都忍不住哭出声来。

作为一个在航天第一线奋斗了十多年的“老航天”，这也不是余梦伦第一次经历失败：他曾经听闻发射失败的消息，也曾经被落下的导弹“砸”得满身灰尘——是地下指挥室上方三米厚的水泥层帮他保住了性命；但这是第一次，他在指挥室外，希望能够亲眼看到火箭按照他计算的轨道画出美丽的弧线，却亲眼目睹了火箭在头顶上炸成万千碎片，成千上万人的心血和汗水付之东流。

余梦伦也掉了眼泪。

他心疼长征二号运载火箭：这个他从1966年就开始琢磨，历时3年才提出了小推力弹道方案，彻底解决了运载能力不够问题的火箭——这是他自己的孩子。期间，他顶着“又白又专”的指责，带着极左运动的种种压力，怀着没办法照顾婴儿和妻子的内疚……而他的付出，只是航天人怀着赤诚的报国之心，不畏艰难、自力更生、百折不挠地钻研、奋斗的一个缩影而已。

他更心疼返回式卫星：这不是他自己的孩子，可他感同身受，他对返回式卫星的情况可谓是了如指掌。在余梦伦看来，和“长征二号”相比，一没有设计基础，二没有资料、图纸可以借鉴的返回式卫星的研发更加不易。

返回式卫星的外形是羽毛球状的钝头圆锥体，装有不同型号对地摄影的遥感器，以实现清晰的对地观测；在完成预定任务之后，卫星返回舱可在地面遥控和程控命令下返回地面。因此，较之其他类型的卫星，返回式卫星对技术条件要求更高。

首先是回收，这是其他类型卫星如“东方红一号”所不具备的特有功能，尤其是返回式卫星需要在第一宇宙速度的条件下回收，更是难上加难。由于研究之初对其特殊性认识不足，最初设计的回收方案在研制性空投试验中一次又一次失利，研制工作屡屡受挫。面对失败，卫星研制人员百折不屈，重新审查方案、寻找失败原因，在大量地面和风洞试验的基础上，重新进行了理论分析计算。在正式参加卫星飞行试验前，用了13批次57架次空投试验进行验证，终于成功解决了降落伞高度、开伞可靠性等问题，为我国卫星回收的高可靠性奠定了坚实的基础——可惜，因为火箭爆炸，回收没有机会得到验证，卫星就成了碎片。

姿态控制是保证卫星返回的关键。由于轨道低，经过测控站上方的时间短、气动干扰大，返回式卫星的姿态很难控制。北京控制工程研究所所长、仪器仪表与自动化专家杨嘉墀带领5位年轻人在一间阴暗潮湿的屋子里攻关，解决了测量基准的难题；为了解决工作循环寿命问题，他们在不同的温度条件下进行了无数次试验——而这些试验取得的成果，此时已经无法再次验证。

尽管心疼不舍，尽管掉了眼泪，可大家的心里，并不悲观和绝望。在航天人看来，失败并不可怕，只要失败后能够不怨天尤人，及时总结原因、吸取教训，失败就是有价值的。大家坚信，每失败一次，就前进一步，从失败中不断吸取经验教训，才有中国航天如今的巨大成就。

为了查找原因，参加发射的同志们把发射架附近的一大片沙土翻了一尺多深，然后用筛子把炸碎的火箭、卫星残骸筛出来。之后，大家都来“认领”自己的东西：这一块小铜片是这个仪器上的，那个螺钉是那个仪器上的，大家分门别类，对残骸一块一块地认真检查，试图从中找出事故原因。

突然，有人发现了火箭控制系统的一块残骸。火箭发射时，遥测系统测到了很多数据，唯独没有测到控制系统的速率陀螺信号，因此这个系统成为了重点怀疑对象。一根连接在俯仰速率陀螺通道上的导线吸引了大家的注意力，有位同志拿起这根导线对光一照，竟然发现完整的外皮里面的铜丝却是断的！

但是，只找到断了的导线并不算是充分的证据，还要弄明白这根导线是在什么时候断的、断了之后会产生什么样的现象，才能知道这根断了的导线是不是此次发射失败的真正原因。经过充分的理论分析和模拟试验，研究人员认为，这根导线在生产的时候就已经“有伤在身”，火箭点火起飞后，导线受到剧烈振动而断裂，运载火箭的稳定系统因此无法连接，从而导致了火箭失稳爆炸。最后，这根有“暗伤”的导线被认为是导致发射失败的“元凶”。

由于一根导线的质量不过关，导致火箭飞行失稳、自毁，同时损失了运载火箭和返回式卫星，白白浪费了国家大量财力物力，以及上万研究人员的心血和汗水，使得中国第一颗返回式卫星上天的时间被迫延迟，教训是惨痛的。

返回式卫星第一发的发射失败，就这样告一段落。逐渐平静下来的科技人员认真汲取了失败教训，把周总理“严肃认真、周到细致、稳妥可靠、万无一失”的教导铭记在心中，开始分解本已总装完成的第二发火箭，并将各部件返回生产厂家重新进行严格的质量复查，不放过任何一个疑点，确保万无一失。

在接下来的一年中，余梦伦等弹道工作者重新计算了运载火箭的弹道方案，研究人员重新完成了运载火箭的控制系统综合试验、稳定系统模拟试验、箭体弹性振动试验、控制系统在激烈振动下的垂直测试，以及发动机的短程、高工况试车等。此外，针对速率陀螺断线问题，研究人员在增加控制系统可靠性方面做了大量工作：通过技术改进，把火箭控制系统的“单点单线”改进成“双点双线”，即便坏了一路，还有备份——而这种方法也被应用到以后的火箭上。这，就是失败的价值。

1975 年 11 月 26 日，重新总装好的火箭经过一年多的质量检查、技术改进、地面试验，终于完全准备好了。11 时 30 分，载着第一颗返回式卫星 02 发的长征二号运载火箭准时点火，轰鸣着离开发射台升空。

胜利的时刻，余梦伦总是不在现场，此刻，他已经在进行新型号火箭的预研工作了。弹道工作者就是这样，工作做在前头，人却总在幕后；他们的脸上总是波澜不惊，对自己的成就也往往只字不提。只有“看门道”的“内行”才能从火箭飞行的弧线中，看到他们用心血和汗水浇灌出的花朵。

长征二号运载火箭成功发射

胜利的消息传到北京的时候，面色平静的余梦伦，心里却是骄傲的，“长征二号”不仅把我国第一颗返回式卫星成功送入了预定轨道，其残骸还准确地落在了他们在定西县考察多日选定的落区内——这意味着，定西的老百姓快快乐乐地看完电影后，还可以带着祖国卫星成功上天的喜悦心情，平平安安地回家。

卫星当然也不负众望。其体重近 1800 千克，在预定轨道上遨游了三天、绕地球飞行 47 圈后，又完成了“返回”的使命：按照地面发出的返航指令，星上制动发动机按程序点火，把卫星送上了“回家之路”。

卫星返回舱重 650 千克，在穿越大气层时，经历 3000 摄氏度的高温，信号也突然消失，最终落在贵州省六枝地区的一个小煤矿井口附近。卫星被回收后发现，尽管返回舱裙部已经烧坏，落点偏差也较大，但仍旧取得了预定的遥感试验资料，发射和回收均获得成功。

亲临现场督战的国防科委主任张爱萍，在获知发射和回收成功后，特地写诗祝贺：

长征万里遣尖兵，
巡行太空战鬼神。
力争朝夕越艰险，
获锦归来举世惊。

这确实是一个“举世惊”的壮举。因为，中国第一颗返回式卫星能够回到中国的土地上，就已经是巨大的成功，更何况卫星在太空拍摄地面景物的“胶片黑匣子”完好无损。照片全部被洗出来，交给国防部长叶剑英看时，身经百战、宠辱不惊的老帅激动地连连赞叹：“卫星能落在中国大地上就是胜利！”

他清楚地知道，像美国这样技术领先的国家，他们发射返回式卫星，是经历了 12 次回收失败后才获得成功的。

1976 年 12 月 7 日，还是在酒泉导弹试验基地，长征二号运载火箭又发射了一颗返回式卫星。经过三天环绕地球 47 周的飞行，卫星按照预定轨道在四川省中部的回收区内安全着陆，此次，返回舱以及舱内仪器均完好无损。当天，新华社向全世界宣布：“我国 12 月 7 日发射的人造地球卫星已按计划准确返回地面，各跟踪、测量和控制台站及参加回收工作的全体人员，认真操作，圆满完成了回收任务。”

1978 年 1 月 26 日，长征二号运载火箭又一次成功地发射了返回式卫星，三次连续成功使我国成为继苏联、美国后，世界上第三个完全掌握返回式卫星技术的国家。

而长征二号运载火箭连续三次的成功发射，也大大鼓舞了包括余梦伦在内的火箭研制队伍，证明了我国已经具备设计、研制高性能、高可靠性运载火箭的技术能力。1978 年，我国开始在“长征二号”的基础上，对运载火箭进行适应性技术改进，从而衍生出新的运载火箭：长征二号丙，代号为“CZ-2C”。

长征二号丙火箭全长约 35 米，起飞质量约 210 吨，起飞推力约 280 吨，近地轨道运载能力 2.5 吨，火箭的可靠性和适应性也大大提高。由于余梦伦被调到“长征三号”的设计队伍中，长征二号丙的弹道设计工作由余梦伦的同事冯西平承担。

悲壮的首发式，换来的是宝贵的经验教训，航天人从失败中获得了“严谨务实”的传家宝。每一代航天人都曾聆听过“一根导线”的故事，余梦伦都不记得自己曾和年轻人讲过多少次了。而这故事的绵延流传，自然间化作了每一代人内心的交响。

# 余梦伦

余梦伦院士传记

Academician Yu Menglun's Biography

第二十三章

# 静止轨道上

进军地球静止轨道，早就在中国航天人的谋划之中了。余梦伦早在 1970 年 6 月，就参加了发射地球静止轨道通信卫星运载火箭的方案论证工作。

静谧的夜空中，只有点点星光在闪耀。

就在这看似茫茫、一片虚无的夜空中，却有一条神秘的轨道，这条轨道在距离地面 35786km 的赤道上空，即地球静止轨道。而地球静止轨道卫星，是运行在地球静止轨道上、运行方向与地球自转方向相同、运行周期与地球自转周期相同的卫星。

早在 1945 年，亚瑟·查理斯·克拉克爵士就曾预言，如果有一天，人类能在静止轨道上等距离配置三颗符合要求的人造卫星，那么，地球上除了南极、北极之外的任何地方，都可以实现通信。

文章一发表，就震惊了科技界，但没有人相信，甚至是专门从事这方面研究的人读后，也对此表示怀疑——毕竟，13 年后的 1958 年 12 月 18 日，美国才发射了世界上第一颗通信卫星斯科尔号（SCORE）。这是一颗广播试验卫星，主要任务是进行磁带录音信号的传输，并成功地将时任美国总统艾森豪威尔的圣诞节献词发送回了地球。而在当时，亚瑟·查理斯·克拉克爵士的预言只是一个令人难以理解甚至不可想象的“科幻”故事。

1970 年 4 月 24 日，我国第一颗人造地球卫星东方红一号卫星成功发射后，进军地球静止轨道，就在中国航天人的谋划之中了。中国人民解放军通信兵部提出了研制静止轨道通信卫星、发展我国卫星通信事业、摆脱我国通信落后状态的建议。为此，卫星研制部门开展了可行性论证，在1970年6月召开的“706”会议和11月9日召开的“119”会议上，提出了我国通信卫星总体方案的初步设想，与会各单位通过对国外卫星通信发展情况的具体分析，以及对各种不同轨道的卫星通信方案的比较，一致建议选择静止轨道通信卫星方案。

这是一个非常大胆的“一步走”方案，既不像美国那样先进行中低轨道的卫星通信试验，也不像苏联那样先发射大椭圆轨道卫星实施卫星通信，而是直接发射静止轨道试验通信卫星，进行卫星通信试验。这样做，技术难度虽然很大，但可以更好地满足通信需求，较快地缩短我国卫星通信技术与世界先进国家的差距，把试验和使用结合起来，以取得更好的社会效益和经济效益。然而，跨过中低轨道通信卫星阶段，直接发射静止轨道卫星，无论是地球静止轨道通信卫星的研制，还是发射地球静止轨道通信卫星的运载火箭以及相应的地面测控系统，抑或是发射场、通信地面站的建设，都存在极大的困难，很多内容都是空白。

卫星方案确定了，关于发射地球静止轨道通信卫星的运载火箭新技术研究也没有落后。余梦伦早在1970年6月，就参加了发射地球静止轨道通信卫星运载火箭的方案论证工作，以及关于发射地球静止轨道卫星方案探索性的技术工作。

采用什么样的技术方案来实现发射地球静止轨道通信卫星的既定目标，是摆在余梦伦和其他运载火箭方案设计师面前的一大难题。

从美国那样的科技发达国家都选择先进行中低轨道的卫星通信试验可以看出，发射地球低轨道卫星比发射地球静止轨道卫星难度低、技术相对简单。那么，两者之间到底有什么不同？有什么难点需要重点攻关解决？余梦伦又开始夜以继日地埋头工作。

那一年，余梦伦的大儿子余海刚刚一岁，在同事谢刚玉的热情帮助下，夫妻俩带着儿子，从住了一年多的 9 平方米小房间，搬到了楼上 15 平方米的独门独户中。结婚的时候领的两把木头椅子和一张桌子，终于能够宽宽敞敞地摆开了。吃完饭，擦干净桌子上的油花，余梦伦就把在办公室没算完的材料摊在桌子上，就着昏暗的小台灯继续工作。妻子把儿子哄睡着了，儿子醒了开始哭泣，儿子吃完奶又睡着了……小台灯仍然亮着，沉浸在神秘宇宙中的余梦伦经常忘记了时间，常常是天边出现了鱼肚白，他才和衣休息一会儿，闹钟一响，又踏上了新一天的征程。

也不知道这样几乎称得上是不眠不休的生活过了多久，余梦伦终于搞清楚了发射地球低轨道卫星和发射地球静止轨道卫星之间的区别。

第一个不同，是入轨速度的改变。发射地球静止轨道卫星，首先需要火箭将卫星送入近地点数百千米高度的地球同步转移大椭圆轨道，这时运载火箭需要给卫星提供的入轨速度远远高于第一宇宙速度。第一宇宙速度约为 7.9km/s，而卫星入轨速度要达到 10.245km/s（对应入轨高度为赤道上空近地点 200km），两者相差约 2.4km/s，对精密的运载火箭而言，速度提升 10m/s 都需要很大的改变，何况是 2.4km/s！

第二个不同，是对火箭运载能力的要求大大提高。因为地球静止轨道卫星是在赤道上空距离地球 35786km 的圆形轨道上运转，卫星的入轨点要达到赤道附近。这样，就大大提高了对运载火箭的技术要求：第一，要把 1400 千克重的通信卫星送到地球静止轨道上，运载火箭的运载能力需要大幅度提高；第二，运载火箭还要具有长航程的能力，据余梦伦估算，火箭飞行距离约为 7000 千米，其中海上飞行距离约占三分之二。此外，我国地理位置处于北半球，发射时纬度倾角大，这就意味着运载火箭至少需要有三级发动机，一般还要求第三级发动机具有二次启动的能力。

1970 年 11 月，国防科委委托七机部在北京召开“三星一船”方案讨论会，会上确定：发射地球静止轨道卫星的运载火箭，在已有的一、二级常规推进剂运载火箭基础上加第三级。

大的方案确定了，具体的技术方案却难以取舍。“已有的一、二级常规推进剂运载火箭”究竟是哪一型火箭？增加的第三级火箭更是有多种技术方案：将卫星直接送入静止轨道的大三级火箭方案；将卫星发射到大椭圆转移轨道，由卫星自身变轨进入静止轨道的常规推进剂三级火箭方案；低温高能推进剂方案。后来，经过包括余梦伦在内的总体人员的计算和分析，大三级火箭方案被排除，后两者进入了比较和选择阶段。

两花争艳，各有千秋。

需要说明的是，后两种方案的第一、二级基本相同，差别主要在第三级。常规推进剂三级火箭方案的第三级发动机采用液体四氧化二氮作为氧化剂、用液体偏二甲肼作为燃料，需要突破的关键性技术少，研制难度小、周期短，相应的工作量也较小，但对火箭的运载能力限制较大，不能适应长远发展的需要。

低温高能推进剂方案指的是采用液氧作为氧化剂、液氢作为燃料的“氢氧发动机”作为火箭第三级的方案。氢氧发动机技术是 20 世纪 60 年代才出现的先进技术，真空比冲可达到 420~470 秒，比一般常规发动机的比冲要大 50% 以上。氢氧发动机具有高能、无毒、无污染、无腐蚀等突出优点，但也存在沸点低、密度小、导热系数小、表面张力小、黏滞系数小、易燃易爆等特点。而且，氢氧发动机在太空失重和高真空情况下启动困难，因此世界上只有极少数国家掌握了此项技术。

与火箭两大方案相关，是第三级火箭发动机一次启动还是二次启动的问题。

一次启动比较容易理解，即第三级火箭发动机开机后，推进剂持续燃烧，为火箭提供推力，直至推进剂消耗殆尽。说起来简单，但要采用这一方案，必须解决发动机长时间工作的可靠性，以及发动机关机时后效冲量偏差带来的卫星入轨偏差问题。

余梦伦和同事们因此提出了“二次启动”方案。二次启动是指火箭第三级发动机第一次关机后，在高空滑行一段距离后再次点火、继续工作。实施两次点火，在一、二次点火中间加上一个没有推力的滑行段，优势非常明显：节省火箭能量、减少推进剂消耗，有利于提高火箭的制导精度和运载能力，便于工作程序的安排。但这也带来了一系列的技术难题，如发动机第一次关机后，火箭已处于失重状态，如何保证推进剂沉入贮箱底部，而不是漂浮飞溅？如何控制火箭滑行段的姿态？如何保证第三级发动机在高真空的条件下实施二次启动？确实，这是个世界性的难题，美国也是在历经多次失败之后，才彻底掌握了这一关键技术。

究竟是采用已经比较成熟的常规推进剂方案，还是采用难度大、但是未来一片光明的低温高能推进剂方案？究竟是更加可靠的一次启动方案稳妥，还是节能的二次启动更加有优势？

尽管已经完成了总体方案论证，余梦伦的工作已经完成，剩下的选择只有依托运载火箭研制队伍的攻坚成果才能做出，可他的心还是不能平静、思考还是不能停止。

当时，分管技术工作的七机部副部长任新民、火箭专家谢光选不约而同地把“赞成票”投给了当时看似过于大胆的方案：氢氧发动机技术。任新民更是指出：“氢氧发动机是今后航天技术发展所需要的，这个台阶迟早得上，我们已经具备了初步的技术条件与设施条件，经过努力一定可以突破技术难关，中国完全有能力赶超世界先进水平，此时的大胆并不是冒进。”

然而，此时的余梦伦已经被抽调到了在同期进行的长征二号运载火箭的弹道设计和飞行试验的工作中去了，他的“静止轨道”之旅不得不暂时画上了一个休止符。在“长征二号”繁重的工作之余，余梦伦一直关注着这发用于探索地球静止轨道的运载火箭的研究进展。

1974 年 3 月，第一台液氧泵半系统试车成功，打开了氢氧发动机新技术的大门；8 月，七机部在一次方案讨论会上决定，卫星通信工程的运载火箭以洲际导弹为基础，第三级发动机采用常规推进剂二次启动方案和低温高能推进剂一次启动方案同时并举；鉴于 3 月份取得的进展，9 月，国防科委召开卫星通信工程方案论证会，倾向于采用氢氧发动机的新方案；11 月，七机部正式命名常规三级的运载火箭为“长征二号甲”，氢氧三级的运载火箭为“长征二号乙”——“长征二号乙”就是后来鼎鼎大名的长征三号运载火箭。

1975 年 1 月，预研型氢氧发动机全系统试车成功，接着又连续 4 次取得发动机全系统试车成功；5 月，我国自行研制的氢氧发动机经过多次试验，表明方案基本可行；9 月，首次通过额定工作时间的二次启动试车；1978 年 9 月 12 日，氢氧发动机 50 秒短程试车成功，经分析，发动机各参数正常，试验结果良好，达到了预期目的。

说起来，我国航天人用了短短几年时间，就在氢氧发动机这一世界前沿领域取得了突破性进展，真可谓顺利又高效。但实际上，攻关的道路并不平坦，成功就如余梦伦猜想的一样，是通过大大小小的事故防微杜渐、拾遗补缺，花费了很大代价才取得的。

这是余梦伦不忍面对的现实。在这场可以算的上是“血雨腥风”的技术攻坚战中，弹道工作者还能帮上什么忙？他不断思索着，要知道，弹道设计就是那么神奇，也许一个设计的改变，就可以避免一次甚至多次失败，让研究前进一大步。

1976 年，结束了“长征二号”飞行试验的余梦伦，终于回到了“长征三号”这个他念念不忘的战场上。所幸，他错过的不多，实际上，这场艰苦的战役才刚刚开始。

# 余梦伦

余梦伦院士传记

Academician Yu Menglun's Biography

第二十四章

# 责任与使命

在余梦伦的身上，你随时都可以感受到强烈的责任感和神圣的使命感。不需要惊天动地、没有波澜壮阔，余梦伦甘当一颗螺丝钉，为航天事业尽职尽责。

古希腊人认为：人是背着一个包袱走路的，包袱里有事业、家庭、友情和儿女。不论遇到了什么困难，哪怕是历经艰辛，也不能舍弃其中任何一样，因为包袱外皮上写着“责任”。什么是“责任”？责任就是对自己的要求，责任就是他人对你寄予的厚望，责任就是社会托付的使命。

人们常说：人的一生有三个境界，第三个境界是使命境界，每个人身上或多或少都带有“使命”。马克思曾经说过：“作为确定的人，现实的人，你就有规定，就有使命，就有任务，至于你是否意识到这点，那是无所谓的。这个任务是由于你的需要及其与现存世界的真实联系而产生的。”按照马克思的观点，每个人都是有自己的使命的，这个使命，就是人的责任与任务。

《三国演义》第八回里写道：“但有使命，万死不辞。”使命是人内在的永恒的核心动力。一个人的使命感越是强烈，那么他的人生希望越强烈，他的工作激情与生活热情就越强烈，他的人生责任感也越强烈。有强烈使命感的人，是一种自觉的人，是一种奋斗的人，是一种百折不挠的人，是一种任劳任怨的人，是一种坚强不屈的人。

在余梦伦的身上，你随时都可以感受到这种神圣的使命感。不需要惊天动地，没有波澜壮阔；简单朴实，却有别样的震撼。无私奉献的精神、强烈的责任心、无怨无悔地付出，从1974年8月19日余梦伦给一院有关技术领导写的一封关于长征三号运载火箭方案的建议书中就可见一斑。

领导：

周总理关于通信卫星工作的指示，是代表党和国家对我们发出的战斗号令，也是对我们工作的最大关怀和鞭策。几个月来，很多同志对通信卫星运载火箭方案提出不少建设性的意见，值得欢迎。

几年来，自己对通信卫星运载方案作了一些工作，但最近返回式卫星发射任务紧迫，没有精力参与到通信卫星运载方案中去，但感到通信卫星运载方案中争论较大。事关重大，有必要谈一下个人的看法，供讨论参考。

一、历史的回顾

通信卫星运载火箭方案工作，在“文革”中由总体设计部一室预研组黄祖慰等同志提出，当时卫星重量150千克，轨道方案采用暂停轨道方案，滑行航程约3万千米，在非洲西海岸赤道上空进入地球同步转移轨道。

1971年左右，由总体设计部十一室接受此项工作，继续摸索此项工作，工作大致分两个方面：①改进了暂停轨道滑行方式，入轨点改在太平洋赤道上空，滑行航程缩短了两万千米；②二次点火问题，由于五院通信卫星重量增加到275千克，这样对火箭第三级的要求提高了，要求三级二次启动，解决二次启动问题，设想了如下几个途径：

1）三级发动机二次点火；

2）三级装8台或者12台小推力发动机，分两批点火；

3）改变发射方向，向东南方向发射（方位角 =126° ），三级不需二次启动，一次直接入轨（即目前的“短航程低轨方案”）。

以上工作都在1971年进行的，当时尚未提出5吨发动机，都是立足于在

“东风五号”游动发动机上作改进。

1972年，总体设计部组织运载火箭方案讨论，在会上提出研制通用末级发动机的问题，总体设计部十一室倾向于比冲285秒小推力多台组合，十室倾向于比冲290秒（当时十一室提出比冲285秒是基于“东风五号”02批加长一米，用285秒可以运载通信卫星并留有余量；而十室发射导航卫星比冲要求不小于290秒）。发动机设计所表示小发动机比冲爬到290秒有困难，需要推力提高到5吨，才可以使比冲达到290秒。

最后确定通用发动机定5吨推力的发动机，相应需要研制新的伺服机构。

当时确定采用5吨发动机方案是基于以下几个原因：

1）从勤俭建国出发，发展通用型发动机，多种型号共用一种发动机，对节省国家投资有利；

2）武器兼顾运载，当时通信卫星方案与导航卫星方案都是基于原“东风五号”和“东风四号”上面加第三级，下面级不作改动；

3）从空间运载火箭的远景出发，5吨发动机具有二次启动能力，对发展我国空间运载事业有利。

4）载人飞船的任务是由“东风六号”来承担的，确定5吨方案主要是从发射应用卫星的角度出发的。

对发射通信卫星的短航程低轨方案，当时为避开二次点火而提出的，最后没有采用，其理由是：

1）运载能力不够，在“东风五号”基础上加第三级，当时计算结果是入轨重量1987千克（入轨重量包括第三级的停火点重量和卫星重量），仅能满足地球同步不定点卫星的要求。

2）入轨精度低，主要指标入轨航程角偏差可达1度左右（采用二次点火中途有一滑行段，多一次发动机关机开机过程，可将大部分航程角偏差消除）。

3）入轨区域，地形和政治条件复杂，不便于测量船布设（入轨区域在印度尼西亚群岛一带）。

根据以上简要历史回顾，可以看出，我们过去遵循的指导思想是：

1）武器兼顾运载，在武器基础上发展卫星运载工具；

2）勤俭节约，一弹多用，一机多用（采用通用发动机）；

3）积极发展新技术，赶超世界先进水平；

4）全面考虑各种因素，运载方案不能只顾运载能力，还要考虑入轨精度、航区测量与安全等因素。

二、对目前运载方案的意见

1. 我们认为，对于运载火箭方案，必须满足以下条件：

1）要具有足够的运载能力，并留有一定的余量。以往型号的经验教训应该吸取，特别是对卫星运载工具，运载能力的问题涉及设计方案的成败，事关重大；

2）航区要安全，特别是涉及国外航区的问题；

3）要保证必要的测量条件；

4）满足入轨精度要求。

（1）从目前提出的方案看，原"'东风五号'不加长、三级采用5吨发动机方案"基本能满足上述条件，缺点是航程较长。

（2）"短航程低轨方案"采用"东风五号"加长措施，运载能力有了提高，但航区安全、入轨测量、入轨精度都存在问题。

（3）"降弧段入轨方案"采用"东风五号"加长措施，具有"短航程低轨道方案"相同运载能力，发射方向是110°，航区从台湾、菲律宾方向穿过，航区安全；航程短、弹道高，对测量有利（从发射点到入轨点只有4700千米，弹道最大高度500千米）；入轨精度比"短航程方案"好。

2. 原有方案基本立足于武器的基础上，在"东风五号"不作重大改动加一个第三级就可用于发射通信卫星。而第三级所用的发动机是发射导航卫星也要用的。这样只要有"东风四号""东风五号"，再加上5吨发动机就能解决通信卫星和导航卫星的运载问题。

3. 由于"东风六号"任务取消，载人飞船任务必然由"东风五号"来承担，如果采用"东风五号"加长的二级来发射飞船（单人），再考虑到二次点火发动机可能存在一些技术问题，在这样情况下，可以采用加长的"东风五号"二级加第三级来发射通信卫星，第三级采用一次点火。

4.“降弧段入轨”方案（详见“通信卫星降弧段入轨方案初步分析”）是短航程入轨方案中较为理想的方案。具体理由见后面内容。

三、运载火箭轨道方案问题

1. 一次入轨的短航程方案可以作为二次点火暂停轨道方案的备份方案或者应急方案。

一次入轨方案避开了一些技术关键，如二次点火、滑行控制及远洋测量问题，可以作为1973年发射第一颗卫星的应急方案。

但它有致命的缺点：入轨精度差（主要指入轨航程角，如采用降弧段入轨可以得到改善）。

二次点火暂停轨道方案是有发展前途的，一是运载能力大，二是入轨精度好。至于入轨航程问题，也可改变射向或者采用降弧入轨，缩短到短航程方案的距离（当然要牺牲一定的运载能力）。

2. 一次入轨的短航程方案中“短航程低轨方案”与“降弧段入轨方案”比较，降弧方案比短航程方案有利。

（1）“降弧段方案”在相同发射方位角条件下入轨航程比“短航程方案”要短（短1600千米左右）。

（2）“降弧段方案”航区条件比较优越，飞行航区不经过外国领土或领海。

（3）“降弧段方案”可以调整停火点参数，使近地点轨道参数得到较为平衡的满足。

（4）“降弧段方案”弹道较高，便于测量，只要在距发射点3800千米左右的海面布设一条测量船，即可确保全弹道的测量（仰角都在15°以上）。

（5）“降弧段方案”是一种灵活入轨方式，“降弧”的量可大可小。

四、5吨发动机问题

5吨发动机二次启动，对发展我国空间运载技术具有积极意义，应该集中力量抢时间研制出来。我认为：

1. 类似5吨二次启动发动机，国外于20世纪50年代末期、60年代初期，已用于运载任务上，发射了大量卫星。我们决不能被二次启动的困难所吓倒，在现今的70年代，只要领导支持，齐心协力，我们一定能够研制出来。

2. 发动机设计所力量较强，前方后方应该拧成一股绳，齐心协力，抢时间把5吨发动机研制出来。

3. 5吨发动机是多种型号通用发动机，不抓紧5吨发动机，甚至否定5吨发动机，只会延误战机。

4. 发动机设计所后方红光地区工人、技术人员和领导已表示决心，要拿下5吨发动机，应该积极支持，这是搞好5吨发动机极为关键的因素。

根据目前轨道方案，5吨发动机可以分两步走：

第一步，一次启动，用于“降弧段入轨方案”发射第一颗定点通信卫星。

第二步，二次启动，发射导航卫星；发射高质量的通信卫星。

五、党组织要抓方案中的思想工作

方案讨论不是为个人争名夺利，应该以党的科研事业的发展为根本出发点。我建议：

1. 加强党的一元化领导，加强方案工作的组织领导。

2. 充分发挥组织的作用，方案工作要在本单位发动群众，充分论证讨论。

3. 齐心协力，团结一致。如加强前后方团结，加强分系统之间的团结协作。

4. 贯彻“百花齐放、百家争鸣”方针，摆事实讲道理，充分讨论论证，达到思想上的统一。

余梦伦

1974年8月19日

这是一封经过深思熟虑写就的建议信，从单纯的技术到政治思想工作，从团结协作到百家争鸣，从弹道到动力，不管份内的，还是份外的，都想得非常周到，字里行间都能感受到余梦伦对航天事业强烈的使命感和责任心。

1974年，长征三号已经完成了总体方案论证，余梦伦的工作也告一段落，他被抽调到长征二号运载火箭项目进行弹道设计和飞行试验。可他还一直关注着这发用于探索地球静止轨道的运载火箭的研究进展。他完全可以放松自己，解脱自己，不给自己揽责任，加压力。但如果是这样，他就不是余梦伦了，在他的身上有着庄严的使命感。

这种与生俱来的使命感是孟子的“以天下为己任”，范仲淹的“先天下之忧而忧，后天下之乐而乐”。这种使命感不是由别人强加在他身上的义务，而是他对航天事业的热爱和无怨无悔的执着。不论他身置何处，他每一分钟，所有的心血都献给了他为之奋斗并引以为傲的航天事业。

强国之需，我辈使命。有一种使命叫“付出”，还有一种使命叫“坚持到底”。而永不改变的使命叫“忠诚”。余梦伦甘当螺丝钉，发一份光和热，为航天事业发展尽职尽责。在崇高的坚守中，他获得了精神上的满足和快乐，在设计弹道的同时，也在创造着自己精彩的人生。

# 余梦伦

余梦伦院士传记

Academician Yu Menglun's Biography

第二十五章

# 泪洒光荣榜

对余梦伦而言，如果一生都能够踏实地在航天这座“摩天大楼”里做一块“砖”，就是“千金不换”的幸福。为了这“幸福”，他几乎放弃了个人的幸福。

1976年，在完成“长征二号”前两发的飞行试验后，余梦伦正式参与到长征三号运载火箭的研制工作中来。

尽管距离1970年6月就开始的方案设计已经过去了6年时间，但实际上余梦伦错过的并不多。因为当时正处于“文革”中，正常的科研生产秩序受到了严重破坏，加上卫星通信工程是一个庞大的系统工程，技术复杂，涉及面广，却没有一个统一的组织来指挥和协调整个工程的研制和建设，各大系统存在的问题得不到及时解决，致使整个工程进展十分缓慢。

1974年4月，国家邮电部黄仲玉、林克平等几位专家联合写信给周恩来总理，建议由国家统一组织卫星通信工程，受到了总理的高度重视。5月19日，周总理在信上做了“由国家计委、国防科委联合召开一个有关部门参加的会议，先将卫星通信工程的研制、协作和使用方针定下来，然后再按分工做出规划、督促进行”的批示。

为落实周总理的批示，1975年2月17日，国家计委、国防科委提出了《关于发展我国卫星通信问题的报告》，报请中央审批，这也是我国卫星通信工程的指导性文件。同年3月31日，中央军委第八次常委会讨论了这一报告，不久，这份报告也得到了党中央和毛主席的批准，卫星通信工程也因此被命名为“331”工程。

从此，包括通信卫星、运载火箭、测控系统、发射场和地面通信站五大系统在内的“331”工程正式列入国家计划。在国防科委的具体组织下，各部门密切合作、努力工作，过去几年的徘徊局面逐渐改观，各大系统都开始取得较为重大的进展——余梦伦就是在这时候，被长征三号火箭的副总设计师范士合再次招进了运载火箭的设计队伍中。

余梦伦在“331”工程的工作还没有正式开始，妻子王信芳先在院里的“光荣榜”上看见了丈夫的名字。

对王信芳来说，在光荣榜上看见“余梦伦”三个字一点儿也不惊讶。两个人还不认识的时候，她就已经在院里的光荣榜上多次看到余梦伦略带腼腆的大头照和事迹介绍了。参加工作后的几乎每一年，余梦伦都是院里的先进工作者，不仅是王信芳，连常常来一院开会的余梦伦的老同学，都已经习惯了在光荣榜上看见余梦伦——如果哪次没有他，那反而是个稀奇的事儿了。

可是这一次，名字还是那个名字，“光荣榜”却和以往不太一样：没有大头照，名字写得密密麻麻，光余梦伦所在的总体部就有 88 个人上榜；更不一样的是，王信芳在一堆小蚂蚁样的黑字里找到“余梦伦”三个字的时候，眼泪差点儿夺眶而出。

原来，这是一份特殊的“光荣榜”。为了解决北京生产能力紧张的矛盾，上级决定，将长征三号运载火箭的设计队伍转移到一院在四川万源的三线基地。为了鼓励“长征三号”设计队伍建设三线的行动，全体将赴三线的人员都登上了这份光荣榜。按计划，1976 年 9 月，第一批人员就将奔赴三线协调相关事宜；1977 年 6 月前，全体设计队伍都将转移到四川去。

三线建设，最早出自 1956 年毛主席《论十大关系》一文中。在文章中，毛主席把全国划分为前线、中间地带和后方三类地区，分别称为一线、二线、三线，其中划定的三线地区为乌鞘岭以东、京广线以西、雁门关以南、韶关以北的广大地区。

在"要准备打仗"的特定形势下，三线是较为理想的战略后方。20世纪60年代，面对阴云密布的国际形势，毛主席发出了"备战备荒为人民"的响亮口号，作出了加快三线建设的紧急指示。三线建设的目的，就是万一一线、二线地区的重要工业设施、军事设施以及国防科研生产单位被敌方摧毁，地处我国腹地的"三线"依然能够作为战略备份，不影响国家的综合实力。毛主席说"三线建设不好，我睡不好觉"，于是，"骑着毛驴也要上三线"成了当时最具鼓动性的话语。作为国防力量重要组成部分的国防部五院，也积极开展了第二基地建设。

1964年9月，当余梦伦开始参与东风五号洲际导弹精确弹道计算工作时，一分院副院长周吉一则率领勘探小组奔赴三线选址，根据"靠山、分散、隐蔽、进洞"的方针，他为一分院选定了甘肃天水。后来，因为天水的地震隐患，亲临一分院航天三线基地查看的国家领导人邓小平、李富春、薄一波在专列车厢里召开了三线建设史上有名的"车厢会议"，决定放弃已经花费了100多万元进行开发的天水基地。勘探小组挥别天水，兵分两路开往川东、陕南，重新进入荒无人烟的大山中选址。

一张地图、一顶草帽、一个绿书包，三线先遣队员们天明即出，日落而归，在崇山峻岭中跋涉。饿了，啃一口干馒头；渴了，喝一口山泉水。在四川省万源县选址的勘探队员们平均每天步行五六十千米，跑遍了万源县周边的 11 个县市、410 多条山沟，最终选定了一分院三线基地的地址。

王信芳在七机部一院的打字室工作，属于“坐机关”的，消息比余梦伦灵通得多，她当然知道“去三线”意味着什么。人们口口相传的“三线”，让她又敬又怕：敬的是，三线先遣队员经历了如此的艰苦，却依然是乐观向上、无怨无悔；怕的是，听说基地荒无人烟，不时有野猪、野兔、毒蛇……她毕竟是个小女子，怎么能不害怕？都说嫁鸡随鸡嫁狗随狗，就算她咬咬牙跟着丈夫走，才上小学的大儿子到了荒凉的山沟里怎么读书？小儿子才四岁，大山沟里哪有幼儿园？小孩子正是到处乱跑的年龄，被毒蛇咬了怎么办？

王信芳甚至不知道自己是怎么走回家的，她的眼前，都是那份写着密密麻麻小字的“光荣榜”；她的脑海里，都是大大的问号。路上碰到同事和她打招呼，一向活泼开朗的王信芳却连一丝笑容都挤不出来，直到进了家，看到正下面条的丈夫的背影，她终于忍不住，委屈地哭出声来。

在余梦伦的记忆里，这是第一次看到像小鸟一样快乐的妻子泪眼婆娑的样子，不善言辞的他一下慌了神。沾满面粉的大手举在胸前，他不知是先问妻子发生了什么事好，还是先帮她擦眼泪好。还好，王信芳不是矫情的人，她像连珠炮一般，把烦心事一股脑地都告诉了余梦伦。

事实上，在妻子说之前，连余梦伦都不知道自己要去三线的事，更没有看到这张特殊的“光荣榜”。组织上也没通知过他要去三线的事情，为什么莫名其妙地上了“光荣榜”？后来过了很久，余梦伦才知道，是有一位同事在领导做“三线动员”的时候，希望到三线后在工作上有个伴，能相互帮助，提出了“余梦伦去我才去”的要求——北京的领导舍不得余梦伦，不想放；三线的工作也确实需要他，不放也得放。两相权衡，余梦伦就在毫不知情的情况下，上了光荣榜。

也因此，妻子红着眼睛流着泪带来的消息，让余梦伦小小地吃了一惊。

从个人角度来讲，余梦伦是愿意去三线的，或者说，组织让他去哪里工作，他都是绝对服从的。

“毛主席的战士最听党的话，哪里艰苦哪安家。祖国要我守边卡，打起背包就出发。”这首在三线建设时期最流行的歌曲，激励了无数有理想和有激情的年轻人。之前，余梦伦没有机会去三线“哪里艰苦哪安家”；但听得多了，他也常常不由自主地哼上几句，作为毛主席的战士，他渴望为航天事业奉献所有的力量：哪儿需要他，他就该在哪儿。

余梦伦这样想，也这样做。工作了十六年，他就是航天事业中的一块坚实可靠的砖，哪里需要，就被搬到哪里，无论是去荒凉的测量点一呆数月见不到人，还是去穷困的山沟里找落区，他从来都是“打起背包就出发”，没有一句怨言，更没有一丝不满。

余梦伦是感恩的，在他看来，这十几年的工作中，如果说他算是取得了一些微不足道的成就，那也是因为当初从北京大学毕业分配的时候，他“走了运”，被分到了国家重点发展的航天单位。是的，余梦伦把自己的成就都归功于国家和命运将他摆在了合适的位置。他常常问自己，如果没有上大学，如果当初被分在了普通工厂，一切又会怎样？可以肯定的是，无论在哪里，余梦伦还是那个兢兢业业的老黄牛，可是他一定不会得到那么多的成就感、那么多的肯定和荣誉。

余梦伦也甘于做航天事业的一块砖，对他而言，如果一生都能够踏踏实实地在航天这座越盖越高的“摩天大楼”里做着自己喜欢的研究、当好一块普普通通的“砖”，就是“千金不换”的幸福。

为了这“幸福”，他几乎放弃了个人的幸福。年轻人陷入热恋你侬我侬，难免相互思念，他和王信芳在一个大院里工作，一个月能见两次面都觉得奢侈；因为忙于工作，他们恋爱多年才结婚，连婚礼都没办，更不要说什么时髦的“度蜜月”了。

为了这“幸福”，他错过了两个儿子出生和成长的许多重要时刻。余海、余洲，两个儿子的名字，都是月子里的王信芳自己起的：家里墙上挂着的一幅毛主席的对联“四海翻腾云水怒，五洲震荡风雷激”，她就在其中各取一字。如果让丈夫起，生于1969年的大儿子恐怕要叫“余东风”，生于1972年的二儿子自然要叫“余长征”了——也正常，余梦伦的脑子里，都是他的型号。

余梦伦不记得儿子第一次爬、第一次笑、第一次翻身是什么时候；他也没有听到儿子第一次叫“爸爸”，没有见证儿子迈出人生的第一步；儿子生病的时候，大都是妻子抱着孩子去看病、不眠不休地照顾，而他，总是在工作，分身乏术。从某种角度上说，他不是一个称职的父亲，但他绝对是一个

余梦伦大儿子余海和二儿子余洲幼年时留影

称职的航天人。

为了这“幸福”，深谙“自古忠孝不能两全”的余梦伦，只能一次次选择“忠”而放弃“孝”，其中的痛楚，只有他自己知道。1962年，牵着他的小手送他上学的祖父去世，余梦伦没有回去，他这个最受宠爱的长孙连老人家的最后一面都没有见到。1972年，深爱的外婆离开，余梦伦也在工作，接到噩耗的他表面上仍然波澜不惊，心里却如刀绞：外婆膝下只有母亲一个孩子，所以始终和女儿女婿一起生活，余梦伦也因此和外婆朝夕相处了18个年头，感情格外深厚。

在余梦伦的记忆中，外婆善良、慈爱，终生吃素，对自己和弟弟妹妹爱护有加。外婆走后，和外婆相处的一幕幕在他的梦中反而更加清晰。外婆说：“做人做事要规矩”“不要浪费粮食”“老天不答应，要被雷打的”；外婆说：“睡觉时，脱下的鞋要放齐，不然睡觉时会做‘乱梦’的”……每年一定时候，外婆都要准备“供桌”祭祀过世的亲人，余梦伦带着弟弟妹妹积极帮助张罗，心里悄悄儿惦记着那可口的贡品——可是以后，再也没有机会吃到外婆做的

余梦伦的外婆

吃食了。

尽管如此，余梦伦从来没有动摇过。他仍然是他，仍然是妻子眼中那个值得崇拜的“普通人”丈夫，仍然是同事眼中那个沉默寡言、埋头工作的“革命一块砖”。然而，这一次，看着眼睛都哭红了的妻子，想到家中上有老下有小还有病人的情况，余梦伦犹豫了。

事实上，就在这份光荣榜发布之前，余梦伦向组织第一次也是唯一一次提出了要求。工作了十六年，他第一次为自己打算、第一次为自己考虑，事实上，也不是为了自己，是为了生病的母亲。

1968 年，毛主席下达了“知识青年到农村去，接受贫下中农的再教育，很有必要”的指示。上山下乡运动大规模展开，1968 年当年在校的初中和高中生（1966、1967、1968 年三届学生，后来被称为“老三届”），全部前往农村。“文革”中上山下乡的知识青年总人数达到 1600 多万人，十分之一的城市人口来到了乡村。这是人类现代历史上罕见的从城市到乡村的人口大迁移。全国城市居民家庭中，几乎没有一家不和“知青”下乡联系在一起。

余梦伦的小弟弟余梦麟就在此列，他被分配到井冈山地区，开始了艰苦的插队生涯。余梦麟走后不久的1968年7月28日，是余梦伦和弟弟妹妹终身难忘的日子：刚刚过完52岁生日的母亲突发中风，倒下了；曾经当过街道居委会主任的母亲一向风风火火、忙忙碌碌，可这一病，她再也没有靠自己的双腿站起来过。

此时，余梦伦的大妹妹余梦燕在武汉，二妹妹余梦霞在北京，只有小妹妹余梦飞在父母身边。从妹妹为数不多的信件里，余梦伦知道父亲一夜间仿佛老了许多，外婆吃得更素了，75岁的她一边照顾突遭厄运的女儿，一边默默求佛、暗自垂泪。余梦伦的工作正在紧要关头，他回不去。

1972年，辛苦了一辈子的外婆离世，家里只剩下父亲、未嫁的小妹两个人，继续照顾瘫痪在床、身心俱伤的母亲。好在，小弟争气，无论是插队时修水库大坝他不惧生命危险第一个下水，还是在1973年的高考中表现优异，他和哥哥姐姐一样，都不愧对自己的姓：余。

1966年“文革”开始后，全国的所有高等院校都停止了招生，直到1968年7月21日，毛泽东主席作出批注，才开始了工农兵学员的招收。1973年，邓小平复出，在他和周总理的坚持下，国务院批转了《关于高等学校1973年招生工作的意见》，对两年前开始实行的采取推荐和选拔工农兵上大学的规定进行了修订，增加了“文化考试”的内容，试图恢复用知识选拔人才的制度。这一年，高等学校招生除需经过评议推荐及审查、复查外，还要进行语文、数学、理化三科的书面文化考查。这对当时知识青年来说，已是个天大的喜讯：终于可以凭借知识上大学了！无数曾因“家庭出身”或“政治表现”等问题而与大学无缘的知识青年踌躇满志，奔走相告。

1973 年的“高考”，是“文革”十年动乱中唯一的一次，已经插队 5 年没有读书的余梦麟在井冈山参加了考试。余梦伦和小弟一直通信来往，他知道小弟聪明刻苦，在繁重的工作中也依然没有放弃学业，如果是正常的高考，小弟一定能够考上自己心仪的大学，可是余梦伦也知道，全国所有高等院校在 1966 年就停止招生，高考也被废除，到 1973 年已经长达 7 年，7 年间积累了多少渴望金榜题名的考生，可想而知。余梦伦是学数学的，他习惯用数学思维寻找答案，在国家当前的政策下，小弟金榜题名的几率，实在是太低。

可余梦麟不是别人，他是余家的孩子，继承了父亲的聪明才智和母亲的努力坚韧。他在 7 岁那年大哥考中北大的时候就暗暗下定决心：要像大哥一样努力、考上名牌大学，让父母像为大哥骄傲一样，为自己骄傲一次。

余梦麟做到了，他从极低的录取比例中脱颖而出（全县众多知识青年报考，仅有 6 名被大学录取），考回了上海，考进了和北京大学一样优秀的复旦大学，学力学专业。对余梦麟而言，能再读书自然是高兴的事；而更重要的是，他可以回到上海，帮助父亲和三姐一起照顾几乎瘫痪的母亲，为白发苍苍的父亲和始终未嫁的三姐分担一些压力，让为祖国鞠躬尽瘁的大哥能够安安心心地工作……

余家的孩子，都太早熟、太懂事、太为别人着想，余梦麟从未想过自己又要上学又要照顾家里的辛苦，给哥哥的信里，更是只字不提难处。但是，同是余家孩子、有着同样特质的余梦伦，却从弟弟描述的字里行间，看出了许许多多背后的故事。

母亲经常要看医生——母亲治病需要多少钱？家里的积蓄够不够？不够怎么办？

母亲出门不喜用拐杖，喜欢弟弟的肩头——母亲已经完全没办法自己走路了，得靠人架着才能勉强前行……

到了大三，学业渐紧，专业课也越来越多——弟弟快要毕业了！国家对考上大学的知青实行的政策是“哪儿来的回哪儿去”，弟弟大学毕业还要回到井冈山，父亲年纪越来越大、小妹终究是要嫁人的，怎么办？

怎么办？怎么办？怎么办？余梦伦一直在问

余梦伦兄弟姐妹合影

自己。家里一直是弟弟妹妹在付出，他这个当大哥的，太不称职！

想来想去，余梦伦终于决定自私一回。他向组织提出了工作十六年来第一个也是唯一一个要求：考虑到家庭情况的特殊性，能否调到上海航天局继续工作？这样，他既可以继续为我国的航天事业贡献力量，也可以就近照顾父母。

然而，组织上还没回话，“光荣榜”就贴出来了。

# 余梦伦

余梦伦院士传记

Academician Yu Menglun's Biography

第二十六章

# 探索亚轨道

这个神奇的亚轨道方案，既解决了测量问题，又提高了火箭的运载能力！可把余梦伦乐坏了，梦里都乐出了声，就差“打一发”来验证了，余梦伦对此充满了期待。

1976年，重新加入“长征三号”队伍的余梦伦在毫无思想准备的情况下，上了赴三线的“光荣榜”。

尽管母亲瘫痪在床，身边需要人照顾，妻子为了去“三线”的事哭红了眼睛，但余梦伦对组织上的命令绝对是说一不二的。

组织让去，那就必须去！做了决定的余梦伦还是那样，表面上波澜不惊，内心却非常坚定，虽然他一直被对家庭的愧疚感压得喘不过气来。好在，母亲是通情达理的，妻子是顾全大局的。

最难下的是决心，之后一切都变得简单起来。妻子开始收拾离开北京的行囊，好在家里本来就没有什么东西，并不难取舍；有了贤内助的支持，余梦伦则可以把全部精力放在长征三号运载火箭发射弹道的设计工作中。于是，余家就成了这样一幅景象：大儿子在台灯下做作业，小儿子在床上自己玩儿，余梦伦被挤到床板上继续攻关，妻子在旁边收拾行装……夜深了，妻子带着孩子们睡了，余梦伦才从床板上静悄悄地转移到家里唯一一张书桌上，昏黄的台灯经常一亮就是一夜。

万事开头难，余梦伦刚刚接手“长征三号”的工作，只有大量的给自己

“补课”。需要“恶补”的不仅是余梦伦，对他所在的弹道组乃至整个中国航天而言，设计地球静止轨道的发射弹道都是第一次。在无从下手之时，余梦伦想到了刚加入航天时仿制苏联P-2导弹的往事。是的，“仿制”是一切创新的起点，因此，余梦伦几乎背熟了所有能找到的国外有关资料，获得了极为丰富的理论知识。从中，他得到了一些非常重要的启示，并学以致用，很快就将这些想法应用到了地球静止轨道的发射弹道设计中。

在轨道倾角为零的圆形地球静止轨道上运行的卫星，始终位于赤道某地的上空，相对于地球表面是静止的。这种轨道卫星的覆盖范围很广，利用这样均布在地球赤道上的三颗卫星，就可以实现除南北极地区以外的全球通信。

说起来，实现全球通信很容易——只要三颗静止轨道卫星就可以。可实际上，由于地球静止轨道高达35786km，同时卫星的轨道平面还要与地球赤道平面重合，要将卫星发射到地球静止轨道上，是相当困难和复杂的。但是，如果一个国家的卫星发射场建在地球的赤道上，那这种卫星的发射就简单多了。只要运载火箭的运载能力达到预期，在赤道上由西向东发射，火箭飞到要求的轨道高度、在适当的位置定点，问题就解决了。

可惜的是，许多发射卫星的国家不在赤道上，也不可能在赤道上建立卫星发射场。所以，卫星实际发射时，卫星的轨道面和地球的赤道面不重合、总是有一个夹角，即轨道倾角。因此，首要的任务就是使卫星进入赤道平面，即要改变它的运动方向。这样一来，多数的运载火箭不能将卫星直接送到地球静止轨道上，特别在中纬度或高纬度地区发射地球静止轨道卫星，要经历停泊轨道、地球同步转移轨道和最终的地球静止轨道等阶段才能入轨。

通常，先是由火箭第一级、第二级及第三级第一次点火工作，将第三级和卫星送入高度为200千米左右的停泊轨道；第三级火箭在停泊轨道上滑行一段时间，当接近赤道上空时再次点火工作，卫星与火箭分离，卫星进入近地点高度为200千米、远地点高度为35786千米的地球同步转移轨道，这时运载火箭的任务完成。之后，从地球同步转移轨道进入地球静止轨道的第三个阶段，则由卫星上的推进系统来完成。

这样，基本的弹道设计方案有了，可具体执行起来，余梦伦和他的同事们遇到了更多棘手的问题亟待解决。

一般来说，在弹道设计过程中，需要考虑的因素很多，如：地面测量、航区和落区安全、飞行环境、火箭运载能力、入轨精度等。在长征三号运载火箭的弹道设计过程中，对最终的弹道方案影响较大的是测控部门的要求。

地球静止轨道通信卫星的测控，分为主动段和运行段两大部分。主动段测控的主要任务是对运载火箭动力飞行段进行跟踪测量，接收和处理遥控参数，实时监视运载火箭飞行情况，在发生异常时实施安全控制。它的测控主要由西昌卫星发射中心和航区陆上测量站，以及海上远望号测量船共同完成。运行段测控的主要任务是捕获转移轨道上的卫星，并进行一系列的测量和控制，使之建立远地点发动机点火条件，控制星载远地点发动机点火，使卫星进入准同步轨道，然后控制卫星实现同步定点，并对卫星实施长期管理。运行段的测控任务由渭南卫星测控中心和渭南测控站、闽西测控站共同承担。

由此可见，和余梦伦之前参与的型号不同，地球静止轨道通信卫星的发射对测控的技术要求严格得多，也因此，长征三号运载火箭的弹道设计需要配合测控部门的需要进行调整。

按计划，搭载着地球静止轨道通信卫星的长征三号运载火箭从起飞到与卫星分离，总共将飞行1245.34秒，途径四川、贵州、湖南、广西、广东、福建、台湾南段及太平洋上空，然后在东经160.33度赤道上方入轨。由于运载火箭大部分时间都在海上飞行，测量部门向余梦伦所在的弹道组提出要求，希望从火箭第三级第一次关机一直到第三级第二次关机，即火箭进入停泊轨道后一直到赤道上空、进入地球同步转移轨道的过程中，火箭的弹道可以高一点。测控部门还提出了具体的数据：希望运载火箭在海上飞行时的弹道高度不低于 400 千米，这样，测量站和测量船跟踪火箭的范围才能更大一些、测控才能更准确一些。

隔行如隔山，测控部门不知道，他们真是给余梦伦出了个大难题。

在弹道设计中，停泊轨道高度和地球同步转移轨道的近地点高度是影响运载能力的重要参数。而在之前余梦伦钻研过的国外资料中，一般取地球同步转移轨道的近地点高度为 200 千米左右，相应的停泊轨道一般也是采用 200 千米左右高度的近圆轨道。这样做的目的是提高火箭的运载效率，也因此，之前余梦伦和同事们做的弹道方案设计也都将这一数值确定为 200 千米。

现在，测控部门提出的 400 千米是之前设计高度的两倍，那么必将损耗火箭的运载效率；可测控部门的工作同样重要，200 千米的高度不能保证他们顺利工作，那么修改就是势在必行的事。

到底有没有两全法？也许别的国家没有。可我们的航天人最擅长的，就是“模仿”之后的自主创新，在学习别人的基础上，找到最适合我们的优化方案。

为了解决地面测控能力不足和火箭运载能力的矛盾，余梦伦和同事们在紧张的设计时间内，通过大量的分析计算对停泊轨道进行优化设计。

通过计算，余梦伦首先提出了发射轨道的迭代算法，并根据我国厦门站测量范围的限制，提出停泊轨道为椭圆轨道，在远地点入轨的方案，使沿海的厦门站能较好地测量到停泊轨道的入轨点。然而，这还远远不够。通过分析，一个之前从未留意过的名词让余梦伦心中一动：亚轨道。

亚轨道是速度低于第一宇宙速度的轨道，轨道中一部分轨道高度高于地面，另一部分轨道高度低于地面，所以它不是一种能围绕地球整圈飞行的轨道。从速度上来说，也就是发射初始速度达不到环绕地球所必须的速度，所以抛射体在到达最高点（远地点）之后高度就会一直下降，并且在绕回发出点之前就会落地。所以，亚轨道飞行可以看作一个近地点附近轨道在地面以下的椭圆轨道，也可以看作是一种非理想状态下、特殊的轨道运动。也因此，一开始，余梦伦并没有将亚轨道纳入考虑范围；更何况，在国外的资料中，从未见过采用亚轨道形式的停泊轨道来发射地球静止轨道卫星的先例，即使理论上可以，实际能不能成功也是个未知数。

然而，通过一次次的分析计算，数据结果都表明，对长征三号运载火箭的发射弹道而言，停泊轨道选用亚轨道有很多优点：亚轨道可通过改变初始速度大小和方向，在很大范围内随意调整弹道的高度；利用亚轨道高于地面的一部分轨道作为停泊轨道，可以满足测控部门的要求；同时，还能节省运载火箭的能量消耗、提高运载能力。

还真有两全法！这个神奇的亚轨道方案，既解决了测量问题，又提高了火箭的运载能力！可把余梦伦乐坏了，梦里都乐出了声，母亲中风之后，这大概是他第一次如此高兴。可惜余梦伦只有两个儿子，如果有第三个，大概就要叫做“余亚”了吧！

如果说，这世界上还有比战胜了困难的余梦伦更开心的人，那就是他的妻子王信芳了。看到丈夫多日紧缩的眉头终于舒展开，她心里宽慰了不少；好长时间都食不知味的丈夫夸她做的家常菜好吃，她笑开了花；丈夫终于可以睡几晚囫囵觉，不会熬夜到天明，也不会半夜突然爬起来写写算算，她觉得自己都跟着睡饱了、气色好了。

让王信芳开心的事儿还不止于此。

1976 年 10 月 6 日，“文革”的十年内乱终于画上了休止符。全国亿万军民随即举行盛大的集会游行，热烈庆祝粉碎“四人帮”的历史性胜利。

粉碎“四人帮”，那是天大的喜事，王信芳给余梦伦转述着报纸上的社论，声音里都是喜气儿。最重要的是，粉碎了“四人帮”，“文革”期间被贴了五万多张大字报的张爱萍恢复工作，并出任国防科委主任，他上任后做出的第一个决定，是确定了我国 20 世纪 80 年代前期主要的发展目标，即“三抓”任务：向太平洋预定海域发射液体洲际弹道导弹、发射地球同步轨道试验通信卫星、从水下发射使用固体推进剂的战略导弹。而第二个决定，则是王信芳最最挂心的事儿：长征三号运载火箭的总体设计队伍留在北京，1980 年前，设计队伍都不迁三线。

王信芳的心事儿就这样“轻描淡写”地化解了。她看着家里收拾好的行囊，卷起来就能打包走人的被褥，乐了好几天。而余梦伦申请调往上海航天局工作的报告也得到了组织上的批复：出于工作需要，组织上不同意把余梦伦调离北京；但考虑到余家的实际情况，组织上决定为余梦伦破个例——经过与上海教育部门积极联系、协调，上海教育部门同意余梦麟从复旦毕业后，不用遵守“哪儿来回哪儿去”的规定，可以留在上海替余梦伦尽孝。后来，余梦麟毕业后，被分配到上海民用建筑设计院工作，解决了家庭具体困难和航天事业需要之间的矛盾。

谁说福无双至，在余梦伦和王信芳看来，这是福气四至。但他没时间高兴，完成了弹道方案初步设计的余梦伦，还不能停下，稍微喘了口气，他就背起背包去找落区了。

火箭子级落区勘察，俗称“找落区”，也是弹道设计过程中重要的一部分。火箭子级落区位置是由弹道飞行方案决定的，在弹道设计过程中，先要

一级落区示意图

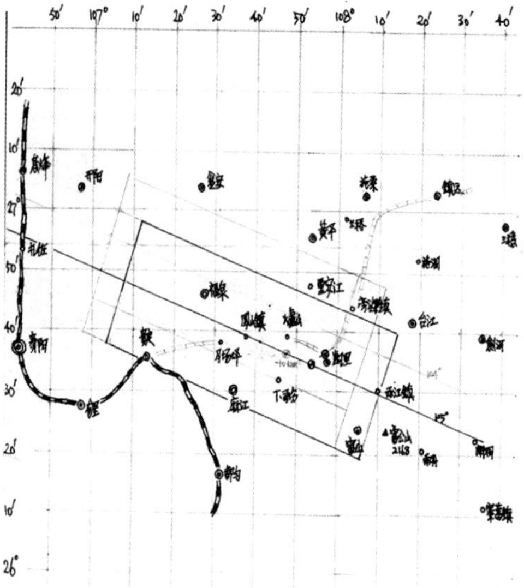

余梦伦绘制的“长征三号”一级落区示意图

利用现有地图资料、确定火箭子级落区的大体方位及可行性。当然，“纸上谈兵”是远远不够的，选定火箭子级落区大体方位后，必须实地勘察后，才能确定实际落区乃至整个发射弹道方案。

1971 年，余梦伦曾参加过“长征二号”的火箭子级落区勘察工作，贫穷的大西北给他留下了深刻的印象。这一次，则是去西南。

长征三号运载火箭一级落区的大体方位在贵州省黔东南苗族侗族自治州境内，落区包含凯里、福泉、雷山等地区。勘察工作首先要从运载火箭一级落区的安全性、一级火箭部件的回收、飞行试验时执行搜索任务等方面提出勘察内容，主要调查落区的地形地貌、人口分布和稠密的居民点，以及落区内通信、交通、大地测量保障，落区内工矿企业和国防设施的分布等情况。

余梦伦所在的勘察队约 10 名同志，由发射场候福副主任带队。一行人从西昌出发，先到昆明向军区汇报情况、确定勘察计划：第一步是乘坐伊尔 -14 飞机进行空中勘察，第二步才是地面实地勘察。全部勘察工作历时 20 天，全部行程约 2600 千米，其中空中勘察 2110 千米，地面勘察 590 千米。

经过对落区的全面勘察，余梦伦和同事们得出如下结论：落区地形比较平坦，交通较为方便，有一定的居民分布密度，对火箭部件回收是有利的；然而，落区中心点离凯里工业区较近，存在较大的危险性。这就出现了问题：从安全考虑并顾及实现的可能性，长征三号运载火箭一级落区需要北移。

经过测算，余梦伦提出，将火箭的发射方向由105度调整到104度，这样就实现了落区北移的目的；同时，落区比原计划后退10千米。这样的调整，对火箭运载能力影响不大，对陆上测量影响也不大；而由于发射方向减小1度，火箭滑行时间就增加了15秒左右，对海上测量有一定影响，但这样的影响是可以接受的。

经过火箭落区勘察，达到了落区勘察的目的，也明确了对弹道方案的修改要求。自此，长征三号运载火箭的弹道方案设计可谓是画上了圆满的句号，就差“打一发”来验证了，余梦伦对此充满了期待。

# 余梦伦

余梦伦院士传记

Academician Yu Menglun's Biography

第二十七章

# 八年磨一剑

茅塞顿开的余梦伦立刻向上级提出了他最新的弹道方案设想：取消三级发动机二次启动，采用“一次入轨”方案，使卫星进入地球同步转移轨道。

1984年4月8日，我国第一颗地球静止轨道试验通信卫星“东方红二号”发射升空，长征三号运载火箭把卫星送入预定轨道。4月10日，星上远地点发动机受地面测控站遥控，在地面发出点火指令后，立即按指令点火工作，将卫星送入地球同步转移轨道。4月16日，卫星成功定点于东经125度赤道上空。

那胜利的一刻，余梦伦就在西昌卫星发射中心的指挥中心。他没有亲眼看到长征三号运载火箭托举着我国第一颗试验通信卫星在夜空中划出漂亮的弧形直冲霄汉，而是聚精会神地盯着指挥大厅大屏幕上的各种遥测数据、静静倾听着各观测站发出的观测报告。当听到“三级二次点火正常”时，大家不约而同地松了一口气；当测量船再次传来“三级二次关机正常”的消息时，指挥大厅里顿时响起雷鸣般的掌声，一向喜怒不形于色的余梦伦也舒心地笑了……从1976年他重回“长征三号”队伍，如今已经过了八年，八年磨就“长征三号”这把倚天长剑，航天人任务完成得漂亮！

“东方红二号”的成功发射，也标志着中国航天的“三抓”任务胜利完成。张爱萍赋诗称赞“三抓”任务为“一鸣惊人，再鸣震全球，三鸣震寰宇”。“东

火箭总体设计部人员在西昌卫星发射中心留影（二排右一为余梦伦，一排右三为龙乐豪）

方红二号”果真是不负众望，震了寰宇！

然而，这“震寰宇”的第“三鸣”背后，航天人解决了多少层出不穷的技术难题，经历了多少大大小小的失败，又忍受了多少难以释怀的委屈，却鲜为人知。成功的道路太坎坷了，是一次次失败后防微杜渐、拾遗补缺，花费了极大代价才取得的，是无数航天人的汗水、眼泪乃至鲜血换来的。

1978 年 1 月 28 日下午，航天试验技术研究所正在进行液氢文氏管的低温性能试验。当试验进行到第 18 秒时，液氢排出口产生了一个火球，接着一声巨响，发生了大爆轰。爆轰声传得很远，现场参试人员的棉衣在冒烟，头发眉毛被烧焦，其中两人更是被抛到了 10 米以外的草地上；直接参加试验操作的三名工作人员中，一人耳膜被爆轰声击穿，一人则脑震荡；试车间配气台被炸飞，通风管道全部震落，房屋木质结构着火，连 80 米外建筑物的玻璃都被震碎了。

1980 年 5 月 23 日，进行“长征三号”氢氧发动机地面试车时，发动机启动后 1.7 秒，由于一个分机推力室测量燃气压力的测压管烧穿，引起了发动机起火。

1982 年 1 月 1 日，“长征三号”发动机进行两机联合热试车，发动机推力室参与二次启动、摇摆试车、最后正常关机，但试车过程中仍历经曲折。推力室及喷管内壁都出现了过热裂纹，喷管喉部被烧蚀，致使该推力室报废。

还好，这两次都没有造成人员伤亡。

尽管攻关过程曲折又艰辛，但航天人始终怀着坚定的信念，在理论指导下积极实践，在实践中摸索，在摸索中稳步前行。

“即使跌倒 100 次，也要爬起来 100 次继续干！”这是航天人的信念！

1983 年临近中秋，川南彝乡村寨的山民们发现，这里的人气比以往旺盛了许多——长征三号运载火箭发射队开进了西昌卫星发射中心，余梦伦也是这支先遣队的一员。为了早日在太空挂上中国的通信卫星，中秋、国庆、元旦这几个中国人重要的节日，余梦伦和发射队员们都是在西昌卫星发射中心度过的。

没有假日、没有休息，每一个人都毫无怨言，他们小心操作、精心检测，对发现的每个故障和问题都认真处理。在短短的 35 天时间里，参试人员对长征三号运载火箭进行了 4 次总检查；1984 年 1 月，进入待命状态的长征三号运载火箭矗立在西昌卫星发射中心的塔架上。

余梦伦（右一）与谢光选（右二）、龙乐豪（右三）、才满瑞（左一）等在江西合影

万事俱备，火箭发射在即。然而，长征三号运载火箭总设计师谢光选对火箭第三级氢氧发动机在高空失重环境中的二次启动还是有点放心不下。在当时，由于缺乏技术基础和经验，第三级发动机的二次启动技术是长征三号运载火箭三级发动机研发的重要关键技术，也是“长征三号”首飞最大的风险点之一。“长征三号”发动机分系统负责人朱森元也表示，三级氢氧发动机的一次启动可以保证成功，但二次启动没有办法进行地面模拟试验，很难有 100% 的成功把握。

这一点，也是余梦伦一直忐忑不安的。如果第三级发动机的二次启动没有 100% 的成功把握，怎么做才能把风险降到最小？ 换句话说，如果二次启动失败了，会造成怎样的损失，有没有办法把可能的损失降到最小？在基地的这些日子里，余梦伦一直在思索着。

按照余梦伦参与设计的弹道方案，长征三号运载火箭在西昌卫星发射中心起飞，飞行轨道分为四个阶段，即一级发动机工作、二级发动机工作、三级发动机第一次工作及第二次工作。其中，三级发动机第一次工作是将卫星送到作为停泊轨道的亚轨道上，此时星箭不分离；由第三级发动机驱动的卫星在亚轨道上绕地球运行，直到运行轨道与赤道平面相交时，三级发动机第二次启动，卫星进入近地点高度为400千米、远地点高度为35786千米的地球同步转移轨道。这时，卫星与火箭分离，运载火箭的任务才算圆满完成了。

这是余梦伦和弹道组的同事们呕心沥血设计的方案，也是最理想的方案。但余梦伦心里清楚，理想和现实之间常常会有一条难以逾越的鸿沟。航天工程是系统工程，必须综合考虑各种利弊关系，才能做出最正确的选择。权衡许久，余梦伦终于找到了答案，这一次，恐怕就是要“牺牲”他自己提出来的、最理想的亚轨道方案了。

在余梦伦的弹道设计方案中，采用亚轨道是解决测量问题和提高运载能力的“两全法”，也是当时最理想、最优化的选择。可是如果三级发动机二次启动失败，卫星将停留在亚轨道上，飞行不了多久就会坠落到地面。这样一来，卫星就无法“爬上”绕地球飞行的轨道，丧失了一次绕地球轨道飞行和进行通信试验的机会。同时，余梦伦考虑到，进行首次飞行试验的通信卫星只有920千克，比原计划轻一些，这样，在停泊轨道不采用亚轨道、地球同步转移轨道近地点高度为400千米的条件下，长征三号运载火箭的运载能力仍有150千克的余量。

因此，余梦伦提出，长征三号运载火箭首次发射，不采用亚轨道作为停泊轨道，卫星在地球同步转移轨道的近地点高度为400千米、远地点高度为 35786 千米。最终，这个较为保守却更为稳妥的方案得到了参试领导的一致认可。

“无巧不成书”。在“长征三号”首次发射过程中，第三级发动机二次启动果然出了故障。

1984 年 1 月 29 日，长征三号运载火箭在西昌卫星发射中心进行首次发射。一、二级发动机工作正常，第三级发动机第一次启动也正常，卫星与火箭第三级一起，沿着近地点高度 170 千米、远地点高度 400 千米的停泊轨道运行，经过一段的滑行，按照预定程序，进行三级发动机第二次点火。点火后约 5 秒，余梦伦在指挥大厅里看到，第三级氢氧发动机涡轮转速、泵后压力、燃烧室压力等参数明显下降；又过了 4 秒，所有发动机参数全部消失，此时发动机周围环境温度却明显升高。温度测点显示：三级发动机第二次启动时，周边温度为 -15℃，启动 10 秒后达到 70.5℃，42 秒时达到 100℃。余梦伦明白，这就意味着发动机周围已经起火，三级发动机二次启动失败了。

失去推力的三级发动机未能将卫星推入预定的转移轨道，卫星仍停泊在近地轨道上。随即，西安卫星测控中心采取措施，使卫星的远地点发动机点火，把卫星从停泊轨道转移到一条远地点高度为 6480 千米、近地点高度为 400 千米的大椭圆轨道上运行，成功地进行了卫星数传通信、电视、电话转播等多项试验，发现了卫星存在的一些问题，基本达到了卫星飞行试验的目的，为第二颗卫星成功发射奠定了基础。

正是因为余梦伦提出“长征三号”首飞不采用亚轨道作为停泊轨道的“保守”方案，在火箭三级发动机二次启动故障情况下，仍保证了首飞的飞行试验目标基本完成，所以这是一次“成功的失败”。最后，组织上评价这次发射取得了“部分成功”。

“成功的失败”也是失败，三级发动机二次启动的问题还是只凶猛的“拦路

余梦伦在西昌卫星发射中心

虎”，上级指示，要立刻开始查找故障的具体原因。无论是在西昌卫星发射中心，还是在北京的研究院，所有技术人员都自觉自愿地取消了春节休假，共同为排除故障开展着紧张的分析和试验工作。

此时，余梦伦也在西昌，他是负责弹道方案的，发动机的二次启动故障分析不是他的专业，他帮不上什么忙。但他的心里和所有的技术人员一样着急。地球静止轨道变得日益拥挤，迟到了就等于自动放弃地盘。时间就是国家利益，必须争分夺秒！

第一次发射，绕开了本以为不能绕开的亚轨道。那么，有没有什么办法，可以绕开本以为不可能绕开的发动机二次启动呢？有啊！最直接的方法就是“一次启动”，想了那么久，怎么就没想到呢？

茅塞顿开的余梦伦立刻向上级提出了他最新的弹道方案设想：取消三级发动机二次启动、采用“一次入轨”方式发射地球同步转移轨道卫星。这个方案的特点就是，三级发动机只需一次点火启动，就可以将卫星送入地球同步转移轨道，但火箭运载能力会有所损失，卫星入轨轨道参数也会随之变化，这需要进一步进行分析研究。

当时，西昌卫星发射中心的计算条件有限，无法进行弹道设计计算工作，领导决定，让余梦伦紧急返北京的研究院，开展“一次入轨”弹道方案的研究和设计工作。经过 40 天左右的苦战，几经反复，1984 年 3 月 21 日，余梦伦终于完成了“一次入轨”的弹道方案设计，提交了《“长征三号”一次入轨弹道方案设计初步报告》。他的设计结果表明，“长征三号”在现有状态下，只需取掉用于二次启动的箭上相关部件（约 90kg），就可以将卫星送入近地点高度 240 千米、远地点高度 35786 千米的地球同步转移轨道。

与此同时，在西昌卫星发射中心进行的三级发动机二次启动故障排除工作也取得了重大进展。在试验现场定下发动机改进措施方案后，研制人员立刻将传真发回北京，以最快的速度进行设计、加工、试验。到 1984 年 3 月 19 日，改进后的“长征三号”三级发动机在北京进行了 5 次试车、10 次点火，均得到了满意的结果。

最终，组织上决定，还是采用二次启动的原有方案，余梦伦提出的“一次入轨”方案虽然没有被采用，但在发射弹道设计工作上取得了一次有意义的实践机会。

1984 年 3 月 22 日，北京的研究院将改装好的发动机部件空运到西昌卫星发射中心，并于 3 月 26 日成功完成安装工作，测试结果良好，首发飞行的故障得以彻底解决。4 月 8 日，长征三号运载火箭第二次发射，将我国的试验通信卫星准确地送入地球同步转移轨道。整个过程效率之高、质量之优、速度之快，被称为“闪电行动”。“闪电”有多快？ 70 天！第二年，欧空局阿里安火箭发射失败，用了一年半的时间才搞清故障；而我们，中国的航天人，仅用了 70 天，就解决问题、发射成功，而且还提出了全新的“一次入轨”方案，这不能不称为奇迹！

从此，中国成为世界上第 5 个能独立发射地球同步卫星的国家，这是中国航天史上的重大飞跃。长征三号运载火箭的主要技术成就还有：地球同步转移

长征三号运载火箭

轨道的运载能力达到1.4吨，位居世界第四位；能使用氢氧发动机这样的高难度技术，世界上也只有极少数国家；氢氧发动机在失重条件下二次点火，除美国外，只有中国掌握。

美国航空航天局局长贝格斯写来了贺信：你们完全可以为中国航天计划中的这一重要里程碑感到自豪，为长征三号运载火箭的性能感到自豪，因为仅有少数几个国家达到了你们这次发射所展示的技术能力。

在“长征三号”成功发射的现场，余梦伦是喜悦的；读到了美国航空航天局局长的贺信，余梦伦是骄傲的。可他第一次感到自豪，是4月18日读报的时候。

前一天晚上，余梦伦和王信芳早早吃完了晚饭，和往常一样坐在电视机前。第二天他才知道，那个对他来说普通的晚上，对边城乌鲁木齐的十几万各族人民却意义非凡。他们怀着喜悦的心情分别围坐在电视机旁，看着通过我国发射的试验通信卫星转播的中央电视台节目：新闻联播、电视剧、商品广告……和余梦伦在北京看的内容一模一样，而且图像清晰、声音响亮。余梦伦看到报纸上说，在东方红二号通信卫星使用之前，新疆、内蒙古、西藏等边远地区只能看到一个星期以前的电视新闻报道，这一回，许多维吾尔族群众是第一次同步

因为“长征三号”的胜利发射，余梦伦荣立一等功

看到北京的电视节目，连连称赞“亚克西”“亚克西”——这“亚克西”让余梦伦真真切切地感到了作为一个航天人，为群众做了一件实事的自豪。

而北京和新疆间的第一次卫星通话，则是发生在国防部长张爱萍与新疆维吾尔自治区第一书记王恩茂之间的。

在北京发射试验通信卫星的指挥所里，摆着两部黑色的电话机。4 月 18 日上午十点整，张爱萍拿起了电话听筒，使用我国发射的试验通信卫星的首次通话开始了。

电话接通了，张爱萍首先发问：“恩茂同志吗？”

“我是。”电话里传来了王恩茂清晰的声音，一点儿也不像相隔千里之外。

张爱萍兴奋了，他扔下事先准备好的讲稿大声说：“我和你订一个私交，哈密瓜上市了不要忘了告诉我！”

王恩茂的回答和所有热情的新疆人一样：“到时候欢迎你到新疆来！”

摄像机、录像机拍下了这一珍贵的镜头，我国自己的通信卫星“东方红二号”又把这一画面传遍了祖国的锦绣大地。

# 余梦伦

余梦伦院士传记

Academician Yu Menglun's Biography

第二十八章

# 赴美感慨多

谦逊的余梦伦从来没有想过：有一天，他也可以站在 AIAA 的舞台上，发布我国的研究成果，和世界上有名的科学家交流，从而促进世界航天科技的发展。

1978 年，党的十一届三中全会开创了我国改革开放的新纪元；之后的 70 年代末 80 年代初，我国处在思潮涌动、举措迭出的“改革开放”初期。

刚刚迈开改革步伐的中国，春潮涌动、寒冰化解，改革的春风一夜就绿江南岸。这个时期的中国人，虽然衣服的颜色是单调的、住的房屋是低矮的，但每个人的脸上都浮现着真诚、愉快的笑容。在这笑容后面，还有明显的躁动和焦灼的渴望。

躁动和焦灼的中国，已经脱离了闭关锁国、妄自尊大，社会主义的中国如欲出八九点钟的太阳，照亮了世界。

自我否定和急需了解真相，加之政府的鼓励支持和国门的敞开，使中国爆发了一场始料不及的“出国热”，这股热潮席卷了整个中国，汇集成了中国有史以来规模最大、波澜壮阔的一次出国潮。

人们自发地形成一个个“新闻角”，相互交流着有关出国留学的各种信息。那时候出国，唯一的途径就是公派，去向主要是美国、日本等发达国家。在那个年代，能够被公派出国是非常令人羡慕的事情。公派留学生和访问学者在国外工作学习期间，不仅可以领取固定的生活补助，回国时还能够购买免税商品

“八大件”——在国内有钱都难买到的彩电、冰箱等，谁家能有一台，简直就是一种身份的标签和令人眼热的实惠。

与此同时，党和国家领导人也开始走出国门，考察西方发达资本主义国家的经济发展情况，开阔了视野、看清了国际局势，并感受到我国与发达国家的差距。因势而谋、应势而动，中国航天也开始走出封闭状态，走向全国、走向世界……

自然，余梦伦也曾经有过这样的幻想：如果能让他走出去亲眼看看世界航天事业的飞速发展，亲耳聆听国外同行们的创新和交流……但很快他就打消了这个想法。一向低调谦虚的余梦伦，永远把自己看作普普通通的一介“布衣”。清清白白做人、踏踏实实做事，不要去想“天上掉馅饼”的好事，是他做人的准则。但他万万没想到，这回“馅饼”真的砸在他头上了。

1983 年 8 月 23 日 ~8 月 25 日，美国宇航学会（AAS）和美国航空航天学会（AIAA）一年一度的航天动力学会议（Astrodynamics Conference），在美国东北部的普莱西德湖（Lake Placid）小镇召开。这一年，中国宇航学会第一次派出代表团参加航天动力学会议，也是余梦伦第一次走出国门：他是中国代表团的团长，和他同去的还有航天二院王侠超和航天三院李存杰两位同志。

第一次走出国门，以“布衣”自诩的余梦伦感慨颇多。虽是“布衣”，但余梦伦并不是一个“土包子”。曾经出身于国际大都市的上海、长期生活在祖国的心脏北京，对于灯红酒绿和高楼大厦已经是见怪不怪，余梦伦是蛮有底气的；但两国航天事业的发展和实力差距不是一星半点、一年半载，这一点，余梦伦是心知肚明。

1983 年，美国总统里根制定了“星球大战”计划，即用于发展拦截敌军导弹技术的提案；美国的航天飞机自 1983 年由实验阶段转为应用；1983

1983年，余梦伦（右一）在美国宇航学会的欢迎会上与美国航天专家交谈

年6月24日，“挑战者”号航天飞机完成6天的飞行任务后，在美国加利福尼亚州的爱德华空军基地着陆。这使得萨利·赖德成为第一位进入太空的美国女性。

而我国的航天事业，经过十年浩劫，举步维艰。虽然我们的航天人殚精竭虑、呕心沥血、拼命追赶，但差距仍然很大，余梦伦感到身上的担子有千斤重。

有这次赴美的机会不容易，去美国的行程也不是一帆风顺。

普莱西德湖是一个只有2500人的小镇——仅余梦伦所在的一院的工作人员都远远大于它的总人口——自然没有航班直达。余梦伦和两位同事从北京出发，要转四次飞机才能到达目的地。北京到旧金山、旧金山飞纽约，再从纽约去一个不知名的小城，小城才有飞抵普莱西德湖的飞机。

飞机从北京起飞，飞了 14 个小时，在旧金山机场降落。虽然余梦伦深知美国是世界上航天事业最发达的国家之一，但对其基础建设和民用建设并没有报太多希望。可真正踩在了美国的土地上，他还是被深深地震撼了。

旧金山的机场有 10 个足球场那么大，有两条跑道！每个航空公司都有自己的航站楼，数十架飞机在同时起飞和降落，呼啸和轰鸣中，仿佛在天空织就了一张巨大的天网；而我国只有一条跑道、一个航站楼的首都机场与之相比，用“又小又破”来形容相当贴切。离开北京的时候，余梦伦和同事们顶着烈日，拉着行李，一路走到了飞机下面；而在旧金山，下飞机可以通过接驳桥直接进入航站楼，尽管外面也是大太阳，可是航站楼里温度适宜、不干也不潮，有 24 小时开放的恒温空调呀！机场的洗手间明亮又干净，似乎还有一股子香味儿，一开水龙头，热水就出来了，余梦伦洗了把脸，对着镜子里一脸疲惫的自己，解嘲地笑了笑：弄了半天，还是一个“刘姥姥”。

会议的主办方安排余梦伦三人在旧金山的宾馆里住一夜，搭乘第二天的飞机再飞纽约。躺在软软的席梦思床垫上，盖着一尘不染的鸭绒被，从工作以后就没有失过眠的余梦伦翻来覆去睡不着，他的心里有一个大大的问号，说是感叹号也准确：我们的差距还很大啊！

上海是我国最繁华的大都市，也是余梦伦呆过最“纸醉金迷”的地方，可整个上海最好的国际大饭店的洗手间，也没有旧金山机场的厕所干净；北京，首都，政治和文化中心，尽管 80 年代的大街上很少见到骆驼了，可和旧金山比起来，就像雷公山和北京的差距一样大。

之所以想起雷公山，是因为长征三号运载火箭的落区就位于黔东南苗族侗族自治州境内，这里山岭重叠、交通不便，当地居民生活艰苦，但忠厚老实。余梦伦在勘察落区的过程中，深感少数民族民风之淳朴，便记得格外清楚。

在雷公山，赶集的农民常常把出售的农产品放在地上，写上价格就回家干活，到集市结束时再来收钱，什么也不会丢；而在美国，余梦伦也发现，这里的报摊常常无人值守，拿了报纸的人，会自觉地把相应的钱放在旁边的小盒子里。不一样的是，农民们家庭贫困，大雪封山的时候甚至会饿死冻死，但他们和富足的美国人却有着一样诚信、自尊、自重的高贵品质。

翻来覆去，余梦伦还是睡不着，他又想起在福泉县勘察时候的事儿：一天傍晚，他和几个同事到县城唯一的电影院看电影，那天下着蒙蒙细雨，路上行人也很稀少，只有影院门口，有几个撑着桐油伞，就着路边昏暗的灯光，坐在小板凳上卖煮花生、毛豆的农村女孩。影院不大，观众也很少，不过十来个人，两个小时的电影演了啥，余梦伦已经不记得了；他唯一记得的是，离开影院的时候，仍然细雨绵绵、冷风阵阵，天都黑透了，卖花生的女孩依然守在摊位旁，眼神中流露出一丝好似恳求的盼望。余梦伦和几位同事不约而同地都开始掏钱，买了一大堆花生、毛豆。当时大家觉得，只有这样做，才能在心灵上得到某种补偿；而事实上，他们能做的，也只有这样了。

站在美国街头，看着那些穿着时尚、眼神坚

定、步履匆匆、一个个昂首挺胸的职业女性时，余梦伦的眼前时而会浮现出福泉县电影院前卖花生的女孩子们恳求的目光，更加深刻地体会到，什么叫“国富民强”。以前，他不知道，除了买她们的花生、毛豆，自己还可以为这些家庭贫困却仍然淳朴善良的同胞做些什么；此刻，失眠的他却如醍醐灌顶：国富民强！只有国家富强了，同胞们才能过上好日子，就像发达的美国。国家如何强大？体制、经济、教育，民族的凝聚力、向心力……太多太多方面值得思考；但从科技角度来说，只有不断地创新，一个国家才能不断发展和强大。作为国家最重要的部门之一——航天的一个兵，他能做的，真的很多很多！

从旧金山飞往纽约，又转机飞到下一个城市，因为飞机票超售，飞往普莱西德湖的航班已经没有座位了。在航空公司的安排下，中国代表团搭乘出租车前往普莱西德湖，开始为期四天的会议。

来之前，余梦伦就听说过普莱西德湖，因为，1980 年的冬奥会就在这里举办。这一年，也是 1979 年中国奥委会在国际奥委会合法席位得到恢复后，首次派队出席冬奥会，28 名男女运动员参加了滑冰、滑雪、现代冬季两项等 18 个单项的比赛。尽管首次参赛的中国选手与世界先进水平有较大差距，无一人进入前十名，但国内的报纸上还是报道了这届冬奥会的盛况，包括余梦伦在内的大多数中国人，也是在 1980 年才第一次听到这个美国小镇的名字。

不同于冬奥会时的银装素裹，夏日的小镇蓝天白云，远近群山，把蓝的像水晶似的普莱西德湖打扮得分外好看。在那样小的村镇里，1980 年冬奥会的主体育场馆格外雄伟；当年举办冰球和速滑比赛的场地，就在普莱西德湖中学的校园里……处处都是美丽风景和著名地标，可余梦伦顾不上看，他的心都在为期四天的航天动力学会议上。

AIAA 航天动力学会议是 AIAA 每年举行的多场会议中含金量最高的会议之一，也是国际航天界最权威、最重要的会议之一，本届最大的特色，当然就是 1983 年 8 月的会场上首次出现了中国代表团，中国航天人终于在世界上发出了声音！声音不大——代表团并没有在这次会议上发表振聋发聩的见解，但只要中国人站在这里，中国的航天在世界上就有了一席之地，让世人不敢小觑。实际上，中国早已是世界上的航天大国了，大国就要有大国的风范，就要站在世界的论坛上。

会议结束之后，余梦伦在 AIAA 同行们的陪伴下，飞往波士顿，参观了被誉为“世界理工大学之最”的麻省理工学院；紧接着，一行人又从波士顿飞往美国首都华盛顿特区，在这里，余梦伦参观了美国著名的“黑人大学”——霍华德大学，但更重要的是，参加 AIAA 专门为中国代表团举办的招待会——这才是真正的重头戏。

AIAA 两位主席都出席了招待会，会议规格之高可见一斑，这也充分说明了美国航天界对中国航天代表团的重视，他们希望通过这次招待会，促进两国航天界交流，也更多地了解中国——这个后发制人的“航天大国”的发展情况。

100 多名美国的航天科学家参加了此次招待会，其中不乏知名的华裔航天人。他们感兴趣的是合作。中国航天虽然发展快，但毕竟起步晚、底子薄，而美国航天已经高度商业化，美国科学家尤其是华裔科学家，纷纷提出以个人名义到中国，有偿帮助中国航天再上一层楼。

在余梦伦看来，促进中美两国空间技术学术交流的发展是中美两国科学家的共同愿望，大多数华裔科学家都向往祖国，毕竟，黄皮肤、黑头发，尽管有的科学家一句中国话都不会说，可血管里流淌着的，还是中国人的血液。余梦伦至今保留着一位华裔科学家写给他的字条，繁体字，字迹苍劲：

1983年，余梦伦（左二）出访美国时与美国宇航学会（AAS）主席等合影

“如果我去，对我的工作和家人不利。”——起因是余梦伦向这位科学家请教技术问题，科学家很乐于解答。可当余梦伦邀请他有机会回来看看发展迅速、日新月异的祖国时，这位科学家却没有回答。第二天，他塞给余梦伦这张纸条，从简单的几个字里，余梦伦读出了他对祖国的思念和深深的无奈。

身在美国、心在祖国的不只是华裔科学家，还有负笈游学的留学生们。都说“每逢佳节倍思亲”，余梦伦带着代表团的成员们在华盛顿参加招待会的时候，我国传统的团圆佳节——中秋节也快要到了。留学生们不知从哪里得知此次招待会是专门为了中国代表团召开的，踊跃地当起了志愿者：在现场给余梦伦和同事们当翻译，招待会结束了，陪同他们去景点、学校参观，带饿极了的“中国胃”们去吃一顿久违了的中餐……在“人人向钱看”的资本主义社会，这帮年轻人想要的回报，仅仅是听来自中国的同胞讲一讲祖国的变化、感受一下失落已久的乡情。

当然，其中也不乏不和谐之音，在 AIAA 为中国代表团举办的招待会上，有人问：“中国发射通信卫星，还是在酒泉吗？”

没有准备的余梦伦，脑海里下意识地浮现出“西昌”这个字眼。由于当时西昌作为三线发射基地考虑，没有对外宣布，所以他只能镇定自如地点头，对方紧追不放地问："酒泉的纬度不适合发射地球静止轨道卫星吧？"

看到对方不断追问，余梦伦明白了：对方早就把中国的航天事业当做自己的"假想敌"和竞争对手了。余梦伦的心里涌出一股幸福的自豪感，被航天大国美国当成竞争对手和"假想敌"，是需要真正的、强大的实力的。

为期17天的美国之行快要划上句号的时候，余梦伦才想起来，自己光顾着工作，都忘记了给妻儿买礼物。最后，临回国前买了三把黑雨伞：一把留在家里，两把寄回上海。此外，余梦伦还买了一台小小的录音机——收音机他自己会装，装录音机的零件不好弄，只有买——他喜欢听邓丽君的《小城故事》，"靡靡之音"的磁带买不到，可以买了空白磁带转录；出访美国，也让他意识到英语口语的重要性，"买个小录音机，学英语多好"，两个儿子上了中学也用得上。最后，余梦伦还买了个小计算器，算弹道用得上，因此他完全没有犹豫。

买这些私人物品，代表团的每个人都用的是自己的钱，国家的钱一分也不能乱花，福泉县的女孩们不知要卖多少花生、毛豆，才能赚这么多钱？经核算，代表团三人访美17天，住宿费、短途交通费、伙食费和会议资料费等共花了1687美元，节余743美元，回国以后，代表团把省下的近三分之一的经费，全部还给了国家。

回到北京，月亮圆了，中秋节真的来了。余梦伦早就答应带爱人和孩子去一趟玉渊潭，上海人讲究"走月亮"，沿着湖边走一走，清亮的湖水和荡漾的月影相映成趣；然后再给孩子买个"兔儿爷"，插护背旗，脸贴金泥，竖着两只大耳朵，有气氛……也许，这还是一个梦，中国人长久以来的一个梦。

1983年，余梦伦（左三）在美国宇航学会的欢迎会上

回国以后，余梦伦更忙了，孔夫子说：“逝者如斯夫，不舍昼夜。”他已经没有休息的概念了，每一分钟对他来说，都十分珍贵。为中华民族的崛起，他只有拼尽全力。

# 余梦伦

余梦伦院士传记

Academician Yu Menglun's Biography

第二十九章

# 金牌初亮相

大家都说：余梦伦就是一台永不疲倦的发动机，整个身心都扑在祖国的航天事业上，只要上了弦，他就会马不停蹄、不分昼夜地走下去……

作为社会发展的基础设施和发展经济的基本要素，通信技术在国民经济建设中有着迫切的需求，越来越受到世界各国的高度重视。因此，通信技术和通信产业是20世纪80年代以来发展最快的领域之一，世界卫星发射市场也随之发生了重大的变化：轻型通信卫星淡出市场，重量级的通信卫星以其通信容量大、获得效益高而备受青睐。

世界卫星通信技术应用浪潮的冲击和我国改革开放后经济发展巨大的需求，引发了国内各行各业对通信卫星的更高需求。但是，由于我国电子元器件研制生产的底子薄、基础差，严重制约了国产通信卫星的发展速度。尽管我国国产第一代通信卫星“东方红二号”的通信用C波段转发器已经由2个增加至4个，承担了30路对外广播，中央电视台一、二套节目和8000多部卫星电话的传输任务，但比起当时国外具有二三十个转发器的先进卫星，性能还是逊色不少。

别无选择，航天人必须在技术基础薄弱、设施条件差的情况下迈一大步，赶上20世纪80年代通信卫星的国际水平。很快，新一代大型通信卫星“东方红三号”的总体方案出台了：它将携带24个C波段通信转发器，总重为2320千克。这意味着，从我国已经上天的441千克、装有4个C波段转发器的“东方红二号”到“东方红三号”，只有约 20% 的技术可以继承，这样的跨越在国外航天史上也极其罕见，如果“东方红三号”能够研制成功、顺利入轨，这就是一个划时代的转折点！

在卫星研究部门的各个研究室、车间里，“东方红三号”的研制工作在紧锣密鼓地筹备着。可是，当时我国所有在役运载火箭的运载能力，均不足以发射“东方红三号”。国家把急切期待的目光投向余梦伦所在的一院，希望加快大推力运载火箭的研制进度，为发射我国第二代广播通信卫星提供运载工具。

一箭定乾坤的重担压向新型大推力火箭的研制队伍和几任总指挥、总设计师的肩上。

事实上，早在 1982 年年初，国际重量级通信卫星兴起的趋势，就引起了一院上至火箭总设计师、下至有前瞻意识的研究人员的重视。当时，东方红二号通信卫星还未发射，长征三号运载火箭尚在紧张攻关之际，技术人员就已经在思考着如何进一步增加火箭的运载能力，以怎样的技术途径去实现火箭研制的中国式跨越了。

经过设计师系统上上下下的研究、讨论，和分系统、总体设计等部门反反复复的分析、论证，全新的发展思路逐渐清晰起来：在“长征三号”的基础上，实行“上改下捆、先改后捆、坚持三化、统筹发展”的技术设想。“上改”就是重新设计一个第三级；“下捆”就是在一级四周捆绑若干枚液体助推火箭。“改”在先、“捆”在后，等改成了再实施捆绑。为此，研究院形成了“长征三号”改型方案、运载火箭发展规划等技术报告。

规划和方案有了，究竟可不可行？可行的话，又该如何实施？这就需要火箭总体部门进行具体方案的论证工作了。1984 年，东方红二号通信卫星发射成功后，余梦伦从西昌回到北京，就迫不及待地参与到“长征三号”改型的技术指标和总体方案的设计中去，主要负责计算研究火箭总体参数、发动机推力参数和弹道的选择。

也就在这一年，余梦伦的大儿子初中毕业，面临着人生的一个冲刺——考一所理想的高中。做父母的都知道，知识改变命运，要想让孩子不输在人生的起跑线上，考上一所名牌高中，甚至比考大学都重要，因为你的脚已经踏进大学的门槛。春风刚刚吹绿了柳树，学校的气氛就紧张起来，励志的口号一天一换，亦雅亦俗。

苦读九年，灿烂七月；

九年卧薪尝胆，七月一马冲关。

冲刺百日，百日冲刺，仰天大笑出门去，我辈岂是蓬蒿人。

不苦不累，初三无味，不拼不搏，等于白活……

和往常一样，余梦伦的妻子王信芳去参加孩子的家长会，老师一遍又一遍地告诫家长：在这一段时间里，为了配合孩子的冲刺，家长最好暂时放下手头的工作，全心全意保障中考。饭菜要适口，父母不要吵架，即便要离婚，也要放到中考以后……王信芳忍不住笑了，吃饭没问题，孩子爱吃肉，保证顿顿有肉就行了。“家长放下手头的工作，全心全意保障中考”，这怎么可能呢？让余梦伦放下工作？简直是天大的笑话。大家都说：余梦伦就是一台永不疲倦的发动机，整个身心都扑在祖国的航天事业上，只要上了弦，他就会马不停蹄、不分昼夜地走下去，就是天塌下来，他也不会眨眨眼，更何况孩子的一个考试。不如不和他说，因为说了也没用。

果然，余梦伦的脑子里，压根就没有儿子中考这个内存，他所有的精力都投在“长征三号”改型的技术指标和总体方案的设计中去了。

按照改型方案，在“长征三号”基础上形成的新型火箭，也是一枚主要用于发射地球静止轨道卫星的三级液体火箭，同时执行低轨道、太阳同步轨道和极地轨道卫星发射任务。和“长征三号”最大的不同点，在于新型火箭的运载能力从“长征三号”的 1450 千克提高到 2650 千克，几乎是“长征三号”的两倍；此外，由于拥有更灵活、先进的控制系统，新火箭在星箭分离前，可以对有效载荷进行大姿态调控定向，并提供可调整的卫星起旋速率、起旋方向，以满足用户的特殊需求，因而具有很强的适应性。

然而，在余梦伦接手论证工作的时候，新火箭还是个“胚胎”：有了基础，还在理论阶段，离“顺产”还有很长的路要走，孕育宝宝只要怀胎十月，而新火箭的诞生则是“鏖战八年”。仅新火箭的三级箭体就有四种不同的方案需要论证，分别为箭体直径 2.6 米、2.8 米、3.0 米和 3.35 米。经过反复计算、反复比较，总体部门最终决定采用箭体直径 3.0 米的方案，并增加贮箱长度，最终方案为三级箭体长度 8.835 米，上部是装有液氢的燃料箱，下部是装有液氧的氧化剂箱，推进剂也由 8.2 吨增加到 17.6 吨。这个方案既能满足新火箭本身性能的需要，同时能够兼顾火箭后续改进发展的需要。

而总体方案中提出的“上改下捆”，仅仅是一个不完善的技术设想。“上改”是指重新设计一个第三级发动机，可这个第三级发动机到底什么样？有多大的推力？一切都是未知数。事实上，三级发动机当初也有四种备选方案，即两台推力各 4.5 吨、两台推力各 5 吨、两台推力各 8 吨、一台推力 15 吨。余梦伦经过论证认为，新火箭三级发动机采用两台具有真空二次启动能力、推力分别为 8 吨的独立单管发动机并联为最佳方案。最终确定使用的 YF-75 氢氧发动机不仅满足上述要求，还可以在伺服机构的带动下双向摆动，最大综合摆角 4 度，可以控制三级箭体的飞行姿态。

提到弹道方案的设计，更是没有谁比余梦伦更擅长了。长征三号改型火箭的首要任务是将大型通信卫星“东方红三号”送入地球同步转移轨道，基于此，余梦伦设计出最合理的弹道方案。

长征三号改型火箭起飞后 145.9 秒，一级发动机关机，一、二级实现分离；

二级飞行85秒后抛掉卫星整流罩；二级主机关机后，游动发动机再工作5秒，随后二、三级冷分离。火箭进入三级第一次工作段，工作357.6秒，第一次关机；进入200千米高的停泊轨道，做无动力滑行。580秒后，组合体在火箭控制系统的控制下进行再定向，之后三级发动机二次启动，再工作约280秒，火箭和卫星一同进入近地点高度为200千米、远地点高度为35786千米、轨道倾角为28.5度的地球同步转移轨道，随后进行末速修正、姿态调整后星箭分离。

方案有了眉目，余梦伦松了一口气，这才想起儿子的中考。儿子沮丧地告诉他：理想的十二中没有考上，原因竟然是为了一双鞋。

按照中考的程序，作为副科的体育先考，考试的科目是中长跑。本来，这是儿子擅长的项目，可是考试那一天，他看到爸爸的一双新鞋很好看，而自己的运动鞋已经没什么弹力了，为了给自己增加信心，鬼使神差地带上了爸爸这双鞋。谁知道余梦伦的脚比儿子的小两号，新鞋又硬，热身的时候，脚后跟都磨烂了，后果可想而知。体育不及格，就没有资格选择好的学校。

出师未捷，才14岁的孩子心里怎么会没有怨言呢？如果爸爸没有那么忙，如果爸爸可以多关心一下自己，就会知道自己没有合适的鞋参加考试……

可是看到爸爸疲惫的面容、布满血丝的眼睛，懂事的儿子还安慰爸爸妈妈：失败是对追求者的一种考验。考上十八中也不错，至少进城了。

是的，终于进城了。儿子生在东高地，长在东高地，幼儿园、小学都没有离开过东高地。东高地的父母们太忙，没有时间管孩子，脖子上挂钥匙的孩子比比皆是。余梦伦还算好，自己忙，妻子王信芳相对稳定，而那些去三线的人，一去就是十几年，为了保密，有家也难回。

余梦伦心里很内疚，他想告诉儿子：爷爷也没有上过大学，但不妨碍他成为一个成功的企业家。还有爸爸，上初中的时候，数学也有不及格。他还想告诉儿子：失败是什么？失败是走近成功的第一步；成功是什么？成功是当所有通向失败的路都走完了，只剩下了一条路，那就是成功的路。

最终，他什么都没说，而是告诫儿子：要想往远里走，最好穿旧鞋，旧鞋虽然不好看，但是舒服。这下儿子听懂了，这不是什么至理名言，而是实实在在的生活常识。

经过近一年的计算、论证，1985 年 9 月，航天工业部科技委诚邀知名航天专家审议了长征三号改型火箭的技术指标和总体方案。

新型火箭全长 52.52 米，一、二级直径 3.35 米，三级直径 3 米；火箭起飞质量约为 241 吨，起飞推力为 300 吨，其同步转移轨道的运载能力由原来的 1.4 吨提高到 2.6 吨，具有一箭多星和适应多种轨道卫星发射要求的能力。

全箭由箭体结构、动力系统、控制系统、遥测系统、外测安全系统、滑行段姿态控制与推进剂管理系统、低温推进剂利用系统组成。火箭的一、二级动力输送系统基本上继承了“长征三号”的设计，三级仍然采用液氢液氧低温高能推进剂，但与“长征三号”相比，做了很大的改进。为防止液氢蒸发，同时减轻结构重量，三级箱体采取了外绝热共底方案……

1986 年 2 月，航天工业部向国务院申报立项，并将长征三号改型火箭正式命名为“长征三号甲”。3月31号，国务院批准立项，长征三号甲火箭成为我国新的卫星通信工程的五大系统之一，随后即组建研制队伍。

余梦伦承担的工作到此结束，然而长征三号甲运载火箭的研制工作才刚刚拉开帷幕。

从批准立项到首次飞行，“长征三号甲”一共用了八年时间。但实际上，研制“长征三号甲”的时间不到5年，其中技术攻关的时间更短、速度更快，地面试验所耗费的物力、财力、人力很少，技术攻关的效率在国内大型火箭的研制过程中是最高的。例如，“长征三号”使用的三级发动机YF-73从首次试车到火箭首次试飞花费了将近八年的时间，用了103台发动机，试车121次，累计试车33209秒；而“长征三号甲”的YF-75发动机从首次试车到首次试飞只用了四年半，用了26台发动机，试车86次，累计试车26342秒。火箭在发射场合练，“长征三号”经历了18个月，现场工作长达138天；而长征三号甲火箭则从1993年年初到1994年年初就完成了三级动力系统试车、发射场合练、首次飞行试验三大任务，这是我国大型火箭研制历史上空前的高速度。

1994年2月8日，长征三号甲火箭在西昌卫星发射中心二号发射工位发射，射向东南。长征三号甲火箭首次飞行试验成功，“一箭双星”，将实践四号科学实验卫星和夸父一号模拟星送入预定轨道。同年11月30日，长征三号甲火箭再次发射成功，将东方红三号通信卫星准确送入预定轨道。

在一年之内，“长征三号甲”火箭就取得了发射双连冠的好成绩，但这仅仅是巨大成就的小小开端。

1997年5月12日，长征三号甲火箭Y3成功发射“东方红三号02星”；

2000年1月26日，长征三号甲火箭Y4成功发射中星22号通信卫星；

2000年10月31日，长征三号甲火箭Y5成功发射第一颗北斗导航试验卫星；

2000年12月21日，长征三号甲火箭Y6将第二颗北斗导航试验卫星送入轨道；

……

2007年6月1日，“长征三号甲”迎来了我国航天史上长征系列运载火箭的第一百次发射——发射鑫诺三号通信卫星，该卫星是基于我国成熟的东方红三号通信卫星平台生产的第十颗卫星，主要为我国通信、广播和数据传输提供服务。

零时08分，在西昌卫星发射中心，长征三号甲运载火箭成功地将鑫诺三号通信卫星送入太空，卫星准确进入近地点高度为205千米、远地点高度为42123千米、轨道倾角为25度的地球同步转移轨道，发射获得圆满成功，胜利完成了我国长征系列火箭的第一百次发射任务。

这第一百次发射，是长征三号甲火箭首发以来的连续14次成功，成功率百分之百。因此，中国航天科技集团公司授予“长征三号甲”“金牌火箭”荣誉称号。这是中国航天事业发展的一个重要里程碑，是一个国家航天技术成熟发展的重要标志，它标志着我国“长征”系列运载火箭已经形成了一个成熟的航天运载体系。

不仅如此，长征三号甲火箭还起着承上启下的重要作用。从这种新思路出发，以成熟的技术作为铺垫，以高新技术作为牵引，中国航天人力争在时间、设备和资金条件有限的情况下，实现中国运载火箭的大步跨越，为今后中国的运载火箭走向通用化、系列化和组合化，为设计大型运载火箭奠定技术基础和物质基础。

这，也是中国航天事业新的历史起点。是的，这是一个起点，航天人从不眷恋昨日的辉煌，他们早已把目光投向了远方。

# 余梦伦

余梦伦院士传记

Academician Yu Menglun's Biography

第三十章

# 海峡起“东风”

余梦伦的“民品成绩单”上画着个大鸭蛋，拿到手里的工资少得可怜。在他都快要去“卖茶叶蛋”的时候，“导弹”找上门来了，是真正的导弹啊！

20世纪80年代时，我国出现了一个著名的“新造成语”，叫“脑体倒挂”。这个“成语”和这种现象，在中国历史上从来没有出现过，在国外历史上更是难觅踪影。

那时，我国中青年知识分子（脑力劳动者）收入普遍低于同龄的工人（体力劳动者）。造成这种怪现象的原因是，当时“一刀切”式的工资计算方法，工资级别只看工作年限，知识分子比同龄的工人往往读书时间长、参加工作时间短，因此工资级别低、收入也更低。此外，改革开放初期，我国个体户、万元户层出不穷，而知识分子除了每月领取微薄的工资，没有任何能够创造财富的机会。

随着我国“脑体倒挂”的现象越来越严重，民间开始流行一个形象的说法：“造导弹的不如卖茶叶蛋的”“拿手术刀的不如拿剃头刀的”。

这不是戏谑的顺口溜，当年曾有人算过一笔账：1985年，一个茶叶蛋的成本为0.15元，市场售价为0.4元，一天只要卖出100个茶叶蛋，每月至少有750元收入；而从事导弹研究的科学家，月薪最多不过400元。已经在世界上享有盛誉的数学家杨乐，买西瓜也要拣小的买；著有《平凡的世界》《人生》的大作家路遥，为了省钱，中午饭只吃两个馒头一根大葱。1979 年就被评为全国劳模的余梦伦，在航天工作了整整 25 年，工资还不到 100 元，一家四口仍然挤在 15 平方米的小房子里，用的还是结婚的时候分的床和书桌，中午饭往往就是一碗清水挂面，连鸡蛋都舍不得卧一个。

在巨大的收入差距面前，“教授卖烧饼”“医生摆地摊”“专家蹬三轮”屡见不鲜，然而，在“天高皇帝远”的东高地，余梦伦似乎完全没有受到这股潮流的影响，依然气定神闲、紧锣密鼓地查阅资料，研究他的火箭、计算他的轨道。

然而，没过多久，余梦伦突然发现，自己最近好像没有以前那么忙碌了，案头不再有堆积如山的工作，晚上也很少需要熬夜计算，他有点不习惯。妻子也有点不习惯，当然，这是幸福的不习惯：丈夫已经连续好多天按时回家吃饭了，吃完饭还会帮忙刷碗；偶尔，两个人还会在院子里散散步、聊聊天，就像恋爱时一样。儿子们也享受到了特殊待遇：有北大数学系毕业的父亲辅导功课，比老师还耐心，讲得更加深入浅出、易于理解；周末的时候，父亲会带着全家出去玩儿，最难得的是，巧手的父亲还扎了一只漂亮的大风筝，在公园里迎风飞起来，不知道吸引了多少小朋友艳羡的目光！

不只是余梦伦好像在“一夜之间”闲下来了，事实上，党的十一届三中全会后，国家实行以经济建设为中心的战略转移，指令性的航天科研生产任务锐减，整个一部、一院乃至整个中国航天的工作人员，都闲下来了。

邓小平同志适时提出了“军民结合、平战结合、军品优先、以民养军”的十六字方针，倡导在确保军品科研、生产任务完成的同时，大力发展民用产品，促进军用技术向民用转移，从而拉开了国防科技工业军转民的序幕。按照党中央对国防科技工业提出的“十六字方针”的要求，当时的航天部门便开始承接各类民品的生产，以缓解生产设备闲置和人员能力过剩的矛盾。

吃惯了“皇粮”的航天人，以“二次创业”的决心和勇气，以军工技术为支撑，迈出了走向民用市场的第一步，步入了国民经济建设和社会主义市场经济的新战场。从此，民用市场多了一个贴着航天标签的开拓者。

凭借先进的军工技术、管理理念，一院在初涉民用产业的“找米下锅”阶段，家家点火、户户生烟，八仙过海、各显其能，依据自己的优势开发出大到电视机、冰箱，小到相机胶片、心脏瓣膜等多种产品，物美价廉，广受好评。民品开发使相关部室的产值和利润有了很大提高，虽然很难保持持续稳定的发展，但在这段军品任务急速下降、国家拨款大大减少的困难时期，暂时解决了部门内部生产力闲置问题；而且，当时航天工业部的分配原则是“按收益、多赚多得”，除了基本工资，民品开发成绩优秀的部室可以分到更多的奖金，从一定程度上解决了科技人员收入低、生活难的问题。

就像它的编号一样，余梦伦所在的一院一部一向都是一院的排头兵：因为总体部门承担着型号预研的任务，所以在研究领域永远走在前列；而以刘宝镛、余梦伦为代表的一部人，更是勤勤恳恳、踏踏实实，工作做在前、吃苦抢在先，取得的成绩在一院也是名列前茅的。

可在这次“军转民”的大潮中，一部落了后。不为别的，仅仅是因为一部是总体部门，完成任务靠的是脑子和大量的数学公式，交出的方案是一张张图纸和一列列数据……没有生产设备、更没有产品，如何转化？没有民品就没有额外收入，余梦伦所在的总体室的收入是一部乃至一院最低的，看着别人的“好日子”，这些“头脑智库”们难免唉声叹气。没有军品任务，这些“数学家”们“苦中作乐”，看到邓小平提出的“到本世纪末，人民平均年薪达到 2000 美元的水平”也忍不住计算。还是余梦伦用幂函数算出了增幅，以 1978 年的 72 元算，每年工资要增长 8%，才能达到“小康水平”。

余梦伦的“民品成绩单”上画着个大鸭蛋，拿到手里的工资少得可怜。拿钱少，对他来说并没有什么影响：每天骑着自行车三点一线，几件旧衣服倒着穿，吃什么都无所谓，他没什么花钱的地方；王信芳持家有道，不仅把一家四口的生活安排得井井有条，每月还能挤出钱给他寄回上海，他不操心。可是，他替和他一个工程组的小青年们操着心：刚工作不久，工资自然更少，吃饭穿衣谈恋爱，生孩子养孩子，哪样不需要钱？再者，没事干也让余梦伦很难受，“大鸭蛋”更是让他心中烦躁，连一院门口卖爆米花的都让他羡慕不已，米花爆好了，“砰”一声，多像火箭发射时候的动静啊！他甚至萌生了去卖爆米花和茶叶蛋的念头。

还好，在余梦伦都快要去“卖茶叶蛋”的时候，“导弹”找上门来了，是真正的导弹啊！

原来，一院领导也一直在思考着院未来的发展方向，为“找米下锅”殚精竭虑。以前，一院的主业是为国家研发大型液体火箭；如今，军品任务有限，院领导就把目光投向了以前无暇顾及的军品贸易。

恰好，某国政府向我国订购航天产品。院领导经过讨论，决定开辟新的战场，组织队伍研制用于出口的导弹，采用搞民品的方式发展型号，从而实现军民结合。

航天人从来都是雷厉风行、说干就干。没设计室，就在万源路的一间平房里办公，这就是固体战术导弹的方案论证中心；没有队伍，就由一院副院长于龙淮牵头，并从院里各部所调集了各类专业人员，组成近 20 人的论证小组。“弹道一把手”余梦伦自然在其中，除了余梦伦之外，作为项目总体牵头和技术领导的一部，还有几名同志被调入这个小组工作。

之前还是“鸭蛋”，这一回如果成功，可以为院里赚大量外汇，余梦伦和同志们兴奋不已。当然，最让余梦伦兴奋的，是闲不住的人终于又有大事做了。虽然条件很艰苦，但人人摩拳擦掌、斗志昂扬，准备好好干一场。

既然是新型号，总得有个名字，但“东风”是不能随便用的，东风是国家序列。花费了一番时间，最后，这个新型号定名为“M9”。“M”有两层含义：是“外贸”的“贸”的汉语拼音的第一个字母，也是“民品”的“民”的汉语拼音的第一个字母。当时，一院并没有以“M”打头的型号序列，按理说，应该从“M1”向下排列，但大家一致认为,9是个位数中最大的，象征着前途远大——“M9”就在一院人的殷殷期望下，开始了它的研制历程。

临时从各部所抽调人员组成型号论证队伍，这在一院的历史上还是第一次。研究人员来自各个部门，但是为了早日研究出一院自己的战术导弹，大家心往一块想、智往一起聚、力往一处使，各专业人员在一起相互切磋，效率大大提高。当时余梦伦还不知道，“M9”团队的工作方式正是后来我国科研部门积极推行的“并行工程”。

“并行工程”是一种新的设计概念，它通过组织多专业的研制队伍，改进产品研制过程，使产品研制的早期能及早考虑横向和下游的各种因素，实现各专业间和上下游之间的信息集成。在并行工程的研制队伍内，部门与部门之间的壁垒被拆除了，各专业人员可以在流水线上的任意部门穿行，节省了时间、优化了过程，大大提高了研制效率。

在“M9”的研制队伍中，就有总体、气动、弹道、结构、控制、惯性器件、发动机、地面设备、弹头和技术管理等各方面的专业技术人员，大家对导弹的技术方案和技术可行性展开了充分的讨论，因为部门间关系简化，处理问题的周期缩短了，效率提高了，这也保证了“M9”的方案论证以较好的质量、较快的速度得以开展。

固体发动机在固体型号研制中的地位是十分重要的，为了确定发动机的技术参数，需要从总体角度对它提出要求，并通过互相协调、多次迭代，才能形成较为满意的方案。一般来说，这个过程需要总体各专业的配合，进行包括总体数据、气动数据、弹道数据、射程、稳定系统的设计要求等的计算分析，处理的时间是比较长的。

由于“M9”论证周期的紧迫，余梦伦考虑，必须要找出一个方法，缩短协调、迭代的过程，同时又要保证论证的质量。余梦伦大三的时候转学计算数学专业，对编程有一定心得，他大胆设想，也许可以开发一个进行总体性能计算的一体化软件，来代替冗长的设计过程。

当时国内还没有便携式的计算机，可便携的只有日本夏普公司在 1981 年生产的 PC-1500 可编程计算器。叫计算器而不是计算机可真是贴切，16:1 的超宽屏、只有在计算器上才能见到的“on”“off”按键，唯一和普通计算器不同的，是他的键盘上除了阿拉伯数字，还有 26 个字母。

第一代 PC-1500 可编程计算器的内存仅有 3.5KB，后来推出的 PC-1500A 具有 8.5KB，运算能力仍然非常有限。余梦伦所使用的计算器，是经过“特殊处理”的：内存扩充到当时的最大配置 16KB，能计算 255 步，剩下的内容需要在纸上“手动”计算。余梦伦在编程过程中，克服了内存容量小和计算要求高之间的矛盾，终于在 PC-1500 便携式可编程计算器上开发出总体性能计算一体化软件，它集成了简单外形图、气动参数、质量特性、总体参数和性能灵敏度参数、主动段和被动段弹道、最大动压、最大过载、稳定方程参数（$b_2$，$b_3$）等一体化计算功能，在当时是十分先进的。

程序编出来了，一通百通。原始数据输进去以后，余梦伦一按电钮，他的好伙伴 PC-1500 就开始迅速计算，五分钟以后，打出的小纸条上就呈现出火箭系统、发动机方案等重要数据。1985 年 7 月，余梦伦带着 PC-1500 和必要的资料，开赴陕西蓝田固体发动机研制基地进行“M9”总体和固体发动机的技术协调，经过半个月反复协调和论证，初步确定了固体发动机的主要技术参数。在这个过程中，余梦伦的总体性能一体化软件起到了重要作用，确保了协调工作的高效率。

7月的陕南，山清水秀、川美岭阔、丛林茂密、处处响泉、沟沟有水、生机一片。基地山沟更是绿色重叠，文物古迹俯首可拾。蓝田历史悠久，是人类先祖的发祥地之一，作为古人类生息繁衍的地方，自然有大量的文物古迹遗存。驰名中外的公王岭蓝田猿人遗址，和大名鼎鼎的“北京猿人”齐名；而被誉为“第二敦煌”的壁塑瑰宝水陆庵、建于隋唐的佛教净土宗圣地悟真寺、东汉才女蔡文姬墓、风景迷人的汤泉湖，以及兼具华山之险、黄山之秀的王顺山国家森林公园，还有蓝田盛产的美玉，更是让蓝田驰名中外。

但是余梦伦行程匆匆，无暇游览这美景，回到北京后，又投入到下一段的工作中去。经过大约几个月时间的方案探索和分析论证，余梦伦和同事们提交了“M9”的技术方案和论证报告，初步完成了上级交给的研发任务，“M9”的生产也提上了日程。

可惜的是，1987年，合作意外“胎死腹中”。

尽管如此，一院对“M9”的研制还在继续进行。1987年，首次飞行试验成功；1988年，“M9”在北京国际防务展上亮相，震惊世人：作为“军贸产品”而非“武器”研制的“M9”，可谓是中国最先进的近程战术弹道导弹，具有以前我国制造的弹道导弹所不具有的高精度——是金子总会发光的！

事实上，在冷战期间，我国第二炮兵部队一直缺乏一种适合对付敌战术目标的短程弹道导弹。性能落后的1059导弹（也就是“东风一号”）只是中国航天的“练手”之作，并不具备实际装备价值；而“东风二号”中近程弹道导弹由于使用液体推进剂和固定阵地发射，也不具备打击战术目标应有的灵活性……在这个背景下，先进的“M9”毫无悬念地被二炮看中，正式加入东风序列，改名为“东风-15”。

而“东风-15”的研制成功和投入使用，也使一院拮据的经济状况有了很大改善，之后的几年中，“东风-15”生产了多发，收入可观，为一院的发展作出了巨大贡献。余梦伦松了一口气，“鸭蛋”已经成了过去式，看到大家荷包鼓鼓、开心的样子，余梦伦心里别提多高兴了。实践证明：搞导弹的一定会强过卖茶叶蛋的，“爆米花”的梦是做不成了，但爆米花时震耳欲聋的声音是余梦伦最喜欢听的，那“砰”一声，真的很像火箭发射时候的巨响！

在 1995 年到 1996 年的台海危机中，“东风 -15”发挥了巨大作用，作为当时震慑台独势力的手段之一，我军第二炮兵部队先后向台湾本岛附近海域发射了多枚射程覆盖全岛的“东风 -15”，震撼了世界。“东风 -15”也成为第二炮兵部队所有导弹中唯一曾飞过海峡震慑台独势力的弹种。

在 1999 年 10 月 1 日国庆阅兵式上，我国东风家族从“东风 -11”到“东风 -31”悉数亮相，全面展示了“杀手锏”的实力。在 1996 年海峡危机中大显神威的“东风 -15”作为第二炮兵部队第二车辆方阵出场，赢得了西方国家的广泛关注。在电视机前看阅兵的余梦伦，也感到无比激动、无比欣慰。

# 余梦伦

余梦伦院士传记

Academician Yu Menglun's Biography

第三十一章

# 机遇险中求

18 个月，在人生的道路上，它不过是一次四季的轮换或寒来暑往的一年半时光，但对于中国航天人来说，却意味着要刷新一项火箭研制生产的世界纪录。

1986年，可谓是世界航天史上的灾难年。

1月28日，美国挑战者号航天飞机在升空73秒钟后突然爆炸，7名航天员魂归蓝天，机毁人亡的事故震惊了世界。3个月后，急于填补运载工具空白的马丁公司为美国空军制造的大力神火箭，从加州范登堡空军基地起飞8.5秒后发生爆炸。紧接着，美国、法国连续发生多起火箭发射爆炸事故，国际发射市场几乎瘫痪。

一时间，世界上大多数卫星厂家和用户都着急起来。天上运行的卫星寿命将尽，地上准备好的卫星排成长队等待发射，而世界主力航天运载工具——美国航天飞机和法国阿里安火箭重新发射的日期尚不确定，因此，国际商业卫星发射市场出现了运载能力短缺的局面。

就在世界运载火箭市场被一片愁云笼罩时，中国航天人也预感到我国运载火箭发展形势的严峻。在当时欧美垄断的国际商业卫星发射服务市场，我国的运载火箭要想继续生存下去，就必须尽快利用已经成熟的技术，研制出新一代大推力运载火箭，为中国进入国际发射市场打开一条新路。

有时候，机会就是诞生于灾难之中。对于中国航天来说，美国航天飞机失事后发射市场的“空白”，可谓是“不期而至”的契机，中国航天界的领军人物们敏感地捕捉到这个千载难逢的机遇：是时候进入国际发射市场了！

此时，惶然之中的卫星制造商们也想起，东方一个大国近年来异军突起了一种屡创佳绩的火箭，它的名字叫“长征火箭”——但，“长征”到底能不能担此重任？谁也不知道。

当时，我国高轨道运载能力最大的长征三号火箭只能运载轻型卫星，而通信卫星大容量、中大型化的趋向日益明显。一院在研究下一步发展目标时，提出要在已有成熟火箭的基础上，“上改下捆，先改后捆”，走通用化、系列化、组合化的道路。余梦伦参与设计计算的“长征三号甲”就是在长征三号火箭基础上“改”出来的新型火箭，目的是发射我国自己的重型通信卫星“东方红三号”。

“捆”则是在火箭的一级四周捆绑上若干个助推火箭，从而形成一种新的大推力火箭。发展捆绑技术，即可充分利用我国已掌握的成熟技术，节省研制经费，缩短研制周期，也可为我国载人航天工程提供物质技术条件。

当时的发展计划中，“改”被放在第一位，“改”成功了再实现“捆”。然而，为了抓住机遇、尽快进入国际发射市场，一院调整了原先的安排，在“改”的同时，启动了捆绑式火箭的研制。

无论是“改”还是“捆”，都要先做总体方案设计。捆绑式火箭是为了国际发射服务而研发，所以“捆”方案的负责人，是航天工业部所属的对外贸易公司——中国长城公司驻美办事处主任黄作义。黄作义比余梦伦晚两年进一部，和余梦伦是多年的同事和好朋友，两人常常一起讨论、一起计算，一起加班到深夜；后来，黄作义被调到长城公司，在研发“M9”时两人合作默契而愉快，也取得了很大的成绩。

作为同事和合作伙伴，此番抢占国际市场的大事，余梦伦当然是他的不二之选；然而，作为好朋友，黄作义有些于心不忍。他知道，目前余梦伦还在“改”

的队伍里埋头苦干，工作量已经饱和了；两个型号同时上，不仅需要付出更多的时间和精力，而且两套思路需要随时转换，这会给余梦伦瘦弱的肩膀压上沉重的担子。而且，黄作义了解余梦伦，在工作上，老余是个不会拒绝的人，无论是领导安排的工作，还是新来的小年轻提出的一个方案设想，他都一视同仁，研究、计算，加班、熬夜，只为了交出一个满意的答案——如果他提出请求，余梦伦一定会全力以赴，哪怕自己熬到灯枯油尽，也在所不辞。

黄作义不知道的是，1986 年，也是余梦伦的“灾难年”：家里一向看起来比较健康的父亲心脏病突发，倒下了就再也没有起来。母亲一直瘫在床上，所以余家儿女们都把注意力的中心放在母亲身上，父亲的过世简直像个噩梦，没有人愿意相信。因为伤心过度，母亲的身体更差了；弟弟妹妹们谁都不敢哭，怕招母亲伤心；余梦伦是家里的大哥，他更要坚强起来，张罗父亲的丧事。丧假结束后，余梦伦回到北京自己家中，紧绷的神经才放松下来，总觉得过去的几日恍然如梦，父亲没有死，只是睡着了，醒来就好了：父亲还是小时候的父亲，放了学，他高高兴兴地去给父亲买花生米和黄酒，父亲喝着黄酒，把花生米拈到眼馋的儿子嘴里……

如果黄作义知道这件事，也许他不会去找余梦伦。捆绑式火箭的研究太急太重要，他思前想后，

余梦伦珍藏的父亲的照片和家信

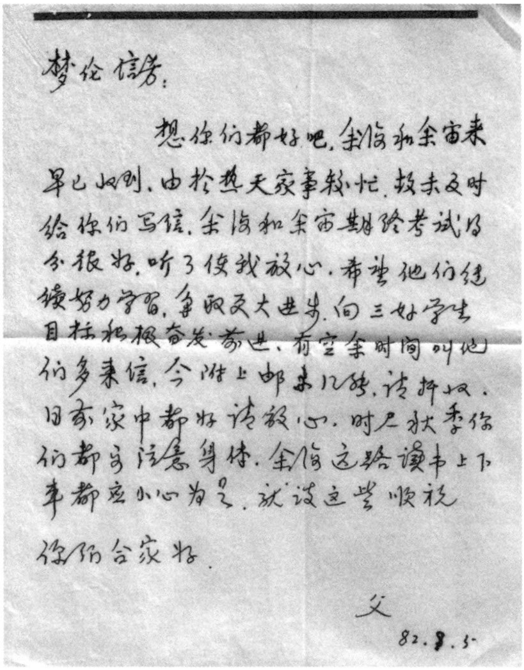

梦伦信芳：

想你们都好吧，余悦和余宙来信早已收到，由于热天家事较忙，故未及时给你们写信。余悦和余宙期终考试得分很好，听了使我放心。希望他们继续努力学习，争取更大进步，向三好学生目标积极奋发前进。有空余时间叫他们多来信。今附上邮票几张，请查收。目前家中都好请放心。时已秋季你们都要注意身体。余悦远路读书上下车都应小心为是。就谈这些吧祝

你们全家好。

父

82.8.5

余梦伦是最合适的人选；而对余梦伦来说，工作是最好的忘忧仙丹，黄作义拿来的草图就像他的救命稻草，两个人立刻投入到了方案设计中。

事实上，研制捆绑火箭并不是我国的创新，而是世界各航天大国已经走过的道路，是提高火箭运载能力的有效途径。20 世纪 60 年代，我国就曾设想过利用已有的火箭进行捆绑组合，研制出大推力的火箭，著名的火箭专家屠守锷就是当时积极主张捆绑的带头人。但由于 60 年代财力、人力等多方面条件的限制，这一想法只停留在理论阶段。

凭着多年从事火箭总体设计的深厚技术功底和对国外资料的熟稔于心，黄作义和余梦伦很快确定了捆绑方案的构思：将可靠性极高的长二丙火箭的芯级加长，捆绑 4 个液体助推器，从而形成一种新的大推力火箭，既可保证设计方案的可靠性，在技术上也有很好的继承性，在短期内又有可能投入国际市场。

思路有了，余梦伦立刻开始为这个方案做性能和轨道分析。为适应国际通信卫星的市场需要而设计的长征二号捆绑运载火箭，简称“长二捆”，是一枚大型两级捆绑式运载火箭，主要用于发射近地轨道有效载荷。火箭全箭起飞质量460吨，全长49.7米，一、二级箭体直径3.35米，卫星整流罩最大直径4.2米；在一级箭体外部捆绑四个直径为2.25米、高约15米的助推器。正是因为捆了这4个助推器，使得“长二捆”火箭的重量是原来长征二号丙火箭的两倍，但其近地轨道的运载能力却提高到了三倍多：从原来的不到3吨提升到9.5吨。

方案有了，性能和轨道分析也有了，1986年年底，长城公司和中国卫星发射测控系统部联名起草了一份题为《建议加速发展长征二号捆绑式运载火箭》的汇报提纲。1987年1月，航天工业部领导作出加强市场开发的决定，并得到了国务院、国防科工委等各级领导机关的批准，正式明确宣布研制“长二捆”火箭。

黄作义与其他开拓国际市场的同事们，带着三张原理草图，抵挡着国际发射市场的风风雨雨，开始了周游列国的宣讲。那可真是“纸上谈兵”啊！为了垄断国际发射市场、打压中国火箭，在国际卫星发射服务市场上最具竞争力的法国阿里安公司以两次免费发射作为诱饵招揽顾客，而我们竟拿着火箭图纸找用户，简直是一个高科技含量的天方夜谭！

在很多外国人心目中，中国在高技术领域没有更多的发言权。由此造成的偏见，常使中国航天人遇到一些尴尬：噢，拿这么两张纸就来了，你们是皮包公司吧；在这个领域里你们是学生吧——谈判可以，先付谈话费；甚至还有人问，你们火箭的整流罩是用竹子做的吗？

“长二捆”就是在这样一种举步维艰的境况下进入了国际发射市场。命运之神似乎格外眷顾中国人，1988 年 11 月 1 日，这张草图终于变成了“有价证券”，中美正式签订了用中国“长二捆”火箭发射美国休斯公司研制、澳大利亚奥赛特公司经营的两颗卫星的合同。但这是一份苛刻的合同，甚至可以说，是一份苛刻到有些怪异的合同：美方不预先支付经费，不提供有关卫星技术情况，而中方的“长二捆”火箭必须在澳星发射前一年（即 1990 年 6 月 30 日前）进行

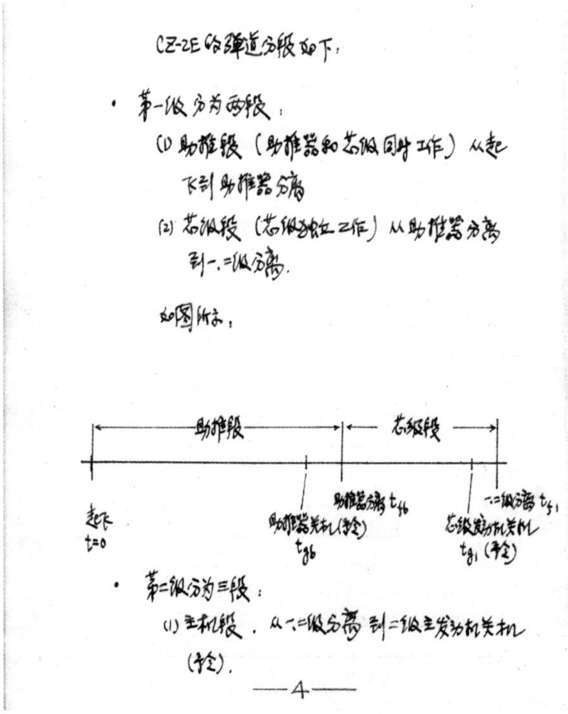


余梦伦弹道分析手稿

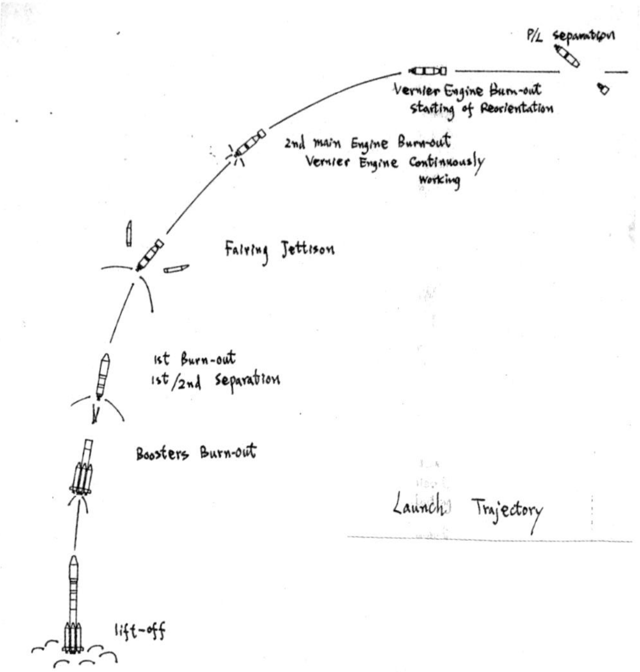


余梦伦绘制的用于对外协调的“长二捆”火箭飞行弹道示意图

一次正常的飞行试验。发射失败或者无正当理由推迟发射，美方有权终止合同，并向中方索赔 100 万美元。

万事开头难，可是中国航天人就是不怕难。合同签订后，“长二捆”火箭才正式立项。此时，距离合同规定的第一次试验发射时间只剩下了 18 个月！

18 个月，在人生的道路上，它不过是一次四季的轮换或寒来暑往的一年半时光，在历史的进程中，它更是短暂的一瞬，但对于从事尖端技术的中国航天人来说，却意味着要刷新一项火箭研制生产的世界纪录。

美国著名火箭总设计师史密斯先生来我国考察时，听说中国要在 18 个月内完成“长二捆”火箭的研制计划，异常惊讶地对“长二捆”火箭总设计师王德臣说：“我得提醒你，搞这种火箭，在美国至少也得干三年。”王德臣平静地回敬道：“我相信我们能够完成。”一听此话，史密斯突然笑了：“你们中国人是不是又吃了鸦片？”王德臣很坚定地回答道：“不，我们很清醒！ 18 个月后，我请你来看发射！”

实际上，这一计划能否如期实现，在总指挥王永志和总设计师王德臣的心里，也没有十足的把握。毕竟，在物资、技术条件非常优厚的美国，都需要至少三年的时间才能完成；18 个月，对经济、技术还比较落后的我国而言，风险太大。

但是，风险大，成功后的意义也大。航天技术是一个国家综合国力的重要标志。中国航天事业创建以来，运载火箭技术已经取得了举世瞩目的成就，进入了世界先进行列。要保持中国火箭技术的发展势头和在世界上已经取得的前列地位，必须大幅度提高火箭的运载能力；要长期、稳定地进入国际发射市场，也必须大幅度提高火箭的运载能力。研制大推力捆绑式火箭发射澳星，风险再大，也值得一搏。

就这样，一场“心系‘长二捆’，成功壮国威”的全员大会战，在一院拉开了序幕。研究院可容纳千人的礼堂里座无虚席，空气中弥漫着紧张的气息。大家屏住呼吸，仔细倾听着院领导的动员：“研制捆绑火箭，发射大型澳星的决心我们下定了。这是一场硬仗，是咱们院天字第一号任务，我们一定要拿下它。”话音刚落，掌声雷动。余梦伦坐在其中，心潮澎湃，大力鼓掌，把巴掌拍红了都不知道。

在研制“长二捆”的那些日子里，一院院内到处可以看见这样一幅标语：决不让研制的列车在我们这里误点。大家嘴上心里常惦记着这样一句话：“贷款发澳星，负债壮国威。”整整 18 个月，540 多个昼夜，超负荷的工作，成了研制人员的家常便饭，18 个月，一院成了灯火辉煌的“不夜城”。余梦伦深夜骑着自行车到院里的时候，常常被院大楼里不灭的灯光感动着、激励着。

全箭 24 套 44 万多张设计图纸，5000 多套特殊工装，几十个部段和十几万

1990年，余梦伦参加“长二捆”发射任务时，妻儿到车站送行

个零件，300多项大型地面试验，20多项技术难题，都先后被航天人顽强地克服了。新型大推力火箭“长二捆”，就这样在中国航天人的手中诞生了！

合同规定，火箭要在1990年6月30日竖在发射台上，而6月29日，火箭提前一天竖在了发射台上。

此时，史密斯先生再一次来到了发射场，他主动找到王德臣总师：“王先生，我要专门向你们表示道歉。一年前考察时我说你们吸了鸦片，说了胡话。这次在西昌，我看到了奇迹。”——不得不说，在中国乃至世界的航天史上，“长二捆”的研制成功都是个奇迹。

1990年7月16日，我国首枚大推力捆绑式火箭如期成功发射，将澳星模拟星和巴基斯坦搭载的小卫星准确地送入了轨道。

时任航空航天工业部部长的林宗棠在现场观看了这一壮举，非常动情：“我亲眼见证了什么是航天精神！”

西方舆论也公认：“中国航天工业已从试验性阶段进入商业时期。”“中国正在顺利地成为世界上为数不多的航天国家中一个值得认真对待的竞争者。”

“长二捆”火箭的成功研制，使我国首次突破了火箭的捆绑技术，首次研制

1990年7月16日，“长二捆”运载火箭首发成功

成功了推进剂利用系统，掌握了大型发射台等36项关键技术。更重要的是，在经历了几十年的拼搏后，中国航天终于构筑起与世界航天对话的平台，在那个永远只承认实力的国际商业发射市场上，终于有了中国人的身影。

一向沉稳、儒雅、宠辱不惊的余梦伦激动了，此时此刻，他很想像苏轼一样：“老夫聊发少年狂，左牵黄，右擎苍，锦帽貂裘，千骑卷平冈。为报倾城随太守，亲射虎，看孙郎。酒酣胸胆尚开张，鬓微霜，又何妨。持节云中，何日遣冯唐。会挽雕弓如满月，西北望，射天狼。”

可惜，还没等他酒酣淋漓，牵条小狗，围着园湖跑一趟，聊发一下少年狂，下一个任务又等着他了。

# 余梦伦

余梦伦院士传记

Academician Yu Menglun's Biography

第三十二章

# 七次半发射

工作 40 多年，余梦伦经历了我国大多数火箭从无到有的全过程，每一枚火箭都像是他的孩子，却没有哪一枚火箭像“长二捆”一样，让他魂牵梦绕。

在中国航天那段40多年的历程中，几代航天人迎接过许多次胜利的欢呼。但是让人奇怪的是，大部分航天专家提起最难忘的记忆，不约而同都说是“长二捆”。

事实上，“长二捆”并不是最让中国航天人感到骄傲的火箭，相反，它的命运最让人牵肠挂肚。在“长二捆”火箭包括飞行试验在内的7.5次发射的过程中，竟然经历了2次发射失败，失败率在中国航天史上前所未有。或许，有时候失败比成功更令人难忘吧。踏平坎坷成大道，失利之后，找到问题、解决问题，再次取得的成功也更让人感到幸福。

余梦伦也是如此，工作40多年，他经历了我国大多数火箭从无到有的全过程，每一枚火箭都像是他的孩子，却没有哪一枚火箭像“长二捆”一样，让他魂牵梦绕。

事实上，从进入“长二捆”队伍开始，余梦伦就处于全情投入的超负荷工作状态。在火箭预研阶段，他白天在办公室上班、晚上在家里计算；“长二捆”开始如火如荼地开展工作时，他也开始参加中美火箭和卫星之间的技术协调；“长二捆”发射了，从1990年7月16日成功进行飞行试验，到1995年最后一

在洛杉矶参加发射“澳星”技术协调的中国航天代表团成员合影（后排左一为余梦伦）

次发射，“长二捆”全部7.5次发射，余梦伦都在现场。每一发他都要提前一个多月到基地，经历了一次又一次的大喜大悲……他是“长二捆”的成功、失败，以及失败后再次成功的见证者。

火箭发射怎么还会有0.5次呢？

1992年3月22日的发射，就是这0.5次。这一天，是我国和美国协商确定的发射第一颗“澳星”的日子。经过第一次飞行试验这一“小考”，中国“长二捆”火箭终于迎来了真正的“大考”：预计发射时间为晚上18:40，但乳白色的“长二捆”早已整装待发，巨大的整流罩像蚌壳一样牢牢守护着由美国休斯公司研制、澳大利亚奥赛特公司经营的通信卫星——澳普图斯B1星，只等着点火的那一刻。

翘首以待的航天人满怀期待，充满信心：火箭到达发射场之后，已经在地面做了多次试验，显示一切正常。发射前，弹道工作者是最忙碌的，余梦伦在地面和地下指挥室之间跑来跑去，记录高空风、推进剂温度等测试数据，计算、确定推进剂加注量、发射诸元等……忙得不可开交。海内外亿万电视观众已经守候在电视机旁，等待收看中央电视台的实况转播——这一天是周日，18：40本是播放动画片的时间，没看成的孩子们也没有吵闹，而是聚精会神地盯着电视机，他们被爸爸妈妈爷爷奶奶的郑重其事感染了：屏幕上，50米高的“长二捆”火箭就像一个英姿勃发的小巨人，可比动画片里的小英雄威风多了！

万众瞩目的18:40终于到了，展现在亿万电视观众眼前的却是火箭喷火后一动不动的画面。按照发射程序，火箭点火后7秒离开发射台，否则发动机将自动关机。可点火后4.5秒，一、三两个助推火箭的发动机突然自动紧急关机了。这时，火箭已经按照顺时针方向转动了1.5度；在火箭喷火巨大力量的推动下，用来支撑火箭的四个胳膊粗的防风螺栓有3个错了位，距支承盘边缘只有几毫米，若再错位，50米高、装满推进剂的火箭就会即刻倒下，后果不堪设想。

从火箭点火到紧急自动关机，只有7秒。就是这7秒，保住了价格高昂的火箭、卫星和发射场设施。如果没有自动关机，火箭在第8秒就会倒下，这如同一座小型弹药库的爆炸，整个发射场都会被夷为平地，一切都不复存在。

尽管卫星被抢救回来，但发射受挫的命运已经无法改写。经过故障分析，失败的原因很快被找了出来：一、三助推火箭发动机氧化剂副系统控制电路中

1992年8月，余梦伦在西昌卫星发射中心参加“澳星”发射任务

的程序配电器控制接点上有铝制多余物。

休斯公司和长城公司双方法人代表认可把这次事故定为“发射中止”。中途停止发射，火箭修复后继续发射，在合同上不计入“失败”记录——因为“中止”，所以此次发射只能算 0.5 次。

1992 年 8 月 14 日，第三发“长二捆”火箭发射的日子，天公作美，此前一直很糟糕的天气在这一天突然变得正常起来。

7 时整，号称“神秘峡谷”的西昌卫星发射中心和“长二捆”火箭再一次出现在电视屏幕上。这一次，在亿万电视观众的注视下，“长二捆”火箭顺利点火，一刺冲天。从火箭发射到卫星进入轨道要经过 680 秒钟的飞行过程。680 秒，对背水一战的航天人，对誓言雪耻的航天人，仿佛比一生还要漫长。

星箭分离后 14 分钟，即 7 时 25 分，各项入轨参数指标都大大优于规定值，从西安卫星测控中心传到西昌指挥控制大厅的数据表明，“长二捆”火箭顺利地将澳普图斯 B1 卫星送入近地点高度为 200 千米、远地点高度为 1050 千米、倾角为 28 度的预定轨道，成为休斯公司的卫星在东西方历次发射中精度最高的一次，打破了先前由中国人自己创下的“亚星”入轨精度的世界纪录。

“成功啦！我们成功啦！”欣喜若狂的人们挥舞着双手，从指挥大厅一直到基地的每一个角落，到处都是狂欢的人群，一向低调的余梦伦也喊哑了嗓子，这成功实在是来之不易！

趁热打铁，三个月后的 1992 年 12 月 21 日，第四发“长二捆”火箭载着第二颗“澳星”——澳普图斯 B2 卫星直冲天际，卫星顺利入轨，发射宣告成功。中美两国人员相互击掌庆祝，并举行了庆功宴。第二天，美国方面却传来消息：测不到卫星的信号，好大的一颗卫星竟然“丢了”。

原来，在火箭飞行途中，休斯公司的卫星突然发生爆炸，但我们可靠性极强的“长二捆”火箭按照原定飞行时间和路线继续飞行、入轨，因此，所有人都被

1992年发射“澳星”时，余梦伦在西昌卫星发射中心与王德臣总设计师合影

误导，以为“发射成功”了——这是“长二捆”火箭发射生涯中的第一次失败。

我国的航天专家组开始频繁在中美两国间奔波，进行技术讨论、研究和谈判，作为弹道组组长的余梦伦也在其中。从1989年开始的平均每年2次赴美，因为这次失败变成了1993年，4次；1994年，5次……余梦伦也从第一次去美国的兴奋，慢慢变成了疲倦。

第一次去美国卫星公司，与美国同行一起举行了第一场技术研讨会，余梦伦还觉得新鲜：当时中国的科研人员，包括余梦伦，都认为美国技术比中国高一个层次，卯足了劲想学习。美国委托中国发射卫星，本身就应该做到技术透明，美国航天科技工作者跟来访的中国科研人员都能坦诚地交流，这让余梦伦感到受益匪浅。当然，也有不习惯：会场里除了布置有大量的监控器以外，还有两台摄像机；研讨会上除了两国科学家，还有美国国防部的人，军方和美国科学家的办事风格很不一样：他们说着比余梦伦还流利的“京片子”，严密监控着会议的进展。

等到了第10次去美国卫星公司，余梦伦的新鲜感早已消失：与美国航天科技人员多次技术接触以后，余梦伦发现，双方的技术水平其实是在一个层次上，美国人能做的我们基本上也都能做。尽管他仍然细心地学习、总结美国的航天技术，可对“美国技术”不再仰视、对“中国速度”充满了信心。而随着我国航天技术的不断发展、水平不断提高，会场上的美国军方对我国科学家的防范也不断升级：他们会时不时中断会议，对包括余梦伦在内的中国科研工作者严密监控，余梦伦每一次跟美国同行交流都会被详细记录，并出现在最终他们提交给美国国防部的报告中，甚至连中国科研人员上厕所他们都会严格跟随。

余梦伦对这样的“谍战片”会议感到厌倦，尽管这从另一个侧面反映了我国航天技术的高度发达：我们已经成为航天大国美国的“假想敌”啊！每次到美国，他唯一惦记的就是老朋友黄作义在美国宿舍里那一碗清汤面，放几片菜叶，滴两滴香油，再卧一个鸡蛋就是奢侈套餐了。两个“技术男”边吸溜面条、边讨论技术，有时比他在会议上的收获还要多。

1990年7月，“长二捆”火箭发射成功后，余梦伦（左）与黄作义（右）在西昌卫星发射中心合影

因为火箭运行正常，中美两国的科学家经过多次研讨，达成一致：此次失败的原因不在我国的“长二捆”，而是卫星本身出了问题。休斯公司很快造出了澳普图斯B3卫星，并由“长二捆”火箭在1994年8月28日成功发射，卫星顺利入轨。至此，中美双方在1988年11月签订的发射“澳星”的“不平等条约”，胜利完成。

现场再一次成为了欢乐的海洋，余梦伦也在笑，可是他心里总有一个谜团。余梦伦不是卫星专家，美国人对自己的卫星技术也极为保密，他无从得知B2卫星爆炸的原因。可作为一个火箭专家，他隐隐约约觉得，第二颗“澳星”发射失败的原因可能比想象得更复杂。

成功需要总结经验，失败更要总结教训。一有时间，余梦伦就不断地研究那次发射失败的相关资料，可时间不等人，没等他找出个头绪来，“长二捆”火箭的第5.5次发射又提上了日程：因为对之前的发射合作非常满意，休斯公司决定再一次委托“长二捆”火箭，发射他们的卫星：亚太二号。

“亚太二号”卫星是美国休斯公司为亚太通信卫星有限公司研制生产的第二颗地球同步轨道通信卫星，该卫星设计寿命为15年，星上装有34个转发器，“长二捆”的任务是将卫星送入近地点高度为185千米、远地点高度为1105千米、倾角为27度左右的椭圆轨道。如果这颗卫星能够成功发射，对进一步巩固和扩大我国航天技术在国际航天市场中的地位具有重大意义。然而，命运多舛的“长二捆”又一次遭遇了“滑铁卢”。

1995年1月，元旦刚过，余梦伦再次来到西昌卫星发射中心，为1995年1月26日发射“亚太二号”卫星进行发射前的准备工作。

经过20多天的精心准备，1月26日18:40，携带着亚太二号通信卫星的“长二捆”火箭点火后正常飞离发射场。然而，起飞50秒后，火箭突然发生爆炸，目光一直追随着火箭轨迹的余梦伦，清晰地看到了天空中那一团明晃晃的火球，他痛苦地闭上了眼睛。

和余梦伦一样，现场的工作人员心里全都明白，这一次失败比上一次严重得多：上一次，只是损失了一颗卫星；这一次，是星箭全部损失。星箭爆炸后的残骸落在离发射场 7 千米处的山区，造成严重损失。

连续几天，余梦伦的心里都一抽一抽地疼。可他也明白，伤心是徒劳的，只有找到失败原因，才能改正它，不再为国家增加更多的物力、财力损失。

夜不能寐，余梦伦一整夜一整夜地睁着眼睛，大脑高速运转着。

两次失败，发射前的地面试验都表明，“长二捆”一切正常；两次失败，都是在火箭飞行 50 秒的时候；两次失败，都是爆炸，只是严重程度不同……有这么多的共同点，那么很可能，这次失败的原因与第一次失败有关。那么，原因到底是什么呢？

两次失败，都发生在西昌的冬天！而“长二捆”的几次发射成功，都发生在夏天，这绝不是巧合！笼罩在余梦伦眼前的迷雾突然间消散了：西昌冬季的高空风很可能是一个重要的原因！

与此同时，美国方面也在紧锣密鼓地进行事故原因调查。和余梦伦分析的一样，美国休斯公司也认为，这次发射失败的罪魁祸首正是西昌冬季的高空风。但高空风究竟如何影响了火箭的发射、造成爆炸呢？中美双方经过五个月的故障调查，包括对整流罩残骸的分析，却没有得出彼此都能信服的结论。

休斯公司提出，此次失败的主要原因是中方设计的“火箭整流罩强度不够，不能忍受高空风引起的载荷”。但我方认为，休斯公司提出的原因是没道理的：中国运载火箭的设计继承了导弹的设计思想，在进行包括整流罩在内的火箭结构设计时，已经将最严重的高空风对载荷、姿控、制导等方面的影响纳入考量，这就保证了火箭各系统和结构强度能承受最大高空风引起的气动载荷。休斯公司关于“火箭的整流罩不能忍受高空风引起的载荷”的说法不成立。

原因究竟是什么呢？包括余梦伦在内的我方科学家有自己的主张：和北京相比，位于四川西南部的西昌，冬天要温暖湿润得多，但高空风也大得多——在气象学上，这是因为“西昌处在中国大陆高空西风急流带中风力较大的南支之中”。在实际飞行时，高空风引起的气流攻角对火箭飞行的影响相当大，而休斯公司在载荷耦合分析方面做的工作不足，没有发现频率耦合问题，从而导致了悲剧的发生。

尽管双方难以达成共识，但研究和发射还要继续。1995 年 7 月 23 日，我国长城公司和美国休斯卫星公司共同签署了一项“各执己见”的联合公报，指出导致故障产生的可能有下列两个原因：一是在冬季高空切变风条件下，卫星和上面级与运载火箭的特殊联接方式出现故障，造成卫星局部结构破坏；二是在冬季高空切变风条件下，火箭飞行穿过大气层这段过程中，保护卫星免受来自大气层的各种干扰的整流罩局部被破坏，从而导致了卫星乃至星箭一起爆炸。

客观上，美国卫星对西昌冬季高空风的适应能力低于中国的长征火箭，因此降低冬季高空风对卫星的影响是需要考虑的。

实际上，早在 1984 年，余梦伦在靶场进行“长征三号”的发射工作时，就发现了高空风的影响，并根据西昌卫星发射中心高空风的情况进行了高空风弹道修正方案的研究，提出通过弹道修正来减小高空风引起的气流攻角，以降低高空风对飞行的影响。

高空风弹道修正的原理是从原来按弹道攻角最小设计弹道改为按气流攻角最小设计弹道。然而，要在发射前根据实测高空风来实现高空风弹道修正必须使用性能较好的计算机系统，而当时一般计算机的运算速度难以满足弹道修正的要求。1985 年 3 月 28 日，余梦伦还向组织提交了题为《长征三号靶场总体工作计算机辅助系统方案设想》的报告，报告中，建议建立靶场总体工作计算机辅助系统，采用高性能计算机来实现高空风弹道修正及其他有关总体工作。

他的报告得到了当时室领导黄作义和龙乐豪的大力支持，但由于经费等方面的原因，这个计划没能实现。

10 年后，“长二捆”火箭发射卫星又遇到了高空风问题。在这样的情况下，余梦伦也在思考：这两次发射失败，尽管责任不在中方，但如何尽可能地消除影响飞行安全的不利因素、推进运载火箭发射技术的发展、改善卫星的飞行环境是我们需要为之努力的。再者，余梦伦考虑到由于计算技术的发展，我国已经出现了微机这种便携计算机，在计算性能上完全可以满足射前高空风弹道修正计算的要求。

同时，根据计划，1995 年年底，“长二捆”火箭还要发射美国洛克希德·马丁公司生产的“亚洲二号”和“回声一号”（又称“艾科斯达一号”）两颗卫星。由于舆论的原因，外界对高空风问题产生多种疑虑，为了解除亚太通信卫星有限公司、回声星通信公司和保险界对高空风的担心，尽可能减小高空风的干扰，使卫星能适应西昌高空风的环境，增加飞行安全裕度，也需要进行高空风弹道修正。

于是余梦伦向“长二捆”王德臣总师提出建议：在以后发射“长二捆”火箭时，

余梦伦（左）与王德臣（中）等在西昌卫星发射中心讨论技术问题

采用高空风弹道修正。这一建议立即得到王德臣总师和院领导王永志、沈辛荪的同意。

此时，是1995年7月，距离“长二捆”下一次发射美国洛克希德·马丁公司的“亚洲二号”卫星，只有四个多月的时间，这意味着他们必须尽快完成此次发射的弹道设计软件编制和调试任务，并要成功解决高空风弹道修正的准备工作，不然发射就会被延误！余梦伦又一次投入到夜以继日的研究和计算中去。

考虑到此次发射时的环境将比上次发射时恶劣，余梦伦收集了西昌卫星发射中心连续10年的高空风资料加以认真研究，试图从中摸索风场规律。在此基础上，余梦伦和他的学生白小湃加班加点、计算出近千条高空风弹道修正效果分析数据；并通过比较分析，设计出5条不同风场条件下的弹道，以便在发射时，根据气象条件从中选出最佳弹道。

余梦伦将所拟定的方案还向火箭有关分系统和发射场有关方面作了详细介绍，得到了大家的认可，同时也得到发射指挥部的确认，同意高空风弹道修正正式应用到“长二捆”之后的两次发射中。

1995年11月28日，还是冬天的西昌，随着一串短促有力的指令，威力巨大的“长二捆”火箭喷射出8条火龙，在惊天动地的呼啸声中拔地而起、冲上云天。飞行时间一秒一秒过去，40秒、50秒、60秒、70秒……火箭顺利通过高空风影响最激烈的跨声速段和最大动压段，表明了高空风弹道修正基本成功，余梦伦和大家一样，紧张的心情开始放松了。飞行677秒后，星箭分离，卫星顺利进入近地点高度为185千米、远地点高度为309千米、倾角为28度的预定近地轨道，发射成功！

紧接着，“长二捆”火箭又开始了发射美国洛克希德·马丁公司的“回声一号”卫星的准备工作。一个月后的12月28日，“回声一号”成功入轨，“长二捆”的第7.5次发射圆满完成！

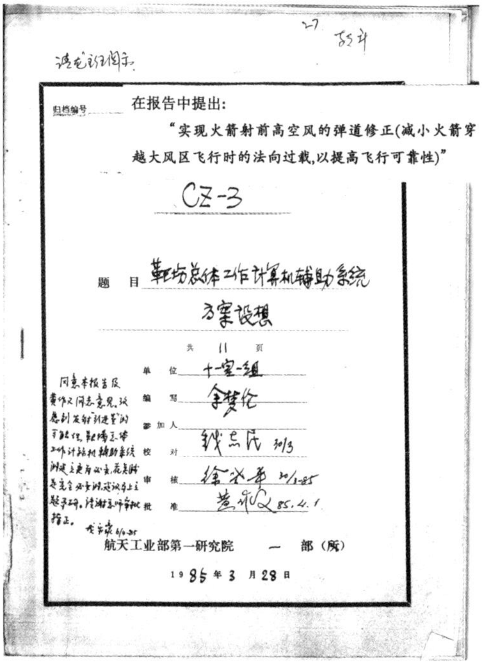
归档编号

在报告中提出：

“实现火箭射前高空风的弹道修正（减小火箭穿越大风区飞行时的法向过载，以提高飞行可靠性）”

CZ-3

题目 靶场总体工作计算机辅助系统方案设想

共 11 页

单位 十室一组

编写 余梦伦

参加人

校对 钱志民 30/3

审核 徐兴华 30/3-85

批准 85.4.1

航天工业部第一研究院 一 部（所）

1985年3月28日

1985年，余梦伦在《CZ-3靶场总体工作计算机辅助系统方案设想》报告中，提出在火箭发射前进行高空风降低飞行载荷的弹道修正

两次发射，通过飞行测量数据分析，证实进行高空风弹道修正后，火箭飞行中最大气动载荷降低了50%以上，大大改善了飞行环境。高空风弹道修正的成功，也为将来降低火箭结构重量、提高火箭运载能力创造了有利条件。

就在中国航天科技人员欢庆“亚洲二号”和“回声一号”两颗卫星发射成功之后，美国的一些政客却出于政治目的，散播所谓“中国从休斯公司事故调查中获得敏感技术”，影射中国在用“长二捆”火箭发射美国卫星的发射服务中，从美国获得高空风弹道修正思想。然而，余梦伦在1985年提交的关于高空风弹道修正的报告，给了自命不凡的美国人一记响亮的耳光！中国航天人是依靠自己的力量，降低了高空风对飞行环境的影响，提高了卫星对高空风的适应能力。

余梦伦终于可以松口气了，在西昌的两个多月，似乎有两年那么长。他想起爱迪生的那句名言：“灾难有灾难的价值，我们的错误被全部烧毁了，现在终于可以重新开始了。”

此刻，余梦伦的心里充满了永不改变的使命感——那就是对祖国的忠诚和对航天事业的一腔热血。

# 余梦伦

余梦伦院士传记

Academician Yu Menglun's Biography

第三十三章

# 千钧一发时

余梦伦一直都知道，航天之路是用生命铺就的。与人类走出森林、走向大海的每一次探索一样，迈向太空的每一步，都伴随着巨大的险阻和牺牲。

对余梦伦而言，1996 年是他终身难忘的一年。

1996 年 1 月 28 日，中国人民解放军驻香港特别行政区部队组建完成；

3 月 8 日，中国大陆于台湾沿海进行第一波的导弹演习；

7 月 5 日，世界第一只“克隆羊”多利诞生；

7 月 30 日，我国宣布暂停核试验；

9 月 27 日，塔利班军队控制阿富汗首都喀布尔……

1996 年发生了很多大事儿，可让余梦伦终身难忘的，和两次发射有关。

1996 年 2 月 15 日，还有 4 天就是春节了。这天的凌晨 3 时 01 分，西昌卫星发射中心将上演长征三号乙运载火箭的处女秀。长征三号乙火箭是以“长征三号甲”为芯级，采用“长二捆”的助推器捆绑与分离技术，研制而成的我国当时推力最大的运载火箭。首发火箭上搭载的是一颗国外的通信卫星——国际卫星组织价值连城的“国际 708”卫星。

“长征三号乙”首发，余梦伦在现场，他是临时被叫来帮忙解决技术问题的，此次发射弹道工作的负责人是杨建民和茹家欣两位同志。在发射中心，余梦伦还偶遇了他的老同事、老朋友，同是弹道工作者的钱志民：他是提前来到靶场，

20世纪90年代，余梦伦（左）与杨建民（右）在西昌卫星发射中心合影

为和此次发射紧挨着的下一发做准备的。

因为弹道工作者为不同的型号服务、长期在不同的靶场之间奔波，尽管是同事，也常常几个月见不到面。余梦伦和钱志民在西昌意外碰面，又是佳节前夕，两个人都格外高兴，颇有“他乡遇故知”的感觉。

冬天的西昌并不冷，这座被称为“春天栖息的城市”冬天无严寒、夏天无酷暑、四季如春，天高云淡是一年的常态。都说西昌是“太阳城”“小春城”，走到哪儿都能看见摄人心魄的蓝天、明亮得晃眼的太阳，马路边上的三角梅，湿地边上的芦苇、狼草、格桑花、垂柳，在逆光中显得身姿诱人，春色无限。冬天到西昌去晒太阳，几乎是四川人的口头禅。

自古以来，人们在西昌能经常观赏到分外明亮皎洁的地球卫星：月亮，所以西昌以“月城”的美称闻名海内。而今，又以发射人造地球卫星，服务于人类而声震寰宇。她除了有“月城”“小春城”“攀西聚宝盆”和“黄金地带”等富有、美好的名字外，还拥有充满现代科学技术魅力的名称：“中国航天城”和“东方休斯敦”。

这里具有“天然发射场”的优越条件：一是纬度低、海拔高，纬度越低，

1992年发射“澳星”时，余梦伦在西昌卫星发射中心试验队驻地留影

离赤道越近，可充分利用地球自转的离心力，提高火箭的运载能力。二是峡谷地形好，地质结构坚实，海拔1857米，有利于发射场的总体布局，对地面发射设施、技术设备及跟踪测量、通信的布网有利，能满足多个发射场的建设。三是晴好天气多，“发射窗口”好。年平均气温18℃，是全国气候变化最小的地区之一，日照多达320天，几乎没有雾天，试验周期和允许发射的时间充裕。

西昌是余梦伦常来常往的地方，但在西昌遇到同是轨道专家的好友，却是少之又少。因此，有一种亲上加亲的感觉。

在发射基地航天技术人员的宿舍里，余梦伦和钱志民难得地聚在一起吃了顿晚饭。饭菜虽然一般，但两个老朋友心里却是热乎乎的，有说不完的心里话。谈工作、谈家庭、谈马上就要进行的发射。余梦伦笑眯眯地对钱志民说：“这一次，咱们不是工作人员，终于不用在地下指挥室里的大屏幕上看发射了，明天夜里，咱可以亲眼看到我们的火箭直冲天际！”

是呀，这是一个难得的机会，多少次，余梦伦在火箭发射的时候，不是在地下指挥室进行发射诸元装定等准备工作，就是在发射控制大厅里进行飞行安控监视工作，能亲眼目睹心爱的火箭飞上蓝天，竟然成了一种奢侈。

天不遂人愿，晚饭后，余梦伦接到“长征三号乙”总师龙乐豪打来的电话，他说：“老余，你既然来了，就坚持到底吧。”这样，余梦伦又被叫回了地下指挥室，继续协助杨建民和茹家欣进行发射诸元装定等准备工作，又一次只能“在地下看发射”了。没想到的是，这次分别竟成了他和钱志民的最后一面。

在完成发射诸元装定工作后，余梦伦被疏散到离发射场几千米以外的山谷里，和其他工作人员聚集在一起，等待火箭发射升空。不能和钱志民一起亲眼看火箭升空，他的心里还有点小小的遗憾。

点火的口令进入倒计时。

在这枚长征三号乙型火箭点火前，中国航天界以及世界上关心中国航天的人们，都在翘首期盼它能像它的前身“长三甲”那样首战告捷。从当时向全世界转播的发射实况荧屏上，可以明显感受到这种气氛。然而点火后 22 秒的结局，使这一美好的愿望灰飞烟灭。

火箭起飞后 2 秒，飞行姿态出现异常：因为控制平台失效，使得保证箭体飞行平衡的信号出错，本来应该是昂首飞向太空的火箭，此时却变成一场实实在在的“飞来横祸”：飞行 22 秒后，横着飞的火箭撞向距发射塔架 1850 米的一个山坡后，发生爆炸，星箭俱毁。

失控的火箭让现场的专家们意识到一场灾难已经无法避免，余梦伦至今还清清楚楚地记得那个让他一辈子也忘不了的惨烈场面。

刚刚起飞的火箭，还没有消耗掉多少推进剂。箭体内几乎还是满满当当的推进剂一瞬间全部转化为爆炸的当量，让发射基地如同经历了一场地震。火箭爆炸的地点正好在航天工程技术人员住的宿舍附近，强烈的气浪瞬间冲垮了钢筋水泥的建筑。

之前，山坡是基地和周围农舍的天然屏障；如今，山坡朝向基地的一面已经被削平。“还好，在发射的时候，当地的乡亲们都会被转移去看电影，估计不

余梦伦在西昌卫星发中心宿舍工作

会有太大的伤亡。”余梦伦这样想着，因为惊吓而剧烈跳动的心安定了不少。

就在几个小时前，余梦伦还在宿舍里和钱志民一起吃了晚餐；如今，宿舍几乎成为废墟。还好，技术人员大都在现场为发射奔忙，宿舍楼里不会有什么人……没有发射任务的钱志民会不会在宿舍？余梦伦被自己这突如其来的念头惊呆了。

硝烟尚未散去，余梦伦就以百米冲刺的速度冲回了宿舍：房子还在，但所有的门窗、家具都没有了，宿舍里的钢丝床都变成对折状态了，整个楼就像刚建成的空楼一样。没有找到钱志民。

“也许，老钱提前回去了。”“也许老钱和自己一样临时被叫走了。”“也许……”余梦伦给自己设置了许多假定，但钱志民一直没找到。

几天以后，余梦伦才得到消息：弹道高级工程师钱志民重伤不治，在这次灾难中牺牲。此次事故，造成 6 人死亡、多人受伤，由于发射前附近村镇已经疏散，所以伤亡人员大多数是西昌卫星发射中心的技术人员。

余梦伦一直都知道，航天之路是用生命铺就的。与人类走出森林、走向大海的每一次探索一样，迈向太空的每一步，都伴随着巨大的险阻和牺牲。从夸父逐日的艰辛跋涉，到万户飞天的悲壮实践，直至独上九霄的太空之旅，无时无刻不在面对着这样的艰险和牺牲。也正是这种风险和牺牲，带动着人类前进的步伐，谱写了一曲曲壮美的诗篇，造就了一个个无畏的中国航天勇士。

然而，当身边最亲近的同事和朋友离开的时候，他还是不可避免地伤了心、流了泪，心如刀绞。昨天两个人还把酒问盏、共同憧憬航天事业美好的明天，今天却阴阳两隔，变作“故人”。

而妻子王信芳知道这个消息后，却不免后怕：如果那天余梦伦没有接到命令去指挥室，而是和钱志民一样……王信芳不敢想下去了。但她也不能劝阻丈夫，作为一个航天人的妻子，同时也作为一个航天人，王信芳深深地明白：走向太空的道路，是用航天人的汗水、鲜血、乃至生命铺就的。“为有牺牲多壮志，敢叫日月换新天”是航天人不变的信念。

航天人在惊心动魄的恐怖过后，又面临着失败带来的沉重的精神压力。失败不可避免地带来了信誉的损失，全世界都看到中国发射失败并造成严重事故。那之后，世界上所有的保险公司全部拒绝给长征火箭发射投保；卫星发射客户在惨重的事故面前也对中国火箭的可靠度产生怀疑，本来好不容易才打开的国际商业发射市场开始出现危机。

本来随后要发射的“亚太一号 A”卫星也因发射场设备受损而暂停——这正是钱志民本应负责的发射任务。临危受命的余梦伦，毫不犹豫地接过了战友的枪。

20世纪90年代，余梦伦在办公室工作

失败没有使我国的航天人失去信心，为重整后续的发射任务，包括余梦伦在内的航天人都擦干了眼泪，投入到“长征三号”发射“亚太一号A”卫星的准备工作中去。吸取了“长征三号乙”首飞的教训，我国的航天人一方面加强质量工作，一方面加强测试工作。为了减小火箭故障对地面人员造成的伤害，余梦伦还制定出了更严格的安全控制方案，确定火箭故障安控炸毁线。

距离预定发射的时间越来越近了。在1996年的“黑色”日子里，希望中的成功变得更加宝贵，然而，航天人却被一个非技术的难题所困扰。

“长征三号乙”发射失利，对“长征三号”预定发射任务造成了很大影响：发射前，美国休斯公司突然提出，西昌卫星发射中心安控不能保障人员安全，表示问题解决前休斯公司人员拒绝执行“亚太一号A”卫星发射任务。

面对突如其来的质疑，上级决定派余梦伦和西昌卫星发射中心佟连捷总师紧急赴美，协调有关发射安控问题。

从1989年到1996年，余梦伦因为工作需要，往返美国14次，一直和美国的科研人员打交道，他太了解美国人了：工作是工作，生活是生活，八小时之外根本没有人工作，更没有人会冒着生命危险工作。在西昌，余梦伦和美国人一起执行“长二捆”发射任务，美国人只要有三四天的空闲，就立马飞往香港或新马泰旅游购物观光，把自己彻底地进行一番“调整”；相形之下，我国的参试人员连去趟西昌城都不容易，余梦伦自己在没有工作任务的时候，也不断思考着各种弹道问题——中国航天人是靠“精神力量”工作的。

然而，用精神感化“惜命”的美国人是不可能完成的任务。只有打消美国人的顾虑，才能使“亚太一号 A”卫星的发射工作继续进行下去。此前，余梦伦已经对飞行弹道安控方案进行了深入的计算分析，提出了新的安全控制方案，确定火箭故障安控炸毁线。但是，由于赴美谈判的安排太突然，谈判组给美国人展示的方案是个说服力不强的“半成品”，美国人对此半信半疑。

还好，余梦伦利用随身携带的笔记本电脑，当场开始进行大量故障仿真计算，绘制了详细的图表，以其充分的理论根据、详实精确的数据向休斯公司展示，我国提出的发射安控方案是可信的、能有效保护地面人员的安全。最后，余梦伦的大量图表赢得了美国专家的认可，发射“亚太一号 A”卫星的任务终于得以继续执行。

1996 年 7 月 3 日，“亚太一号 A”卫星即将升空。“十、九、八、七、六、五、四、三、二、一”，随着一声发射号令，长征三号运载火箭点火腾飞，冲向云端。

1996年7月3日，发射“亚太一号 A”成功后，余梦伦（左一）与“长征三号”总设计师范士合（左三）等合影

此刻，余梦伦坐在发射场指挥控制大厅的第一排、紧挨着安控台，眼睛紧紧盯着显示火箭姿态参数的屏幕。

在发射前，试验队考虑到首区故障安控炸毁系统首次使用，经试验队队长黄春平提议，发射指挥部协调决定，为了确保安全，当火箭碰上弹道炸毁线和火箭姿态故障两个条件同时成立时，才允许发出炸毁指令，因此，弹道设计人员必须与基地安控指挥协同工作。余梦伦受命承担重任，协助基地安控总指挥唐孝培监视火箭姿态遥测参数。两人还约定了安控炸毁判决操作程序：当余梦伦发现火箭姿态超出故障边界时，要举手表示故障；在两个人都同意的情况下，才可对火箭发出炸毁指令。

余梦伦和所有的发射人员一起紧紧地盯着监控屏幕。5 秒过去，正常；10 秒过去，正常；20 秒时……“不好”，基地安控总指挥吐出两个字，一瞬间所有人的呼吸都变得急促起来，火箭的飞行轨迹要碰到炸毁线了！

此时，基地安控总指挥已经下达了“炸毁”的预令，负责安控台操作的同志已经按下了“解锁”按键，只要余梦伦点头、只要再按一个键，火箭和卫星都要被炸毁，这不仅会使我国在经济上蒙受巨大损失，而且在国际航天领域的信誉也将雪上加霜。

危急时刻，所有人的目光都盯在了余梦伦的手上。

此时，余梦伦正集中精力注视火箭姿态和火箭其他遥测参数的变化。在他看来，虽然当时火箭姿态遥测参数有跳动，但火箭速度曲线显示，火箭飞行速度正常。经过对实时测量数据缜密分析，余梦伦毅然判断，火箭飞行轨道正常，不必进行炸毁。

“老余，你这里怎么样？！”基地安控总指挥焦急地问。

“没问题，都很正常！”余梦伦的回答果断而坚定。他那支示意火箭炸毁的手一直没有举起来，取而代之的是建议火箭按正常程序飞行。

1996年7月3日，发射“亚太一号A”成功后，余梦伦（右）与安控总指挥唐孝培（左）合影

这是一种什么样的胆量？而给予余梦伦这种胆量的正是他对自己熟知的数字的精准计算。

基地安控总指挥综合各方面情况，中止了“炸毁”指令。事实证明，余梦伦的判断是正确的。

最后，长征三号运载火箭准确无误地将“亚太一号A”卫星送入预定轨道。

一次火箭炸毁事故就这样在大家的共同努力下，智慧地化解了。这不但为国家挽回了巨额经济损失，而且让美国同行对中国航天人刮目相看。

而让中国航天人“虚惊一场”的“误判”，“罪魁祸首”竟然是安控摄像机镜头上爬着的小虫子。发射的时候，小虫子正好从预警线爬到炸毁线，而安控人员误把显示屏上的虫子当作火箭，才造成了这场当年的“虚惊”，如今的笑谈。

千钧一发时，化险为夷，这有赖于发射前指挥部的周全决策、安控总指挥的正确决断，以及余梦伦精准的数据判别。余梦伦是用数字征服太空的人，他对事业的孜孜追求体现在他扎实的业务功底上。几十年来，在参与设计火箭轨道的过程中，做过多少次计算，编过多少个程序，建过多少个模型，对余梦伦来说，早已是无法计算，但那每一串数字背后，都蕴藏着他对航天事业的无限热爱。

余梦伦可以告慰“九泉之下”的战友钱志民了。

# 余梦伦

余梦伦院士传记

Academician Yu Menglun's Biography

第三十四章

# 搭天梯的人

运载工具的研制，是实现载人航天最基本的前提。火箭就是为飞船和航天员搭起的登天长梯，余梦伦就是搭天梯的人们中的一员。

1961 年 4 月 12 日，苏联航天员尤里·加加林（Yuri Alekseyevich Gagarin）乘坐 4.75 吨重的“东方一号”载人飞船进入太空遨游了 89 分钟，成为世界上第一位进入太空的航天员，标志着人类首次实现了飞天的梦想。

艾伦·谢泼德（Alan Shepard）是美国第一位、世界第二位进入太空的航天员。1961 年 5 月 5 日，他乘坐自由 7 号飞船遨游太空。返回地球后，谢泼德成为了民族英雄，曾在华盛顿、纽约和洛杉矶的游行中受到盛大的欢迎，并被肯尼迪总统接见。

然而，“世界上第一个想利用火箭飞天的人”既不是苏联人，也不是美国人。据西方学者考证，这个不仅敢想还敢为之的“前瞻者”是 600 年前的中国人：明朝的万户。14 世纪末期，明朝的士大夫万户把 47 个自制的火箭绑在椅子上，自己坐在椅子上，双手举着大风筝——他设想利用火箭的推力，飞上天空，然后利用风筝平稳着陆。不幸，万户的“土”火箭爆炸，他也为此献出了生命。

600 年后的 1970 年，在中国第一颗人造地球卫星东方红一号上天之后，当时钱学森就提出，中国要搞载人航天。中国第一艘载人飞船诞生在精心设计的图纸上，而且有了一个像模像样的模型和一个响亮的名字：“曙光一号”——中国人万户的飞天梦终于见到了曙光。然而，我国在开展了一段时间的工作之后，认为无论是在人才队伍、研制经验方面，还是在综合国力、工业基础方面，搞载人航天都存在一定的困难，最终，毛主席拍板定案，载人航天的事暂停一下，先处理地球上的事，地球外的事往后放放。

尽管如此，中国航天人的飞天梦想一直都不曾被忘记过，而中国是否要搞载人航天的争论也一直没有停止过。持反对意见的人认为：中国现阶段的主要问题是民生问题，吃饱肚子、走共同富裕的道路才是当务之急。太空离我们太遥远，可望而不可及，搞载人飞船是面子工程，耗资之巨不可估量，没有任何意义。而持支持意见的人则认为，载人航天的政治意义不言而喻：载人航天成功，中国就能成为无可质疑的航天强国和工业强国，从此谁也不敢小瞧我们。

余梦伦和中国的航天人们则是站在更高的角度去诠释他们的“飞天梦”。在余梦伦看来，发展载人航天最能体现一个国家的综合国力，当今世界各发达国家在发展战略上都把综合国力的增强作为首要目标，综合国力的核心是发展高科技，而高科技的主要内容之一就是载人航天。当一个国家把自己的航天员送入太空时，可以充分体现其综合国力的强盛，也将增强该国民众的民族自豪感、振奋民族精神、增强全民族的凝聚力。

其次，人类要到太空去，与自身的生存与发展息息相关。太空被科学家们视为除陆地、海洋、天空之外的第四生存环境，地球人口越来越多、资源消耗越来越大，如果我们能“搬家”到太空，或者是开发太空中的稀有能源，对人类的生活都会有很大的改变。要知道，浩瀚的太空是人类巨大的宝库，而载人航天事业是通向这个宝库的桥梁，试想航天员们在太空对地球居高临下，能以各种不同的手段对地球进行观测，可以比无人遥感探测获取更多的信息和资料。而太空工厂的加工工艺几乎成了“魔术”，它在微重力、真空和无对流的条件下，可以制造地球上难以完成的合金材料和“灵丹妙药”以及有关产品。太空工厂的产品或半成品送回地面后，也许还会带来“新的工业革命”——可以预料，印有“太空制造”字样的物品将会不断地投放市场。

至于“为什么非要送人上天？”“发射一个机器人不行么？”这个世界上仍在争论不休的问题，余梦伦的解释通俗易懂：搞载人航天的目的，就是要让人进入太空。因为宇宙空间是一个充满未知数的神秘领域，人类要征服太空，要开拓太空的疆域，只有亲临其境，才可能真正了解宇宙空间的秘密与奥妙；唯有通过人的亲自考察、探索，才可能让宇宙空间成为人类活动的舞台，从而真正带动人类的进步与发展。

可以说，载人航天是人类发展的一个新阶段的开始，因为人类可以通过载人航天这个桥梁，转移到其他星体居住和生活，开发出更美好的生存空间。这不是可望而不可及的事情。在不远的将来，人类将主宰太空，实现人类发展的革命。

为了载人航天能够成功立项，航天人的努力可谓披肝沥胆、感天动地。经过卧薪尝胆的艰难等待后，1992 年 9 月 21 日，中共中央政治局十三届常委会第 195 次会议讨论同意了中央专委《关于开展我国载人飞船工程研制的请示》，正式批准实施我国载人航天工程，并确定了载人航天“三步走”的发展战略。

第一步，在 2002 年前，发射两艘无人飞船和一艘载人飞船，建成初步配套的试验性载人飞船工程，开展空间应用实验；第二步，在第一艘载人飞船发射成功后，突破载人飞船和空间飞行器的交会对接技术，并利用载人飞船技术改装、发射一个 8 吨级的空间实验室，解决有一定规模的、短期有人照料的空间应用问题；第三步，建造 20 吨级的空间站，解决有较大规模的、长期有人照料的空间应用问题。

比起前苏联和美国，我国的载人航天工程晚了 30 多年，但是，曙光毕竟再次亮起，厚积而薄发的光芒，必将一泻千里、势不可挡。中央对参与载人航天工程的航天人提出了“争8保9”的奋斗目标，即争取1998年、确保1999年首飞。此外，中央领导还指示，载人飞船工程是一项大型的保密工程，应贯彻“要静静地、坚持不懈地、锲而不舍地去搞”的原则，不报道、不宣传。因此，自1992年年末，工程就在全国各有关单位中悄无声息地全面开展起来。

运载工具的研制，是实现载人航天最基本的前提。道理很简单，飞船再好、航天员再棒，没有合适的运载工具，飞船就飞不上太空、航天员就没办法登天，火箭就是为飞船和航天员搭起的登天长梯，余梦伦就是搭天梯的人们中的一员。

当时，我国所拥有的最大推力的火箭就是余梦伦参与了研制、发射全过程的“长二捆”，可即使是“长二捆”，也远远达不到发射载人飞船的可靠性、安全性要求。为了适应载人飞船的需要，承担火箭研制的一院决定以“长二捆”火箭为基础，设计新的火箭——长征二号F火箭。

余梦伦的工作，就是他最擅长的，为长征二号F运载火箭设计弹道。

在设计方案中，长征二号F火箭是目前我国所有运载火箭中起飞质量最大、长度最长的火箭。助推器、芯级第一级、芯级第二级、整流罩、逃逸塔等箭体结构组成了火箭的“身体”；助推发动机、一级发动机、二级发动机是火箭的“动力和心脏”；而控制系统是火箭的“大脑和神经”。为了更加充分有效地利用火箭装载的推进剂，还设计了推进剂利用系统，能够保证二级火箭的氧化剂和燃料同时燃烧完毕。

为了保证航天员的安全，保证火箭在突发的意外情况下能够将航天员顺利地救生，脱离危险的故障火箭，长征二号F运载火箭还设置了故障检测处理系统和逃逸系统，用于参数检测和故障判断，在火箭出现重大故障的情况下发出逃逸指令，并按逃逸模式执行逃逸指令。

基于长征二号F运载火箭的特征，余梦伦分析认为，弹道的设计需要考虑以下几个方面。

1999年，余梦伦在“神舟一号”发射现场

首先，因为要载人，飞船的设计重量将近8吨，要将8吨的飞船送到宇宙空间，火箭的运载能力一定要足够大，因此必须要有规模比较大的火箭。长征二号F火箭加上飞船的总重量是480吨，而火箭的推力要达到600吨，才能达到发射所需的速度。长征二号F火箭起飞时，共有8台发动机工作，每台发动机的推力是76吨；8台发动机的总功率大概是900万千瓦，长江三峡电站总发电功率也不过是1700万千瓦——长征二号F火箭发动机总功率相当于长江三峡电站的二分之一强。

其次，作为弹道工作者，余梦伦要保证在飞行过程中，火箭的飞行环境符合航天员身体的适应能力。具体来说，火箭在升空和返回时，产生的过载约为$7g$~$8g$，这个数字意味着航天员要承受相当于自身重量7倍到8倍的力。这个压力是一般人无法承受的，要知道，游乐场里的翻滚过山车加在人身上的最大重力加速度也只有$2g$。假如航天员因此受了伤，中国人千年的飞天梦就不能算圆满！基于此，余梦伦提出，在发射飞船的时候，采用小推力入轨的方式，即到一定的时候关掉二级火箭上的主发动机，利用4个游动发动机推进，缩短主发动机工作时间、改善飞行环境，这一方案可以使火箭过载减少到$2g$~$3g$，从而

1999年，“神舟一号”发射成功后余梦伦在指挥大厅留影

大大减轻航天员的痛苦。

按计划，长征二号 F 火箭在酒泉卫星发射中心起飞，经过甘肃、内蒙古、宁夏、陕西、山西、河北、山东等地上空，在青岛附近上空入轨。飞行方向确定下来，弹道的飞行路径就定了。余梦伦此时要做的，是选择箭体残骸落点位置，并通过调整弹道来实现它。

长征二号 F 火箭首先要分离的是火箭顶端的逃逸塔，发射 120 秒后，逃逸塔分离，按设计将掉落到巴丹吉林沙漠无人区内。接下来到 135 秒左右，4 个助推器的任务完成，余梦伦为它们设计的落区靠近宁夏。大约 160 秒后，火箭第一级工作结束，分离后掉到毛乌素沙漠一带。

实际上，除了调整弹道，弹道设计工作还涉及到调整每一级发动机加注的推进剂量。火箭推进剂相当于汽车的汽油，约占火箭总重的 90%，每一级发动机多大、推进剂多少，决定火箭的规模和飞行性能。

1999 年 11 月 20 日，长征二号 F 运载火箭即将发射。火箭全长 58.34 米，起飞重量 479.7 吨，起飞推力 600 吨，能将 7.8 吨的飞船送入距地面 300 千米左右的近地轨道，它是我国当时长度最长、起飞质量最大、系统最复杂的大型火箭。这一天，长征二号 F 火箭肩负着共和国的重托、人民的期望，将神舟一号飞船成功送入太空。一声呼啸，中华梦圆，瞬间辉煌，光照千秋。

发射神舟飞船成功后，中国科学院院士在敦煌合影（后排右一为余梦伦）

“神舟一号”发射升空后，2001 年 1 月 10 日、2002 年 3 月 25 日又相继发射了两艘神舟飞船。2002 年 12 月 30 日，神舟四号无人飞船在酒泉卫星发射中心成功发射。

在经过 4 次无人飞船成功发射的经验积累后，2003 年神舟五号载人飞船的成功发射，则使中国载人航天工程取得历史性突破。

这是一个令余梦伦、令全中国和全世界都难以忘怀的日子。2003 年 10 月 15 日上午 9 时整，随着零号指挥员“点火！起飞！”口令的下达，火箭尾部发出巨大的轰鸣声，几百吨高能推进剂开始燃烧，8 台发动机同时喷出炽热的火焰，高温高速的气体，几秒钟就把发射台下的上千吨水化为蒸汽。火箭和飞船总重达到 487 吨，当巨大的推力让这个庞然大物升起时，大漠颤抖、天空轰鸣。

火箭托举着神舟五号飞船和飞船里的杨利伟徐徐升空。在举世关注的目光中，一段历时 21 小时 23 分钟、环绕地球 14 圈的完美太空飞行成功返航，让全世界为之震撼。中华民族的千年飞天梦想得以实现，中国成为继美国和俄罗斯之后第三个掌握载人航天技术的国家，也是发展中国家中第一个能够独立开展载人航天活动的国家。

在举国上下一片欢腾、扬眉吐气的时候，余梦伦和他的同事们已经默默地、迅速地投入到“神舟六号”以及后续的载人航天计划中去，并为未来的“嫦娥”

神舟飞船发射成功后，余梦伦院士（左）与庄逢辰院士（中）、曹春晓院士（右）合影

探月工程作好准备。

如今，“神舟”系列载人飞船遨游太空，“嫦娥”奔月，“天宫”“天舟”交会对接……中国航天技术已达到世界先进水平。

当闲暇的时候，余梦伦遥望天空，虽然遥远的地方他什么也看不见，但他知道，月球上的一座环形山被命名为“万户”，那是在20世纪70年代的一次国际天文联合会上做出的决定，以纪念“第一个试图利用火箭飞天的人”。

余梦伦还知道，在惊雷乍起的荒漠，在“神舟”冲天的戈壁，至今还隐藏着许多惊天地、泣鬼神的感人故事。仅在酒泉卫星发射中心的烈士陵园，就长眠着500多个年轻的生命，他们的平均年龄只有24岁。还有自己的同行钱志民，他们都把自己的一切交给了祖国的航天事业。

值得余梦伦欣慰的是：在祖国的“耕天之路”上，自己名副其实地做了一个“搭天梯的人”。

# 余梦伦

余梦伦院士传记

Academician Yu Menglun's Biography

第三十五章

# 梦想与荣光

余梦伦当选院士，创下了几个“第一”：他是慈溪的第一位院士；他是航天系统第一个直接在基层班组岗位上当选的院士；他是人们众口一词赞誉的院士。

1999 年 11 月 20 日，对中国航天来说，是一个大喜的日子：中国第一艘试验飞船神舟一号在酒泉卫星发射中心发射升空。这是我国载人航天工程的第一次飞行试验，它的成功标志着中国载人航天技术有了新的重大突破和发展。

这一天，对余梦伦来说，则可谓是“双喜临门”。刚刚见证了神舟一号飞船“一飞惊天宇”，人还在指挥大厅里，他就得知了另一个好消息：中国科学院举行新闻发布会，向社会各界公布了 1999 年中国科学院增选的 55 位新院士的名单，余梦伦就是技术科学部 16 名增选院士中的一名。

余梦伦当选院士，创下了几个“第一”：他是他的老家慈溪出的第一位院士；他是航天系统第一个直接在基层班组岗位上当选的院士；评院士的时候，整个一院，凡是了解他、和他一起共过事的老专家、老院士，都众口一词、齐心协力地为他争取。

参选院士的第一步，是单位推荐。还好是单位推荐，如果是毛遂自荐，余梦伦恐怕一辈子也不会推荐自己。他总觉得，院士是高不可攀的，而自己只是一介布衣，只不过完成了份内的工作，离“院士”应有的成绩还差得很远。还好，一院的领导和专家慧眼识珠，一致认为余梦伦是最合适的人选。就这样，院士推荐表发到了余梦伦手上，余梦伦就发挥了他对工作一贯的服从精神，认真、谨慎、一笔一划地把表格填好了，虽然他的心里还是觉得自己不够格。

填好的推荐表交上去，先是被一院原院长、中国载人航天工程总设计师、中国工程院院士王永志看到了，王老总一声长叹：老余就是老余啊！别人的院士推荐表，都是尽可能地夸大自己的功劳，而余梦伦的推荐表，“只有没写到的，没有写过头的”。而且，余梦伦的推荐表填得也明显有问题嘛！比如：“长二捆火箭弹道设计与计算”1994 年获部级科技进步将二等奖（排名第一），获 1997 年国家科学技术进步奖一等奖（排名第 15）——“排名第 15”看起来很不重要，可前 14 名都和弹道设计无关，也就是说，余梦伦是弹道方面的第一名，这是很大的贡献啊！

战略导弹与运载火箭专家谢光选院士曾经是余梦伦所在的总体设计部主任，对余梦伦的成绩很是清楚，对他一向的谦虚谨慎更是了解。本着“金子绝不能被砂砾埋没”的朴实想法，谢老总主动敲开了余梦伦办公室的门：“老余啊，你写的推荐表我看了，我们几个商量了一下，决定在单位推荐的基础上，联名推荐你，这样可以‘增加力度’嘛。”

谢老总口中的“我们几个”，是一院的几位中国科学院老院士，除了 1991 年当选为院士（原称“中国科学院学部委员”,1993 年更名为“中国科学院院士”）的谢老总，还有航天技术与控制技术专家、1993 年当选为中国科学院院士的梁思礼，1995 年当选为中国科学院院士的朱森元等。在他们看来，院士大多是领导出身，像余梦伦这种四五十年如一日、踏踏实实扎根基层的科研人员，没有一官半衔是他的“硬伤”。因此，“惜才如命”的老院士们自发地组织起来，要“联名上书”，为余梦伦评院士“保驾护航”。

余梦伦本就不善言辞，着急起来还有点口吃，面对老总们的善意，他激动地满脸通红，不知道说什么好。对他而言，填写推荐表只是上级布置下来的一份“工作”，要保质保量地完成；但评选结果如何，他心里并不真正在意。让他激动的是，航天“内行”人对他的科研成果的肯定，这才是他风风雨雨四十年，一直在追求着的幸福。

“老余，以前都是别人来找我；这次是我来找你，我们主动要推荐你。”离开的时候，谢老总最后一句话意味深长。

余梦伦的顺利当选，可谓是众望所归。

在1999年中科院院士推荐书上，是这样评价余梦伦的：“余梦伦同志是我国运载火箭弹道设计专家，博士生导师，是我国弹道导弹和运载火箭弹道设计的开创者和学术带头人之一。在从事航天工作30多年中，长期承担我国重大航天运载弹道的研究、设计和发射工作，系统提出运载火箭的弹道设计理论和方法，取得重要的科研成果，为我国的航天事业作出重大的贡献。由于余梦伦同志在弹道导弹和运载火箭的弹道设计及总体设计方面的突出贡献，曾先后被评为全国科学大会先进个人、全国劳模和北京市劳模及中央国家机关优秀共产党员，并获中国航天基金会‘中国航天基金奖’。”

历史不会忘记，党和人民不会忘记，在余梦伦的人生轨道上，留下的是这样一串坚实和辉煌的足迹。

20世纪60年代初，我国为了打破美苏核垄断，需要进行能运载核弹头的地地弹道导弹的研制，其中关键之一是提高弹头落点精度。当时我国引进的原苏联的弹道设计方法是把地球设定为球体，采用这种设计方法，无法满足导弹的精度要求。余梦伦根据地球是接近椭球体的实际情况，引入地球法线和扁率概念，提出更为完善的三维弹道运动方程，大大改进了弹道设计方法，保证了两弹结合重大飞行试验的落点精度。这不仅解决了我国第一代弹道导弹的弹道计算精度问题，而且为我国以后各类地地弹道导弹和运载火箭的弹道设计打下了基础。

20 世纪 60 年代中期，我国开始研制洲际导弹时，不具备在公海试射洲际导弹的条件，余梦伦提出了适用于国内进行洲际导弹飞行试验的特殊弹道方案。这个方案包括两个内容：一是国内低弹道方案，根据弹道切合原理，改射程关机方案为速度关机方案，模拟 8000 千米再入环境；二是国内高弹道方案，模拟洲际导弹高空飞行环境。这个方案开创了在国内有限射程范围内进行洲际导弹试验的先例，加速了我国洲际导弹的发展，具有国际水平。

20 世纪 70 年代初，余梦伦根据长征二号运载火箭二级推进系统配有游动发动机的特点，研究运用极大值原理和优选法，进行最优推力程序的分析，按弹道特性确定优化解的两点边值问题初值的方法，最终提出小推力弹道方案。提高运载能力 25%，在运载能力上取得突破性的效果，解决了长征二号运载火箭发射返回式卫星运载能力不够的关键问题。

20 世纪 70 年代，在“长征三号”的弹道设计中，余梦伦提出了发射轨道的迭代算法，解决了地面测控能力不足和火箭运载能力的矛盾，保证火箭有较高的运载能力；在 1984 年我国首次发射地球静止轨道卫星时，他从实际出发，暂时放弃使用运载能力较大的亚轨道型的停泊轨道，结果在首次发射时，虽然三级二次点火出现故障，而由于停泊轨道没有采用亚轨道，使卫星没有坠落地面，继续在空间运行，为后来发射成功取得了宝贵的试验数据。

1985 年，余梦伦首次为长征三号运载火箭提出高空风弹道修正方案，为我国解决高空风对火箭飞行的影响打下了基础。这一事实有力地驳斥了美国国内少数人所谓中国在卫星发射服务中从美国取得高空风弹道修正思想的谣言。

为了“长二捆”火箭的立项上马，余梦伦做了大量的基础论证工作，为领导决策提供了可靠的依据。后经他两年攻关，完成弹道设计工作，较好地解决了在约束条件下的弹道设计问题；提出加侧向偏航程序的弹道设计方案，解决了箭体落区和轨道倾角间的矛盾问题；提出用坐标法求解惯性平台框架角与欧

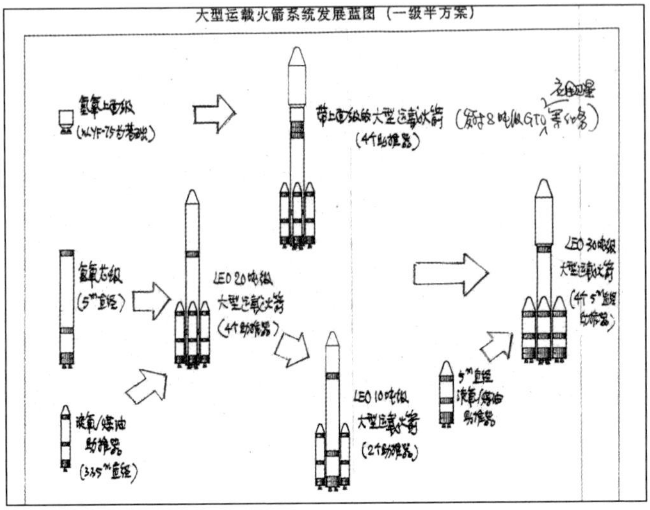


1994年余梦伦绘制的大型运载火箭发展蓝图设想

拉角的数学关系；提出四个助推器两两关机方案，提高了运载能力的概率水平。这些工作均为国内首创，成功地解决了大型捆绑火箭的弹道设计问题，为发射“澳星”打下了基础。

余梦伦先后参加了“2000年的中国航天运载技术”和“2000年中国航天”的研究，国家“863”高技术航天领域的研究，以及载人航天工程等多项工作。

在国家“863”高技术航天领域的研究工作中，余梦伦承担了“液体火箭发动机和大型运载火箭”专题的研究，开展了新型大型运载火箭方案的研究工作，在上一届“863”航天运载专家组工作的基础上，提出了我国大型运载火箭的发展蓝图，通过大量的优化设计，提出了大型运载火箭技术方案的建议，以及液氧煤油发动机和氢氧发动机的技术指标。

在弹道设计计算软件的开发上，余梦伦也功不可没，他应用计算机，在弹道设计、弹道计算、运载性能设计等方面编制了大量的软件，成功地应用于多种型号的研制。

20世纪90年代，余梦伦参与了“亚洲二号”“回声一号”“亚太一号A”等卫星发射任务，先后参加发射外星的技术协调工作，解决了有关轨道、运载能力和性能优化等方面的问题。

“863”航天运载专家组在上海调研（左三为余梦伦）

在1995年设计“长二捆”火箭发射“亚洲二号”和“回声一号”卫星的弹道时，根据高空风场情况，余梦伦得出用弹道方法修正高空风引起的气流攻角的方案，解决了困扰运载火箭发射的高空风问题，对保证“长二捆”火箭在冬季高空风条件下发射成功起到了重要作用。

1996年，在“长征三号”发射“亚太一号A”卫星前，当美方借口发射安全问题，拒绝来华参加发射工作时，余梦伦对飞行弹道安全方案进行了全面认真的计算分析，在谈判中，以充分的数据和图表说服美方专家，保证了“长征三号”发射“亚太一号A”卫星合同的顺利执行。

在“长征三号”发射“亚太一号A”卫星时，火箭起飞后，当安控显示出现“异常”、万分紧急的情况下，余梦伦沉着果断，根据实时测量数据，作出火箭飞行正常的判断。安控总指挥果断决策不继续发炸毁指令，避免了一次重大的火箭自毁事故。

……

余梦伦的院士没有任何水分，都是实打实的“干货”，老专家、老院士们的“联合上书”“集体推荐”，既是对余梦伦的“保驾护航”，也是对航天事业的无私和忠诚。

第一个向余梦伦道喜的，是和余梦伦同在酒泉卫星发射中心参与神舟一号飞船发射的任新民，他也是联名推荐余梦伦的老院士之一。1999年，任老总已经84岁，仍然红光满面、声如洪钟："老余，恭喜你！刚得到部里的消息，你当选科学院院士啦！你当之无愧啊！"

从任老总口中得知自己当选院士的消息，余梦伦第一个反应当然是高兴，"院士"的头衔，是一个科技人员最至高无上的荣誉，他的高兴是发自内心的。高兴过后，他就觉得自己"受之有愧"。握紧任老总的手，余梦伦恳切地说："这是组织上对我的肯定和鼓励，可是和您相比，我做得还远远不够啊！"——事实上，除了技术上的贡献，震撼几位老院士乃至人们心灵的还有余梦伦朴素、平凡的职业观。已经走过63载的他，只坚守了一个岗位，只设计了一条轨迹，依靠着如此简单、平凡的执着，他在恪守的平凡岗位上创造了不平凡的成绩和荣誉。

其实，余梦伦当选了院士，最高兴的不是他自己，而是他的小弟弟余梦麟。那时候，互联网还是个稀罕物，余梦麟因为工作需要，每天要接触电脑和互联网，所以，他是余家第二个知道哥哥当选院士的人。当他在网上看到哥哥当选院士的消息，高兴地一蹦三尺高，立刻"假公济私"，用单位的打印机把1999年增选的院士名单打印出来，压在了玻璃板下。

"领导有时候会过来检查工作，我就请他们坐在我的位置上，一低头就看见了。"年过半百的余梦麟提到哥哥，骄傲劲儿藏都藏不住。

余梦麟比余梦伦小12岁，从小就是哥哥的"跟屁虫"，哥哥是他心里最大的偶像；后来，"小跟屁虫"和"交白卷"的张铁生一年考上了大学，在复旦大学学习时，余梦麟师从我国著名结构动力学专家王文亮，研究结构振动与动态子结构方法；再后来，由于余梦伦的要求，余梦麟毕业时获得"特批"留在上海工作，成功开发了建筑结构动力学设计软件，参与了浙江财富金融中心结构设计、复旦大学国际学术交流中心结构设计、温州世界贸易中心结构设计，主持了上海美术馆改扩建设计、上海音乐厅平移等诸多项目，为中国建筑结构设

上海具有特色的明天广场大楼的结构设计是余梦麟负责的，曾获得全国优秀建筑结构设计一等奖

计作出了贡献。

当年的“小跟屁虫”早已独当一面，成为了我国建筑领域优秀的工程师，也取得了诸多成绩：全国优秀建筑结构设计一等奖、中国土木工程詹天佑奖……兄弟俩的奖状各放一摞，究竟谁的高还真说不准。余梦麟有时候会孩子气地想：哪天都退休了、有时间了，一定要和哥哥比试比试。

不过有一件事老让余梦麟想不明白：在大会堂、中南海与党和国家领导人的合影，哥哥统统上交给单位了。

“这不是我一个人的荣誉，我留着做什么？”余梦伦坦坦荡荡。

“比如说：你上次作为人大代表，参加北京市人民代表大会，有什么难以忘怀的事情吗？”余梦麟耐心地诱导哥哥，希望能听到一些值得载入史册的回答。

余梦伦认真地想了想：“有，我第一次吃到没有核的冰糖葫芦，外面的糖葫芦里面都有核，这个糖葫芦里面去了核，包着豆沙，不会硌了牙，有创意。1979 年，我们开全国劳模大会，第一次喝到了酸奶，想着你肯定没喝过，可惜不能给你带一瓶。”

哥哥压根没有提及自己的荣誉，没有为“辉煌”所陶醉，那些奖状和赞美对他来说，是清晨的一缕风，刮完就过去了，是傍晚的一片霞，燃烧完就交给了西山。那些过眼烟云、身外之物，在他的脑海里都过滤掉了，剩下的只有平凡的兄弟情谊。余梦麟对哥哥更加肃然起敬了，他从哥哥身上看到了一个普通人的最高境界。但余梦麟不知道的是，哥哥对弟弟、妹妹们取得的成绩、得到的荣誉如数家珍。

得知了喜讯的王信芳也很高兴，在她看来，余梦伦是用一辈子做了一件普通事的普通人，最大的官儿也不过是工程组的小组长，“小组长”也能当“院士”，她想也不敢想；可是，王信芳又是最了解余梦伦的辛苦和坚持的人，是她陪伴着余梦伦，从如火的青春到满头的银发，丈夫得到了党和国家的肯定，她感到欣慰。

然而，王信芳高兴之后，更多的是担忧。她知道，由于当时的院士是终身制，这意味着已经“超期服役”三年的余梦伦又要奋战在岗位上，把一辈子奉献给他挚爱的航天事业——这是他的事业、他的梦想。王信芳是航天人的妻子，可首先自己也是个航天人，余梦伦的梦想，她最懂得、也最理解。然而，她还是个妻子，妻子更关心的是丈夫的衣食住行、身体健康，余梦伦从小身体就瘦弱，四十年来加班加点连轴转，经常一周只睡十几个小时，撑着的都是个虚壳子：疼起来真要命的牙疼常常折磨他；胸口常常发闷，医生早就建议去检查一下；心脏不好，他的父亲就是心脏病猝死，得格外注意……

人生六十，中国的传统称为“一甲子”，说的是天干地支 60 年一循环，也包含有人生轮回、沧桑巨变的意思。过了 60 岁，人的体能和精力一般都大大下降，因此，我国的退休年龄也定为：男 60 岁、女 55 岁。

3 年前的 1996 年，是我国航天的“多事之秋”，很多型号的发射都离不开余梦伦，再加上他手头还有很多工作只做了一半，虽然已经年满 60，还不能退休。此时，王信芳已经退休，她主动承担了所有家务，无微不至地照顾着余梦伦的生活，让他能够没有后顾之忧地工作。尽管如此，余梦伦偶尔还是会生病，人吃五谷杂粮，哪有不生病的，可王信芳为此偷偷哭了不知道多少次，当年那个天不怕地不怕、独身闯北京的姑娘，现在因为自责“没把丈夫照顾好”，倒变成了个小女子。

余梦伦的军功章，王信芳应该得一大半。

1999 年，中国航天新的高潮来临，余梦伦亲手培养的年轻人也都能够独当一面了。余梦伦和王信芳商量好，从酒泉回来就申请退休，也算是圆圆满满，站好了最后一班岗。最重要的是，他不退休，年轻人就没有“出头日”；不出成绩，这些年轻人怎么评职称、涨工资、谈恋爱、养家糊口？余梦伦一辈子没为自己考虑过，连退休都是为了别人着想。

做了决定，余梦伦就高高兴兴地做起退休的准备：到音像商店里买了 DVD 机，还买了一大堆光盘，都说美国大片好看，可是他都没什么时间看，退休了，老两口可以坐着摇椅慢慢看。到电器店里，买了烤箱、面包机，还买了不少烘焙书，余梦伦爱吃饼干，可是妻子总觉得外面买的饼干面包不健康，等他退休了，可以自己在家做，也可以给妻子烤个披萨饼，开开洋荤。对，妻子从来没有出过国，让她跟着儿子出去玩玩儿，她又不放心余梦伦一个人在家，于是成了一个“家里蹲”。退休了，可以带她去美国看看……

夫妻两个为“余梦伦退休”勾画了无数美好的蓝图，但是被当时的“院士终身制”打破了。

余梦伦把原定退休计划默默地收了起来，王信芳把他的 DVD 和书又塞进了柜子深处。和往常一样，一甲子又三个春秋的余梦伦，又走在了他熟悉的上班路上。

# 余梦伦

余梦伦院士传记

Academician Yu Menglun's Biography

第三十六章

# 壮心仍不已

耄耋之年的余梦伦每天两点一线，家和办公室两头跑，连大院门口的哨兵看到这个满头银发、脊背微弓的熟悉身影，都会向他敬一个标准的军礼。

2016 年 11 月 8 日，是余梦伦的八十大寿。六十花甲、七十古稀，八十岁的余梦伦已经真正进入了耄耋之年。然而，耄耋之年的余梦伦不仅没有含饴弄孙、颐养天年，而是仍然奋战在工作岗位上。

此时，距余梦伦打算退休的 1999 年，已经过去了整整 17 年；从他参加工作的 1960 年 4 月算起，余梦伦已经为我国的航天事业无私奉献了 56 年。如今，余梦伦仍然每天两点一线，家和办公室两头跑，连大院门口的哨兵看到这个满头银发、脊背微弓的熟悉身影，都会向他敬一个标准的军礼。

“退休”后，余梦伦的工作量一点儿都没有减少，忙科研、常献言、勤育人、爱科普，一个人顶好几个人用。

2005 年 10 月中旬，“神舟六号”即将发射，余梦伦已经虚岁七十。

按理说，古来稀的他已经不需要亲自到发射基地做火箭发射前的准备工作，尽管比几十年前，基地的条件已经好了很多，但仍是艰苦的；而且，在他的培养和带领下，一批年轻的弹道人早已可以独当一面，他们牢记周总理的十六个字:“严肃认真，周到细致，稳妥可靠，万无一失”，工作细致可靠，值得信赖。

但余梦伦还是亲自去了酒泉卫星发射中心。在余梦伦看来，神舟六号载人

2005年，发射“神舟六号”前，
余梦伦在飞船测试厂房

飞船与2003年发射的“神舟五号”相比，意义更加重大：一是航天员由一人变成了两人；二是由在轨运行一天变成了多天；三是两位航天员届时将打开返回舱与轨道舱连接处的舱门，首次进入轨道舱进行一些科学实验活动。意义大，也就意味着难度和风险更大，更需要保证发射万无一失，他要亲自带着计算机，去为年轻人做最后的把关，对他们的设计成果进行复核。而对年轻的弹道人而言，余梦伦的出现，也是给他们吃了个定心丸、打了针强心剂：只要经过余梦伦计算认为没有问题的数据，就和真理无异了。

在酒泉，余梦伦提出了一个之前没人想到的问题：因为人数和设备的增加，“神舟六号”比“神舟五号”重了200多千克。虽然增加的200千克和飞船7840千克的总重相比微不足道，理论上说火箭的运载能力仍然足够，但余梦伦一贯的工作作风就是细致、认真、可靠。他提出，要分析一下多出来的200千克可能造成的影响，发射前多做一点工作、多流一点汗，就能少冒一点风险，我们的工作就更稳妥。

2005年，发射“神舟六号”前，余梦伦在火箭测试大厅

余梦伦的一句话，让基地的工作人员忙了好几天；而他自己，也在回到北京后，重新计算了相关数据，确认没有问题才放心。余梦伦的这种对质量问题慎之又慎、不放过任何一个疑点的态度，影响了很多年轻的弹道人。余梦伦说，周总理的十六个字是他的指路明灯，而余梦伦的言传身教，则成为年轻一代航天人的指路明灯。

受余梦伦影响的，不仅仅是和他一样奋斗在一线的年轻人，一院的领导们每次收到余梦伦写来的建言信时，也都既敬佩又感动：这个已经忙得没有业余时间的老人，仍然如此关注我国航天事业的发展，对各个领域都有自己的见解，并把这些想法亲笔写下来，向上级建言献策。

早在20世纪70年代初，在长征二号运载火箭项目中进行弹道设计和飞行试验的余梦伦，还念念不忘刚完成了总体方案论证的“长征三号”，关注着这枚用于探索地球静止轨道运载火箭的研究进展，给一院的有关技术领导写下了洋洋几千字的建议书。建议书缜密、详细，从研究角度的可行性、方案可能存在的问题，到党组织应该发挥的作用，面面俱到，用心良苦。从此，写建言信、提献策方案，成了余梦伦工作和生活中不可缺少的一部分。尤其是到了晚年，更是孜孜不倦。

“不在其位，不谋其政”，这是一个几乎所有国人都知道的句子，通常的解释大都是“不在那个职位上，就不要考虑那个职位上的事情”。是的，余梦伦已年届八十，可以歇歇脚、喘口气，不需要再去考虑和自己无关的事情了。但是余梦伦不这么想，在他的潜意识里，自己永远都是航天的一个兵、一个螺丝钉，乃至一条飞向远方的弧线。只要自己活着，就不能退出人生的舞台，就要“在其位，谋其政”——为航天事业殚精竭虑、献计献策，为提携后者尽心尽力、毫无保留。

从 1984 年起，余梦伦开始带研究生，他的第一个研究生就是后来的长征二号丙运载火箭型号总师杨建民；1995 年，余梦伦又担任了博士生导师，在繁重的工作之余，默默承担起教书育人、为航天培养人才的重任。三十年间，余梦伦一共培养了 5 位硕士、9 位博士和 7 位博士后，其中如杨建民一样担任总师的有 4 人，担任副总师、副主任的有 5 人，而他们的导师余梦伦仍然是一位平平凡凡、战斗在一线的科研人员。

在学生们看来，“春蚕到死丝方尽，蜡炬成灰泪始干”这句话最能形容他们的导师余梦伦。他像蜡烛，燃烧了自己，照亮了别人；他像春蚕，吐尽蚕丝，为人作嫁衣——这比喻虽然俗气，却能最形象地描述作为老师的余梦伦。如今，他的学生们在各自的岗位为祖国的航天事业奔波，并没有太多的时间来探望余梦伦，但余梦伦对他们的成就了如指掌，并由衷地为他们骄傲着，“我并没有做什么，他们取得的成就缘于他们的天资和努力，老师只是他们成功的辅助者。”

除了余梦伦真正的学生，还有很多人受过他的教诲、接受过他的帮助，因而在心里将他奉为老师。这里面，包括他的同事们，也包括一些和他素未谋面的人们。

余梦伦的老同事李福昌记得，“老余编制的弹道计算软件包，谁用都行”，而有一次，有一位同事以余梦伦编制的软件包精度太低为理由，擅自将他的软件包改为了双精度数据，由于没有协调好弹道计算软件中各子程序的变量精度匹配，导致算出的结果大错特错，交付用户后，对方自然很不满意。此时，这位同事无奈，只好回来找余梦伦帮忙，他原本做好了余梦伦会对自己的擅自修改不满、甚至不会帮忙的准备。没想到的是，余梦伦不仅毫无怨言，还耐心地指出问题，并从头到尾地找出改双精度后引起的变化，亲自进行计算，并给出了正确的结果——他的无私不仅打动了这位同事，也让李福昌特别感动。

不仅航天自己的事儿义不容辞，余梦伦还常常参加兄弟系统的相关评审会，在会前，他会做足准备工作：熟读所有材料、重新推导、计算材料中涉及的所有数据，甚至连一个错别字都不放过……这是他参加评审之前一定会完成的功课。也因此，对很多人来说不过是“走走过场、赚点儿评审费”的评审会，会占用余梦伦很多时间，即使如此，只要邀请他，他都尽可能答应、抽时间参加。在余梦伦看来，别人邀请他，是对他的信任和尊重，绝不能也不忍辜负，更重要的是给自己一次学习机会。

和余梦伦一起在北大读书，又一起分到航天的老同学安维廉对此印象深刻。安维廉从二炮退休后，在家专注写作，出版了一些关于武器评估方法和标准的书籍。2003 年，安维廉主管的《巡航武器性能评估方法》召开评审会，他把电话打到了余梦伦办公室。在他看来，余梦伦是院士，级别够；他精通弹道，专业性强，是最合适的人选。

老同学的邀请，余梦伦更是有求必应。会前，他详细地阅读了报告；在会上，余梦伦提出了很多中肯的意见，他的话不多，但每一句话都是点石成金、掷地有声。就像安维廉在学校时就对余梦伦形成的印象一样：他说话有点结巴，但是很有分量。

如果仅仅是这样，就和安维廉参加过的无数评审会没有太大区别，他不会

2006年，余梦伦院士（左）参加国际宇航大会时与鲁宇副院长（右）合影

印象那么深刻，十多年后仍然记忆犹新。在这次会议上，余梦伦提出了颠覆性的意见：在计算弹道方程时，报告上写的欧拉角并不是真正的“欧拉角”。余梦伦此言一出，全场皆惊，惊得最厉害的就是安维廉自己：搞了一辈子弹道，竟然连欧拉角也会搞错？仔细一看，确实是搞错了。

欧拉角是用来唯一地确定定点转动刚体位置的三个一组独立角参量，由章动角 $\theta$、进动角 $\psi$ 和自转角 $\phi$ 组成，为 L· 欧拉首先提出，故得名。对于在三维空间里的一个参考系，任何坐标系的取向，都可以用三个欧拉角来表现。直角坐标系通过三个角度的转动，可以转到另外一个直角坐标系，如果不是欧拉角，转完就“歪”了。

实际上，这份报告并不是由安维廉起草的，但是是由他把关的。可包括他在内的起草人、把关人、评审人等多位专家看过报告，都没有发现这个错误。而这个错误如果没有发现，会造成难以弥补的后果:《巡航武器性能评估方法》是关于巡航武器设计的标准，如果标准都不“标准”，按标准计算的弹道肯定会有误差，武器的性能就会大打折扣。

认识四十多年，安维廉第一次对余梦伦的认真、细致和负责肃然起敬，多年以后还常常回想此事用于自省。但余梦伦甚至不记得这件让安维廉难以忘怀的“小事”了，对他来说，认真细致是他多年养成的工作习惯，参与评审提出问题是他的分内事，不值得一提。他从未想过“奉献”“无私”这些个“大词”，他的心里就装着一个“大”字，中国航天的大局：如果通过他的努力，可以让更多人掌握、学会弹道设计的方法，从而推动弹道设计的发展，那么他就算是夙愿得偿了。

他这样想，也这样做。

言传身教能影响的人自然有限，所以，余梦伦还接下了《宇航学报》副主编、《中国科学（技术科学）》编委等头衔。院士当副主编，真能看稿？院士当编委，是挂名的吧？很多人在杂志上看到一些如雷贯耳的名字，都难免会这样想。

可余梦伦不是。到他手里的每一篇稿子，他都一字一句地看过，一个公式一个公式地推导过，就像参加评审会看报告一样仔细严谨。有的作者是相关院校的硕士生、博士生，投稿就是为了完成发表论文的任务，文章水平参差不齐、错别字满篇，花白头发的老院士却趴在桌前，用工整的字体，一笔一画地标出

栾恩杰（左）向余梦伦（右）颁发《宇航学报》副主编聘书

谬误、提出修改方向，不厌其烦。这样繁琐的工作，常常一次就占用余梦伦半天的时间，身边的人都替他不落忍：这是编辑的工作啊，怎么能占用您的时间呢？这样的文章，毙掉算了，为什么要费尽心机地为他修改呢？节省下来的时间，休息休息、陪陪家人也好啊……可余梦伦总是憨厚地笑着，又低下头，继续审那总是审不完的稿子，他相信，自己的努力总会影响一些投稿的人，只要能为别人带来好处，自己的辛苦就值得。

余梦伦的忙碌，他的家人、同事知道；他的朋友、学生知道；事实上，整个一院包括哨兵在内的人们都知道。可很多人不知道的是，余梦伦在繁重的工作之余，还积极参与了很多社会活动。

余梦伦知道，祖国的未来属于孩子，培养合格的航天人也要“从娃娃抓起”，因此，他热心公益、积极投身科普事业，孜孜不倦地向孩子们普及航天知识、宣传航天精神。他的身影频繁地出现在科普教育的公益事业和青少年航天

“神舟七号”成功发射后，余梦伦院士在新浪网接受访谈

知识的讲座上。六一、十一、春节，逢节必忙，科技馆、少年宫乃至大学校园是余梦伦的第二战场。一次讲座大约 2 个小时，余梦伦却要准备一个星期甚至更长时间，不仅要讲科学、讲技术，而且还要让孩子们能听得懂、感兴趣。为此，余梦伦经常放弃与家人的团聚时间，重新整理自己早已烂熟于心的航天知识，讲座前他已经给自己讲了好几遍。他告诫自己：对象是孩子，要讲得通俗易懂，要有故事性、趣味性，要躬下身、面带微笑，平视孩子们的眼睛。

2011 年 9 月 29 日 21 时 16 分，天宫一号目标飞行器成功飞天。余梦伦家乡宁波的青少年也交上了他们的答卷——437 篇科普作文，作文中充满了不少大胆的想象和创新的思维。一直十分关心家乡科普工作的余梦伦，更是把自己 50 年的科研工作经验总结为 36 字，专门寄给家乡的青少年朋友，这 36 字是：掌握外语、精通电脑、弄懂概念、捕捉灵感、勤记笔记、谦虚谨慎、团结同志、埋头苦干、自得其乐——他希望，孩子们能将航天精神和创新思想融入到血液之中。

2016 年 4 月 23 日，80 高龄的余梦伦参加了“梦想启航——航天科技中华行”系列活动。作为中国航天科技集团公司航天科普专家志愿团中的首席科学家，余梦伦激动不已：此次组建志愿团和以往不同的是，专家队伍中不仅有经历过中国航天“从无到有”的老人，还有不少担任过航天型号副总设计师或高级工程师以上的年轻航天专家，且每位专家每年参与科普活动的时间不少于 10 小时——科普“接力棒”已经传到了新一代航天科技工作者手中，一起传承下来的还有老一辈航天人的奉献和敬业精神。

为了培养新一代航天人，余梦伦既出力、又出钱。

2013 年，他将学校发给自己的院士酬金全部捐献出来，在哈尔滨工业大学航天学院设立了“余梦伦奖学金”。奖学金共分为“余梦伦航天奖学金”“余梦伦励志奖学金”和“余梦伦学生创新基金”三部分：其中“余梦伦航天奖学金”

尚勇（左）为航天科普专家志愿团首席科学家戚发轫院士（右二）、余梦伦院士（右一）颁发证书

每年金额5万元，用于奖励学习成绩优秀、科研实践成果显著、综合表现突出的学生；“余梦伦励志奖学金”每年金额3万元，用于奖励品学兼优、家庭经济困难的学生；“余梦伦学生创新基金”每年金额2万元，用于鼓励和支持大学生创新创业活动。这大大激励了哈工大的同学们，他们表示，一定要好好学习，发扬航天精神，不辜负学校的培养和余院士的期望，有朝一日，献身祖国的航天事业。

中国航天事业迄今为止已经走过了60个春秋，60年弹指一挥间，60年积淀了多少不朽的记忆。但余梦伦说：一切都已成为过去，我们应该向未来展望。中国航天历经几十载起伏，梦想不坠，新目标犹在前方。

# 余梦伦

余梦伦院士传记

Academician Yu Menglun's Biography

第三十七章

# 太阳系班组

余梦伦当过的最大的“官儿”，是航天系统中最基层的班组长。就在这最平凡的岗位上，余梦伦却为我国弹道导弹和大型运载火箭的发展作出了重要贡献。

卓越与平凡，似乎是一对反义词，可在余梦伦身上，却得到了完美融合。

在半个多世纪的职业生涯中，作为一名航天人，余梦伦只做过一件事，就是研究弹道。是的，他从事了50余年的弹道设计工作的确很平凡，是成千上万项火箭设计、研制工作中的一小部分。

50多年，对走上仕途的人来说，最少也能攀登几个台阶，可余梦伦就上了一级台阶，他当过的最大的“官儿”，是航天系统中最基层的班组长——余梦伦是中国航天科技集团公司中国运载火箭技术研究院总体设计部十一室所属的弹道、制导与精度分析工程组第五任班组长，负责导弹、火箭的弹道设计、制导总体设计工作，调兵遣将的规模也只是当时组内仅有的八九个人。

就在这最平凡的岗位上，余梦伦却为我国弹道导弹和大型运载火箭的发展作出了重要贡献。他所在的、人数最多时也不过十几人的小团队，以浩瀚宇宙为驰骋的疆场，创造出一个个令世界瞩目、国人自豪的奇迹，成为中国弹道设计领域的龙头。

在余梦伦看来，航天事业往往成也在班组、败也在班组。航天项目的成功，往往是由攻克的众多关键技术集合而成。航天项目的失败，最终往往归结于具体系统、具体部件，或者具体专业设计。班组虽说是科研生产环节中最小的细胞，但需要有人坚守。这种坚守，需要淡泊名利，更需要持之以恒。

2008年12月，这“平凡的岗位”从此不再平凡：班组被中国国防邮电工会和中国航天科技集团公司联合授予“余梦伦班组”和“工人先锋号”；2009年4月，又被中华全国总工会授予“余梦伦班组”和全国“工人先锋号”，是我国第一个以院士名字命名的高科技创新型班组。

自1966年成立至今，先后有52名“组员”在这个班组工作过。52人中，除了余梦伦，还产生了中国科学院院士刘宝镛、某型号总设计师王炬、长征二号丙火箭总设计师杨建民、某型号技术负责人陈新民等一批中国航天技术领军人物。

铺天盖地的媒体采访找上了余梦伦，一贯低调的他连连摆手：“成绩是大家的，这是组织对大家工作成果的肯定。”——提到自己的付出和成绩，余梦伦总是格外谦虚；但提到“余梦伦班组”，他就像一个骄傲的“父亲”，对组员们取得的成就如数家珍，满脸洋溢着藏不住的自豪。

毫不夸张地说，“余梦伦班组”是一个“特种战斗组”，在我国航天科技尖端领域有着不可替代的地位和独特的决定性作用。论规模，“余梦伦班组”相当于一个战斗班，论责任，却关乎着我国运载火箭运载能力和战略导弹打击精度等核心参数的设计与评定。在这个班组，所有关于运载火箭和战略导弹的描述都呈现出了数学方程式的形态，这里，是一个巨大系统工程的原点。

他们主要负责运载火箭及部分战略弹道导弹的弹道设计、制导总体设计工作，同时也承担着新型号预研课题的研究工作，专业技术难度大、理论知识要求高。在50年的专业建设中，班组在高、低弹道设计，运载能力优化，地球同步转移轨道设计，载人航天弹道设计，运载火箭双向高空风补偿，上面级弹道设计，运载火箭空中发射弹道设计等方面取得了重要进展。在这条高科技迅猛

2002年，弹道制导组全体人员合影（前排右二为余梦伦）

发展的道路中，“余梦伦班组”与时俱进，针对惯性制导研究采用了工具误差分离与实时补偿技术，极大地提高了惯性制导精度；经过大量的理论研究与试验，解决了动基座传递对准及星光复合制导修正等关键技术；开展了飞行器再入制导、末制导、复合制导，以及满足未来我国深空探测需求的多种制导及导航技术研究。

了解了技术问题和班组管理经验之外，也有记者问道，从这个班组中，走出了多位总师，也不止出过余梦伦一位院士，为什么要叫“余梦伦班组”？

余梦伦总是很不好意思：“这是上级领导决定的，我也不同意。这个班组里比我优秀、有资格为班组命名的人很多，这是领导对我的肯定和鼓励，但我自己是当之有愧，只能在有生之年，多为班组做一点事、尽一份力。”

“余老师实在是太谦虚了！”“余梦伦班组”第三任班组长马英十分感慨，在他和班组的组员们看来，余梦伦是实至名归，用这三个字为班组命名，是每一个组员的自豪和骄傲。

为什么要叫“余梦伦班组”？因为余梦伦在弹道组里一呆就是50年，很多人当了领导，离开了班组，而他却一直坚持在一线。谁都知道一线最辛苦、科研最难干，但航天事业的发展需要褪去浮躁、坚守学术的人，离不开精益求精、心无旁骛的一线工作者。为了这个梦想，余梦伦推掉了一次又一次离开一线岗位的机会，把自己永远定格在最低调、最前沿的位置上。当很多人感慨和他在同时代起步发展的专家，现在很多都转向了行政管理岗位统领千军万马时，余梦伦却依然保持着自己的风轻云淡。

“在很多领域，不少人一旦成名成家，就脱离了一线工作。但余老师这样的大家，五十年如一日，始终不离科研一线，心无旁骛，治学一丝不苟。他的人格魅力，影响了一代又一代的弹道人。”一院党委书记梁小虹深情地说。

为什么要叫“余梦伦班组”？因为这个班组所取得的标志性成果，大多都和余梦伦息息相关：高、低弹道，小推力弹道方案，高空风弹道修正方案……每当回望多年的经历与取得的成就时，余梦伦最大的感受就是“在平凡的岗位上，一样能作出自己应有的贡献”。他将自己的成功归为一院一部这个优质的平台，也因此，他从不将自己的成果据为己有，而是无私地与需要的同事分享。

合作多年的老战友感叹：老余总是在课题最艰辛的阶段接手，等快出成果了，他就将整套方案交给其他人；他拿出来的东西不仅仅从不出错，还标出一般人没考虑到的地方，让人心服口服。

为什么要叫“余梦伦班组”？因为余梦伦的工作作风，影响了一代又一代的班组人。余梦伦从事实用弹道工程设计五十余年如一日，甘当螺丝钉发一份光和热；七十多岁的高龄依旧工作在科研一线，以扎实深厚的理论功底、高度的质量意识、科学求实的工作态度践行着强国之需，为航天尽职尽责、呕心沥血——对于“余梦伦班组”的组员们来说，他是不可或缺的精神支柱；他的身体力行，也成为了组里年轻人的榜样。

“我最幸福的人生状态是永远工作在科研一线，自强、自立、自信，一辈子没有想过要当官，立足班组，安心做好我的工作。”余梦伦说，在崇高的坚守中，余梦伦获得了精神上的满足和快乐。

有领导评价他：五十多年，老余从不向任何人提困难，也从不背地里抱怨任何人，用“德高望重”形容毫不过分。“和他在一起，你感受不到一丝浮躁”。一部党委书记王亚军说。

为什么要叫“余梦伦班组”？因为余梦伦不仅仅是班组成员们的精神支柱，更是一位真正的参与者。当选了院士后的很长一段时间里，余梦伦仍然和大家坐在一个办公室里，他喜欢在一线、和大家在一起。直到上级领导某次视察，看到“院士的工作条件竟然这么差”，认为“你们也太不重视院士了”，余梦伦才不得不搬到了独立的办公室。

因为长期身处一线，班组里的每一个成员，都有机会耳濡目染，从余梦伦

当选了院士后的很长一段时间里，余梦伦仍然和大家坐在一个办公室里

那里学到了很多。和别人不一样，他们不称呼余梦伦为“余院士”或“余老总”，而是亲切地称呼他“余老师”，他是班组里每一个人所敬重的老师。

“所有的报告递到他案头，无论是不是他份内的工作，他都一定要看，一定要从头到尾自己算一遍，才放心。”“余梦伦班组”组员宋强对敬爱的余老师的认真很是感慨，“碰到他不熟悉的地方或是一些技术细节，他会不耻下问，来请教我们。”

“因为他年纪大了，我们尽可能不去打扰他，有问题都自己解决，但只要去请教他，他从来没有拒绝过。”“余梦伦班组”现任副组长何兆伟也深有感触，“我们不会的地方，他毫无保留，甚至手把手地教我们，正是因为他的无私，现在我们所有人编的程序，都会‘三共享’，我们的工作流程、工作作风都有他的影子，所以叫‘余梦伦班组’真的是实至名归。”

“余梦伦班组”成立后的首任班组长陈风雨曾形象地总结出班组的运行模型为“太阳系团队”，在班组人的心目中，余梦伦就是那无私奉献着光与热的太阳吧！

目前，“余梦伦班组”人员主要由“80后”组成，“浮躁、急于求成”是社会给“80后”贴的标签。然而，“余梦伦班组”的人员非常稳定，十余年来，没有一个人离职。“从心底来说，我们都非常热爱这项工作。同时有余梦伦院士经常鼓励大家，我们都知道自己的坚守非常重要。”“余梦伦班组”第二任班组长常武权说。

常武权是“余梦伦班组”成立后的第二任班组长，也是位“80后”，2006年硕士毕业后，进入“余梦伦班组”工作，一呆就是10年。刚进入航天的小常，对余梦伦充满了敬畏之情，还曾经哭过一鼻子：在长征二号F火箭设计工作中，小常负责计算火箭发射目标飞行器的运载能力，计算结果由余梦伦复核复算。当他把相关原始数据和设计条件提供给余梦伦后，便不安地等着他的反馈。很快，他就接到了余梦伦的电话，尽管余梦伦和蔼地指出，他的计算结果有100

千克左右的差异，小常心里还是“咯噔”一下。放下电话后，经不起打击的职场新人趴在办公桌上默默地哭起来，心里无比难过。正哭着，电话铃又响了，还是余梦伦。让他没想到的是，余梦伦是专门打电话来道歉的：原来，是余梦伦把整流罩质量数据弄错了，更正后，计算结果是一致的。在沟通中，余梦伦多次对比自己小40多岁的年轻人说“抱歉”。

“这件事告诉我，要像余院士那样踏踏实实地做人。‘余梦伦班组’带给我们的不仅仅是光环，更多的是责任。我们都希望能够像余院士那样，成为一名技术专家，为航天事业的发展贡献更多的力量。”常武权说，从余梦伦身上，他们能够感受到精神的力量。

“‘余梦伦班组’就像一个酿造美酒的窖池。”总体室副主任张兵如此形容这个团队。“刚参加工作的年轻人水平都差不多，可几年过去，进入‘余梦伦班组’的人能力会明显高出一筹。”——“酿酒”的秘诀就在于组员间的无间合作、无私相助。

“不同轨道，相同梦想；弹道有痕，进取无疆。”在余梦伦看来，班组是事业孕育、培养、发现各类技术人才和领军人物的重要阵地，是个人锻炼提高、展示才华、实现人生价值的舞台。班组素质的高低，体现和反映了航天的科研、生产、管理水平和完成国家航天任务的能力。

2012年，弹道制导组全体人员合影（前排中为余梦伦）

弹道研究无止境。

余梦伦和“余梦伦班组”的成员们都相信，导弹和火箭是有生命的，而弹道设计则是导弹和火箭的灵魂。已经80岁的余梦伦，如今是年轻航天人的“亲密战友”；多年的设计生涯，让余梦伦成了“圈”内的权威，现在的他负责总体部弹道设计把关，仍常常到弹道组，和一群“70后”“80后”一起埋头计算。余梦伦的奉献精神和对技术的不断超越，感召着一拨又一拨的追随者。

在余梦伦的引导下，余梦伦班组的成员们用自己的智慧和双手，勾勒出一条条唯美的弹道曲线，载人飞行、交会对接、“嫦娥”探月、北斗导航就是对这些弹道曲线的完美注解。这些国家重大工程对于“余梦伦班组”的成员而言，它更像是动员令，更像是冲锋号。在时时鸣响的号角声中，班组人废寝忘食、刻苦攻关，用自己的青春与汗水，为祖国的航天与国防事业默默地奉献着。深夜的孤灯，反复的演算，他们不辞辛苦，只为践行航天人永葆成功的坚强信念；遥远的大漠，彻骨的寒风，他们无谓严苛的条件，只为捍卫家园的东风导弹剑啸长天；长期出差，远离妻儿，他们深藏许久的思念，只为神舟飞船与天宫实验室宇宙中团圆……

航天型号的发射，是航天系统工程的重要一环，而导弹和运载火箭的弹道就是这个型号的重要“基因”。要实现航天事业的跨越式发展，“班组”是核心、是主力、是基石。而余梦伦，这位曾经的第五任班组长、“余梦伦班组”终身名誉班组长，对祖国航天的热爱和忠诚、对事业的坚定与追求、对科学的严谨与细致、对他人的诚挚与友善，如同血脉一般，传承给了“余梦伦班组”的一代又一代人。

“在这个团队我有种归属感，最大的领悟就是做人做事要实实在在，付出是有意义的。”刚刚加入班组的研究生李重远说起自己的班组时深有感触。

在团队工作五年的研究生周天帅则上升到哲学的层面：“团队的文化氛围熏陶了我，我的性格踏实了。工作中接触的每一个数字，在外人看来只不过是一个数字，可在我们看来，却是生命力的跃动，是我们的价值体现。是这个团队，让我找到了属于自己的丰富多彩的数字人生。”

博士生王建民提起团队一往情深：“你的导师是谁，你的师傅是谁，如果追根溯源，都可以追到余梦伦老师那里。我最自豪的就是荣幸地成为这个团队的一员，学会了低调做人、高调做事，用严谨踏实的工作作风去漂亮地完成每一个项目。”

“他可能是我这辈子遇到的最好的人了，我们都会沿着老师的路走下去。”谈到对恩师的评价，常武权一句朴实的话语让人动容，同时也让人相信，无论时代如何变迁，依然会有人在灯火阑珊处默默坚守。

“强国之需，我辈使命”，这是“太阳系班组”的核心价值观，也是“班组长”余梦伦为之奋斗的永不枯竭的动力。

# 余梦伦

余梦伦院士传记

Academician Yu Menglun's Biography

第三十八章

# “蓝领”和“工匠”

余梦伦就像一台不知疲倦的计算机，五十多年如一日，为推进祖国的航天事业辛勤工作。如今白发如霜的他，依然奋斗在航天事业的最前沿。

工作五十多年，余梦伦一直把自己定位在“蓝领”。

蓝领（ Blue-collar worker ）是一个西方传来的生活型态定义，这个概念是美国在20世纪50年代提出的，人们通常认为：蓝领在工作上是相当有经验和博学的，尽管他们不见得都受过正式的学校教育，但累积了一定经验之后，通常会被上司指派为团队的负责人。许多“蓝领”拥有很高的组织水平，具有统一的职业技能与生活方式，对自己的社会地位有清晰的认知，能定义自己需要什么和做什么。工业化文化造就的“蓝领”，在具备了强劲的体能之外，还受过正规化的职业培训，工作时具有一丝不苟的质量精神和协作精神。而且“蓝领”一般都比较有教养，与“白领”相比，生活形态和消费习惯上更加朴素、踏实，充满了正能量，少了“白领”的虚荣和花哨的作派。

虽然余梦伦毕业于中国的最高学府之一——北京大学，创造了许多骄人的业绩，但他始终认为自己就是一个“蓝领”，不是“金领”，也不是“白领”。在“蓝领”里面，和“普蓝”“锐蓝”相比，勉强可以算是一个“深蓝”。“锐蓝”和“普蓝”主要从事体力劳动，而“深蓝”是有一定技术和创新能力的人。

同时，余梦伦还认为自己是一个“匠人”，“匠人”是把自己的一生奉献给一门职业的人。“匠人”有把事情做好做强的欲望，埋头苦干，孜孜不倦，精益求精，心灵手巧；视工作为修行，视品质如生命，追求完美的极致。“匠人”平静、安适、充实、愉悦、幸福，敬畏自己的工作，把所做的工作视为生命价值的体现，磨炼自己的灵魂，提升自己的人格。“匠人”往往用一生去做一件事情，那是一种纯粹的伟大。

很多人认为“匠人”只是一种机械重复的工作者，甚至是带着一丝“傻气”，但其实“匠人”有着更深远的意思。他代表着一个时代的气质，坚定、踏实、精益求精。“匠人精神”包含着一种坚韧的知难而进的精神，对于达到完美结果的渴求；“匠人精神”代表着对细节的完美追求与表达，对产品的品质有着超出常人的苛求；“匠人精神”代表着一种与时俱进的严谨，在时代的大潮中脱颖而出；“匠人精神”也是洗尽铅华后的沉淀，平静却充满力量。这样的人最有魅力，也最能打动自己与别人的心弦，感动自己的灵魂。余梦伦就是这样的“匠人”。他一辈子都在和数字、计算机打交道，在他眼里，轨道是天空中最美丽的那一道弧线。

余梦伦对数字太熟悉了，小的时候，余梦伦就看着在洋人药房里上班的爸爸，天天拿着算盘、夹着打字机，算账、记账、打字。祖父的算盘打得好，爸爸的算盘也打得好，余梦伦继承了父辈对数字敏感的天赋，大学上的就是数学力学系，后来又学的是计算数学专业。到了航天，余梦伦的弹道设计工作涉及到弹道数学建模、计算程序编制、数值计算、数据分析和弹道飞行方案的确定等多方面，包括大量的数值计算，可这数字不能靠算盘了，需要计算器和计算机。

在 20 世纪 60 年代初，中国的航天设计还没有应用电子计算机。余梦伦参与设计的 1059 导弹的弹道是依靠手摇计算机进行计算。手摇计算机摇一次完成一次加法，做乘法需要摇好多次，三角函数计算则需要查像辞海一样厚的专

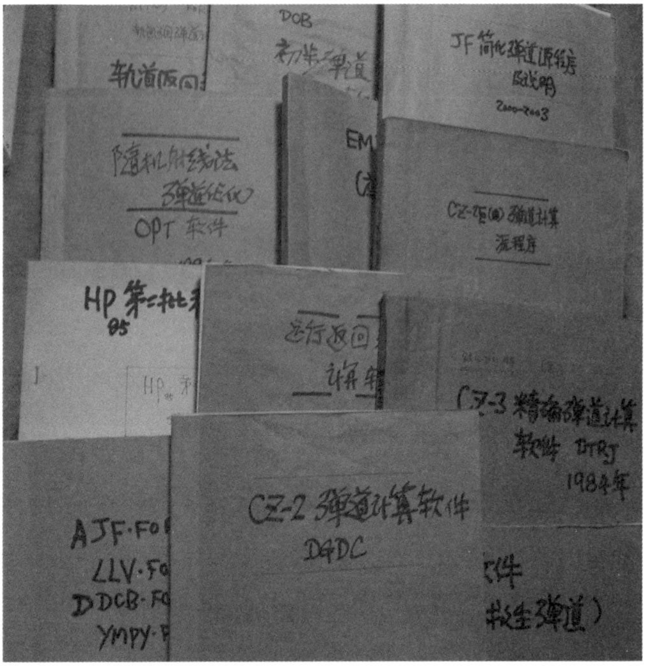


余梦伦编制的部分弹道计算程序文本

用三角函数表。所以当时弹道计算的工作十分艰巨，为此配备了专用的计算员，计算一次射程 500 千米的弹道，需要 6 个计算员花两个月的时间，而现在用电子计算机只需要几毫秒。

有一次，余梦伦在摸索弹道设计的过程中遇到了一个棘手的技术难题，为了尽快验证自己的设想和解决方案，在后续数周的时间里，他几乎一刻都未曾离开过那台手摇计算机。他每天的工作量远远超过 8 小时，休息日更成了“无休日”，一次次计算、一次次修改，在计算机摇柄无休止的转动过程中，时间也在悄然流逝。为了解决这个难题，余梦伦不知做了多少次计算，也不知道在计算中卡了多少次“壳”，大家只是看到计算机房里昼夜灯光通明。

当余梦伦抱着一叠的数据报告与同事交流分享时，人们这才惊奇地发现，一向清瘦的余梦伦，右臂似乎比以前“粗实”了许多，原来余梦伦在几乎不间断地转动计算机摇柄的过程中，由于长时间过度劳累，右臂已经严重肿胀。当同事和家人劝他注意身体时，他淡然地说：“这点困难算不了什么，我希望能多做点事。”

参加计算只是日常的工作，重要的是确定计算方法、编制计算步骤和构制计算表格。同时还要考虑每张表格之间的协调关系，获得最好的计算效果。刚毕业的余梦伦一项主要的工作就是趴在一米见方的巨大图纸上编制表格、确定计算程序。这是一项繁琐、枯燥、细致的工作，来不得半点懈怠和马虎，一天十几个小时地趴在那里，一趴就是十几天，甚至几十天、几个月。对于一个二十几岁、正是活泼好动年纪的年轻人说，未免太残酷了。而对余梦伦来说，却是如食甘饴、甜美无比。在一个个小小的表格里、密密麻麻的数字里，他仿佛看到了浩瀚的天体和灿烂的群星。

随着计算技术的发展，相继出现了电动计算器、电子计算器。电动计算器不需要手摇，减轻了劳动强度；电子计算器能自动计算三角函数等一些简单的函数，计算效率得到了提高，余梦伦在计算中近程战术导弹“M9”的弹道时，使用的就是日本夏普公司生产的 PC-1500 电子计算器。

然而，电动计算器和电子计算器并没有从根本上解决弹道计算的困难，直到我国自行研制的一台通用大型晶体管数字计算机“109 丙机”出现，才改变了弹道“计算难”的局面。

1967 年 9 月研制成功第一台 109 丙机，技术指标和主要设备都达到当时国内最先进的水平。经国防科委组织鉴定后，交付二机部九院使用。这台机器为九院工作了十五年，有效算题时间 10 万小时以上，它为我国第一代核武器的研制、定型和发展作出了重要贡献，被国防科委领导誉为功勋计算机。

之后按照国防科委要求，1968 年又制造成功第二台 109 丙机，这台计算机交付给余梦伦所在的七机部一院使用，机器代号为 015 机。015 机在一院计算站运行十六年，工作稳定，总共开机 9 万多小时，有效机时 8 万多小时，开机率历年平均 90%。它为我国战略导弹、运载火箭的多个型号从方案设计到定型

109丙电子计算机

生产多个阶段的理论计算，提供了大量重要数据和决策依据。

另外，109丙机配备了BCY算法语言，这为广大科技人员使用电子计算机创造了有利条件。BCY是汉语“编译程序语言”（Bianyi Chengxu Yuyan）的拼音缩写，是在算法语言ALGOL 60基础上发展的一种汉化算法语言。它于20世纪60年代初期由中国科学院计算技术研究所设计，在BCY语言出现前，国内计算机没有适用于科技人员方便使用的算法语言，所以一般由科技人员把需要计算的工程对象的数学公式、有关原始数据和计算要求，写成计算任务书，递交给计算站，由计算站的计算机程序员根据计算任务书要求编写成计算机语言后上机计算，算完后把计算结果返回给科技人员。但往往由于在专业技术上的隔阂和对计算任务书理解上的一些问题，这一过程需要多次反复才能达到预期的结果，在一定程度上影响了工作的效率。

BCY 语言的推出，打开了计算机与科技人员之间一扇无形的门。

对余梦伦而言，有了 BCY 语言，他就可以自行上机进行弹道设计、计算工作。长征三号运载火箭的所有弹道设计和计算都是采用 BCY 语言自编程序、上机计算的，这使设计工作效率大为提高。而效率提高的另一方面，是余梦伦的工作量大大增加：一是要编制弹道计算软件，繁琐而复杂，例如，“长征三号”的弹道计算程序就有 12000 多行。二是需要自己亲自上机计算，由于当时一院仅有一台 109 丙机供全院科学计算使用，而 109 丙机是单任务计算机，不像现在的计算机具有多任务功能，只能一天 24 小时连续运转。由于弹道计算时间长，且不能中断，所以一般是安排在晚上 10:00 到凌晨 5:00 左右，加上计算前的准备工作，往往需连续工作十几个小时，有时加上计算后的分析工作，时间可能会更长。如果遇特别紧急的任务，就要连轴干，这对余梦伦来说，简直就是家常便饭：白天正常上班，深夜骑车到计算机房继续工作。寒冬腊月，自行车在下过雪的路面上晃晃悠悠地直打滑，哈出的气在余梦伦的眼睫毛上凝结成了一层白色的霜；北京的夏夜倒是凉爽，可为了保证电子计算机良好散热、正常工作，机房的空调温度开得很低，大夏天的，余梦伦裹着棉大衣还连连打喷嚏……三是由于从计算纸带穿孔、上机计算、计算结果分析一直到弹道方案分析，全部工作都由余梦伦一个人从头管到底，相应的工作责任也更重了。比起有的单位有专职程序员、专职纸带穿孔员，他的工作要辛苦得多，但苦中自有甘甜，当他以高效率设计出满足工程总体性能要求的弹道方案时，从心里感到虽苦犹荣。

虽然工作量增加了很多，但效率却有了很大的提高，特别是自编程序上机能充分实现自我创新思想的及时展现，并能及时为型号研制提出新的方案，这让余梦伦很有成就感，一切苦呀、累呀，全都烟消云散了。

1983 年，一院总体设计部购买了一台高性能的 B1000 电子计算机，这种计算机具有多任务功能，10多人可以同时上机计算，计算效率大大提高了，也不需要半夜上机了。余梦伦和他的同事们满意得不得了，“鸟枪换炮了”。就像战士爱手中的钢枪，余梦伦手中的钢枪就是计算机。有了顺手的“武器”，余梦伦犹如鱼儿游进了大海，更有理由没日没夜地沉浸在编程、计算的海洋中，从中享受工作的甘苦和乐趣了。“快马加鞭未下鞍，惊回首，离天三尺三”，为了设计出中国火箭飞天那一刹那的美丽，余梦伦几乎耗尽自己所有的心血。

此外，从开始使用109丙电子计算机，余梦伦就根据工作需要，自己研究编制了大量的计算软件，大的软件如弹道分析软件、弹道优化算法软件、返回轨道软件和各类火箭的精确弹道计算软件、偏差弹道计算软件等，小的软件如性能估算软件、弹道地图软件、发射诸元和加注量计算软件……在电子计算机出现后的几十年中，余梦伦工作中几乎有2/3的时间用在软件编制、软件调试、软件修改和计算工作中。

试想一下：一个人在近60年的生涯里，始终与一台冰冷的机器和枯燥的数字在一起，不是看电影，也不是打游戏，而是在软件的编制，软件的调试、修改和大量的计算中度过，需要多么大的勇气和耐力。余梦伦这辈子都是这样度过的，但他觉得自己是世界上最幸福的人：“你看看，球场上那些挥汗如雨的小伙子，旁人会觉得他们很辛苦，可是他们却觉得很享受。我干自己的工作也是如此。干弹道设计让我忘记劳累。虽然建模和编程也会遇到很多困难，但是通过自己的努力攻克技术难关的成就感，让我觉得自己是世界上最幸福的人。”

余梦伦就像一台不知疲倦的计算机，五十多年如一日，为推进祖国的航天事业辛勤工作。如今白发如霜的他，依然在加大马力高速度地运行着，奋斗在航天事业的最前沿——余梦伦的疆场，不仅在纷繁复杂的参数计算中，更在无比浩瀚的苍茫宇宙中。

# 余梦伦

余梦伦院士**传记**

Academician Yu Menglun's Biography

第三十九章

# 布衣终还乡

“少小离家老大回，乡音无改鬓毛衰”，无论走了多远、无论做出怎样的成绩，余梦伦都深深铭记：他是慈溪的儿子。

余梦伦再次来到慈溪、来到桥头、来到烟墩，是2014年4月26日，78岁高龄。慈溪日报是用这样的标题来报道余梦伦此次省亲的：“少小离家老大回，乡音无改鬓毛衰”。

报道中写道：余梦伦院士两岁就随母亲离家去了上海，除了十岁时回来过一次，之后的68年里，再也没有回来过。当这位鬓发全白的老人再次回到故里，抑制不住内心的激动。为表达对家乡人民的真诚感谢和美好祝愿，余院士这次特意赠送给桥头镇一件礼物——一个长征二号火箭模型。

是的，当余梦伦带着妻子王信芳来到了桥头、来到了烟墩，他的心就没有平静过。故乡的云，像外婆的心，纯净柔软，如此熟悉；故乡的天，像父亲的笑，清朗爽利，如此舒畅；故乡的风，像母亲的手，拂面而过，如此温柔；故乡的人们说着和祖父一样的方言，余梦伦听得快要落下泪来。祖父、外婆、父母，早已作古，原来，思亲之情只有在故乡才能好好安放。

为什么，要等68年，才回到家乡呢？余梦伦心里问自己。

余梦伦并不是要等到载誉才肯归来、衣锦才能还乡；何况此时的他，也不曾觉得自己是个“人物”，做了多少伟大的事情——虽然他此行，确实是名副其

余梦伦院士向桥头镇赠送长征二号火箭模型

实的“荣归故里”。

说是工作太忙也是事实，可余梦伦忍不住责备自己，难道就真的一点儿“回家”的时间都抽不出来么？中国人讲求“归属感”，真该带着两个说一口“京片子”的儿子来认祖归宗，看看爷爷奶奶长大的地方啊！好在，没有回家，不代表没有思念。68 年来，故乡的景致一直浮现在他的梦境里，故乡的味道一直活跃在北京家里的饭桌上，小时候从母亲那里听来的故乡的故事，后来又讲给了儿子听——尽管人在异乡，他从来没觉得离开过故乡，也许这就是他 68 年来不曾回过故乡的原因吧。

68 年了，故乡没有变。

68 年前，乃至余梦伦的父亲才 10 岁的时候，慈溪就重文化、重教育，对文化人格外青睐。慈溪出过状元，出过东汉隐士严子陵，初唐书家虞世南，南宋名儒黄东发，一代画师陈之佛，教育前驱杨贤江……现在又出了院士，非同小可。余梦伦是为火箭设计飞行轨迹的院士，轨迹就是道路，很少人知道他的贡献到底是什么，但院士的头衔令乡邻们尊敬。

于是，余梦伦受到了他从没有想到的来自家乡人民的盛大欢迎。这种盛大

余梦伦不同阶段的照片

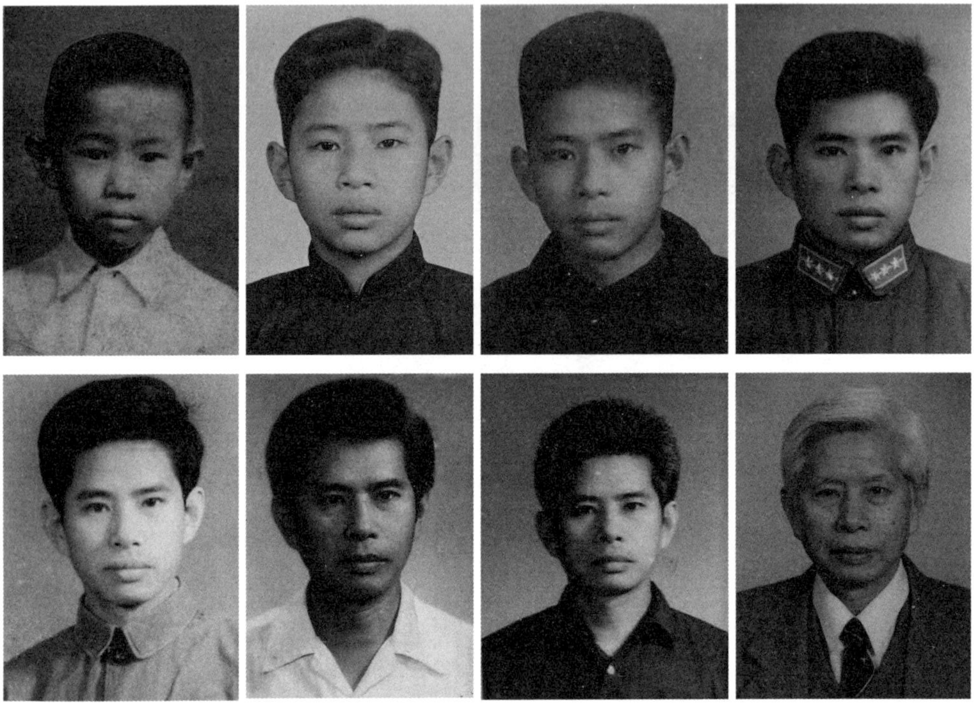

余梦伦（右一）和老家的亲戚亲切交谈

是事先没有组织的，乡人如潮、扶老携幼，在余家老宅的路边夹道迎接，都想一睹院士的风采。平凡惯了的余梦伦心里有些惴惴不安，嘴里不断地重复着：“太隆重了，太隆重了……”他不断地告诉陪同他的乡镇领导：“我只是一名普通的劳动者，如果说这些年我为国家做了些什么，这也是家乡人民的功劳。”

乡邻们挤挤挨挨、窃窃私语，终于有一个大胆的，挤上前问：“院士是多大的官？”余梦伦认真地想了想：“院士不是官，但我最大的官是小组长，是布衣院士。”乡邻们都笑了，气氛轻松下来，年轻人纷纷让步，让一些老年人挤进来，有的说：“我认识你的父亲，他会讲英语，是个文化人。”

余梦伦点头称是。自己都是快 80 岁的人了，认识父亲的人，得有 100 岁了吧。

一个满头银发、精神矍铄的老妇人肯定地说：“我抱过你，你还记得吗？”

余梦伦连说：“记得，记得。”脑子里却一片茫然，两岁的孩子，能记得什么？然而他深感乡情浓郁，一片笑语，好像桥头镇都沉浸在欢乐之中。

在故乡的日子里，余梦伦更愿意和妻子一起，沿着童年的记忆，静静地找回自己儿时的家乡。

慈溪的自然风光得天独厚，栲栳山东西对峙，上林湖荡漾其中，越窑遗址幸留于此，青瓷文化孕育于斯。人间四月天，空气里弥漫着蔷薇花的香气，山是满眼的翠，湖是粼粼的波，一切都是那么美好。

上林湖的水很清，靠岸都是浅滩，清澈见底的湖水中躺着无数的瓷片和陶片，有细瓷的、粗瓷的，如冰似玉、莹碧润泽，染青水、盛绿云，在阳光下闪闪发亮。那些瓷片和陶片经过湖水多年的荡涤，边角的碎口都不扎手了，湖边嬉戏的孩子们用小手把碎片摩挲一遍，然后侧腰低头，把碎片向水面平甩过去，看它能跳几下。这个游戏叫作削水片，几个孩子比赛开了，神秘的碎片在湖面上跳跃奔跑，平静的上林湖犁开了条条波纹，不一会儿，波纹重归平静，碎瓷

余梦伦和夫人在宁波院士林余梦伦的雕像前留影

片、碎陶片和它们所连带着的秘密全都沉入湖底——余梦伦记得，这是父亲的故事里出现过的游戏，大概父亲童年时，也曾像这些孩子们一样玩耍。

现在还不是杨梅成熟的季节，余梦伦只好用语言让夫人“望梅止渴”。六月才是杨梅红了的日子，杨梅收获的季节很短，一旦熟透了就会变得软烂，没法吃了；但它的成熟又来势汹汹，刹那间从漫山遍野一起涌出紫红发黑的云霞。在运输极不方便的当时，人们唯一能做的事情就是放开肚子拼命吃。余梦伦 10 岁那年回乡，恰好碰上了杨梅熟透的日子，他在小亲戚的带领下上了山，爬到随便哪一棵杨梅树上边摘边吃，那些红得发黑但又依然硬扎的果实，清甜微酸、挺韧可嚼，傍晚回家时，一件白布衫往往是果汁斑斑，暗红浅绛，活像浴血奋战的“戚家军”。

让余梦伦难忘的，除了杨梅，还有故乡的白米饭和霉干菜。慈溪盛产稻米，在上海的时候，外婆总是絮絮叨叨，说上海的米不如家乡的米香甜、有韧劲；外婆蒸白米饭的时候，通常会在饭镬蒸一碗霉干菜，这是家乡最传统的吃法，雪白晶莹的米饭顶着一撮乌黑发亮的霉干菜，余家的孩子们总是会比平常多吃一碗饭。

“桥头路 49 弄 66 号”是余梦伦的出生地，明清和民国初，桥头分属上林乡和林东乡，而非以“桥头镇”命名。桥头老街以里仁桥为中心，河小桥小，在河湖密布、桥梁众多的慈溪，里仁桥并不为人称道，但由于工艺精湛，斗拱、雕栏、刻柱、狮头、浮图堪称一件稀世的艺术珍品，竟成了世人刮目相看的小家碧玉而远近闻名。如今这座桥已早早淹没于乡土，一座横空出世的过街天桥屹立在人们面前。

还有烟墩，早已了无痕迹，只剩下一个烟墩的村名。

天上开始下起毛毛细雨，这是故乡的梅雨季节。细细的雨扫在人的脸上痒痒的、润润的，像皮肤上沁出的小汗珠子；街道的路面也湿漉漉的、滑溜溜的，像一面面亮堂堂的镜子。余梦伦想起小时候回到家乡，他穿着从上海买的黑色胶皮雨鞋，在小巷子里使劲踩着浅浅的水洼，溅起亮晶晶的水珠，引来小伙伴们多少艳羡的目光。而村里的孩子只能踮起脚尖，踩高跷似的在水里行走，或者把两块青砖垫在脚下，用草绳绑住，在水里提着绳子，像提着自己的双脚。

听说余家的几间老宅至今还保存完好，余梦伦十分高兴地冒雨前去。

在门牌号为“桥头路 49 弄 66 号”的老房子前，余梦伦停住，凝视良久。长着绿色苔藓的墙壁，木头的窗棂，长长的椽子，熟悉的霉干菜的香气，屋顶的瓦片溅起白色的雨雾，青石板被雨水洗得绿得发亮……尽管已经不住人了，可是房子还完好地保留着。

“这就是我的出生地？”在他的印象中，院子很大、房子很高；现在看来，却是逼逼仄仄，又小又矮。想来是因为自己那时太矮小的缘故，看什么都很高大。两岁前，他就和母亲生活在这里；后来，他被母亲抱着去了上海，在石库门的老房子一住就是近20年。20年后，搬了新房子，还是因为母亲。

1956年，母亲当上了管一千多人的里弄的居委会主任，也算是个“大官儿”，只是这官儿没有工资，就像现在流行的志愿者，即使是这样，她也干得很起劲。1959年，由于工作出色，母亲被评为先进个人，还是当时上海市市长曹荻秋发的奖，奖给母亲一套国庆献礼的房子，全家终于从石库门搬出来了。作为奖品的房子让全家人有一种上天堂的幸福感，房子里有厕所，厕所里有浴缸，不但有煤气，还有

1960年，余梦伦父母迁入新居后的合影

抽水马桶。那个时候，只有资本家才用抽水马桶，彻底告别了每天早晨粪车到来时，“拎出来哦”那熟悉的叫喊声。没了“粪车报晓鸡”，多多少少还有些不习惯。踩在木质的地板上，走上去咯吱咯吱的，像唱歌。

余梦伦不知道母亲到底做了什么，能获得这么高的荣誉和奖励。只知道母亲很能干，本事很大，而且团结人，把里弄工作搞得有声有色。据说母亲还曾经搞过一个主题是扫盲的诗歌朗诵会，这可是母亲这个文艺青年的强项，估计类似于《红楼梦》里面的诗社，几乎所有的文盲都让她动员起来了，办识字班、编顺口溜，把顺口溜抄下来贴在墙上叫做诗，整个里弄贴得满满的，引得《新民晚报》也来报道，很是红火。写的诗都是大白话，倒也朗朗上口，其中一句叫作：“把文盲的帽子扔进黄浦江。”

想起母亲，像所有孩子一样，余梦伦脸上露出一丝甜蜜的微笑，可惜这笑容不长，因为工作，他在母亲身边陪伴的时间，太短太短；如今，母亲已经离开他 19 年了，体力透支的母亲在 52 岁的时候突然中风了，就像毛巾一样，拧得太干了，一点儿水分也没有留给自己，从此以后就在医院和一大堆药物之间顽强地抗争。她中风以后，还是天天看书，看英语，看《红楼梦》，书签就是余梦伦的名片。爱玩蛐蛐、小白鼠，爱养蚕的大儿子成了航天专家，在蓝天上为飞天的火箭画了一道美丽的彩虹，母亲的心里充满了骄傲。中风 27 年后，母亲欣慰地闭上了眼睛，“子欲养而亲不待”，余梦伦的心里满是愧疚。

怀着对母亲的思念，余梦伦又来到西边的“桥头路 77 弄 27 号”：深绿色的爬墙虎紧紧地抓住潮乎乎的砖墙，努力地昂着头向上攀爬着，手掌一样的叶子把灰色的小楼变得绿油油的，几乎看不出原来的颜色。间或有牵牛花也缠绕在其中，粉色的、蓝色的、紫色的、还有白色的花朵，吹着喇叭，无声地歌唱着。这是祖父生前居住、后来逝世的地方。生于斯，死于斯，是许多中国人的梦想，用一个耳熟能详的成语来解读，就叫做“叶落归根”。

余梦伦缓步走进有些昏暗的厅堂，然后沿着窄窄的楼梯爬上二楼，深情地凝视祖辈曾经生活过的地方，用双手轻轻地抚摸着木床、木桌、木椅和墙柱，久久地，不愿松手。

这也是父亲出生、成长的地方；父亲也是从这里离开，到了上海，为家人打下了一片天地。

父亲比母亲离开得还要早。1986 年 11 月 20 日，父亲去世，留下了一大堆的书。父亲的书籍大部分是外文书和化学书，书很多，堆得像小山一样，家里实在放不下了；书很厚、很重，书皮都是硬壳烫金的；书很旧，被父亲的手翻阅了千百遍，纸发黄了，角磨烂了，上面画满了道道。余梦伦和弟弟妹妹商量着，从父亲留下的书中选出一些留作纪念，剩下的就卖给废品收购站。当时纸张的收购价格是一斤 0.11 元，结果卖了 100 多元钱，父亲的书，竟然有 1000 多斤。

父亲在上海去世，没有回到家乡。饶是如此，家里也是挤满了前来帮忙的朋友和远道而来的亲戚。答谢席间，余梦伦弟弟的小女儿意外地兴奋，“咯咯”地笑个不停，让弟弟很恼火，也让所有的人感到很尴尬。其实小闺女不懂事，以为爷爷只是安详地睡着了。

余梦伦的母亲含着眼泪对孙女说：“爷爷就一个，以后没人心疼你了。”——父亲也只有一个……想到这儿，站在父亲故居里的余梦伦鼻头酸了。他从故居二楼向外看去，细雨如丝，剪不断，理还乱，别有一番滋味在心头。突然呢，就想起苏轼那首《水龙吟·次韵章质夫杨花词》:“晓来雨过，遗踪何在？一池萍碎。春色三分，二分尘土，一分流水。细看来，不是杨花，点点是离人泪。”

那泪就和着雨水顺着脸颊流下来。

就要离开烟墩村、桥头镇、慈溪了，余家的亲属们围坐在一起，舍不得离开，余梦伦紧紧地握着堂叔、堂婶和堂兄的手，一起追忆往事、相互问候，彼此间打听着远方亲戚的消息，知道不少人已经离世，唏嘘不已。

告别了又告别，寒暄了又寒暄，终于要离开家乡了，一个白发苍苍的老妇人追上来，斩钉截铁地对他说:“你小时候我抱过你。”

那心情瞬间就崩溃了，余梦伦急切地问夫人:“身上有钱吗？”两个老人掏尽所有的衣兜凑出两万块钱来，递给陪同的乡领导，让他们把这些钱分给曾经抱过他、亲过他、甚至揪过他脸蛋子的乡亲们。

车开走了，那个坚定的老太太还痴痴地站在那里，风吹乱了她的白发，她怎么也想不明白，为什么抱了一下这个余家的小娃娃，就会得到5000元钱？他到底是谁呢？

他是我国运载火箭弹道设计的开创者和学术带头人之一，曾经承担国内多种运载火箭的弹道设计和发射工作，系统地提出了运载火箭的弹道设计理论和方法，参加了“长征二号”“长征三号”“长二捆”和“长征二号F”等火箭的发射工作，为我国弹道导弹和大型运载火箭的发展作出了重要贡献。

他是全国劳动模范、中国科学院院士、中国航天科技集团公司科技委顾问、中国航天科技集团公司第一研究院第一设计部研究员，“余梦伦班组”终身名誉班长，他是航天领域一个至今还在奋斗的传奇践行者。

他是余梦伦，慈溪的儿子。

# 余梦伦大事年表

1936年

11月8日，出生于浙江省宁波市慈溪县（原余姚）桥头镇烟墩村。

1938年 2岁

10月，随母亲从老家到上海投奔父亲，一家人租房居住在上海闸北区山西北路三泰路老泰安里21号二层约10平方米的房内。

1942年 6岁

9月，入上海竞立小学学习（一年级至二年级）。

1944年 8岁

9月，搬家到祖父在上海的居住地，改入上海钱业小学学习（三年级）。

1945年 9岁

9月，抗战胜利后，搬回老泰安里原来居住的地方，之后生病休学一年。

1946年 10岁

9月，复学，回到上海竞立小学学习（四年级至六年级）。

1949年 13岁

9月，考取上海南洋中学北京东路初中部。

1952年 16岁

9月，考取上海虹口中学，就读高中。

1955年 19岁

9月，考取北京大学数学力学系力学专业。

1957年　21岁

9月，数学力学系新建计算数学专业，报名改学计算数学专业并得到批准。

1958年　22岁

9月，正式进入计算数学班学习。

1959年　23岁

参与北大第一台电子计算机的研制工作。

春天，受学校委派，参加电视大学数学专业校外辅导工作，奔波于北京市各工厂企业。

1960年　24岁

4月，应国家发展航天事业的需要，提前3个月毕业，被分配到国防部第五研究院一分院总体部工作。

1961年　25岁

5月，光荣加入中国共产主义青年团。

1964年　28岁

5月，被授予技术上尉军衔。

1965年　29岁

任七机部一院一部技术员。

1967年　31岁

11月，与王信芳结婚。

1977年　41岁

11月，当选北京市第七届人民代表，任期五年。

1978年　42岁

4月，加入中国共产党。

8月，荣获全国科学大会科技先进工作者奖；提出的“长征二号小推力弹道方案”获全国科学大会奖。

1979年　43岁

1月，当选七机部一院学大庆标兵。

5月，当选中华全国青年联合会委员，任期四年。

9月，国务院授予全国劳动模范称号，并当选北京市劳动模范。

10月，提出小过载关机方案。

1980年　44岁

1月，当选七机部一院先进生产工作者。

8月，任一院一部高级工程师。

一院一部“‘东风五号’模拟8000千米再入环境的低弹道试验方案”获国防科学技术委员会科技一等奖（余梦伦为其中低弹道弹道设计贡献者）。

1982年　46岁

9月，再次当选北京市劳动模范。

12月，“运载火箭方案弹道计算和性能估算程序系列”获国防科学技术工业委员会科技进步三等奖，排名第一。

1983年　47岁

4月，当选一院科技委委员。

8月，赴美参加航天动力学会议。

1984年　48岁

2月，当选一院先进生产工作者。

8月，任一院硕士研究生导师。

10月，荣立航天工业部一等功。

1985年　49岁

7月，"'长征三号'总体设计"获得航天工业部科技进步奖一等奖，排名第三。

1986年　50岁

7月，被评为航天工业部一院优秀共产党员。

7月，"'长征三号'发射轨道设计"获得航天工业部科技进步奖三等奖，排名第一。

7月，"'长征三号'运载火箭弹道设计计算FORTRAN软件包"获得航天工业部科技进步奖三等奖。

1987年　51岁

5月，任一院一部研究员。

1989年　53岁

11月，《导弹与航天丛书·液体弹道导弹与运载火箭系列：总体设计(上册)》出版，其中弹道设计部分由余梦伦等编著，约八万字。

1990年　54岁

1月，被评为预先研究先进工作者。

2月，当选"夺回损失、争做贡献"标兵。

6月，当选中央国家机关优秀共产党员。

7月，被评为优秀共产党员。

10月，当选部级中青年有突出贡献专家。

11月，和王德臣、于翘等人合作撰写报告《2000年的中国航天运载技术》。

1991年　55岁

1月，当选一院先进生产工作者。

9月，担任国防科技大学三系兼职教授。

10月，享受国务院政府特殊津贴。

“BADR-A卫星搭载总体方案设计”获航空航天工业部科技进步奖二等奖，排名第四。

1992年　56岁

6月，当选中央国家机关优秀共产党员。

7月，被评为航空航天工业部优秀共产党员。

8月，荣立发射澳星任务三等功。

10月，和张庆伟、刘燕生等人合作撰写报告《CZ-2E发射载人飞船可行性论证》。

1993年　57岁

5月，荣获航天创业荣誉奖。

9月，任国家“863”高技术航天领域专家委员会“大型运载火箭和火箭发动机”专家组副组长，任期四年。

1994年　58岁

8月，被评为一院优秀教师。

10月，任载人航天工程轨道复核专家组成员，任期19年。

10月，被评为“863”计划航天技术领域先进个人。

11月，“CZ-2E弹道设计与计算”获中国航天工业总公司科技进步奖二等奖，排名第一。

1995年　59岁

1月，任载人运载火箭总体副主任设计师。

10月，任一院博士生导师至今。

11月，提出的高空风弹道修正减载技术首次在运载火箭发射中成功应用。

11月，“CZ-2E火箭紧急关机技术”获中国航天工业总公司科技进步奖三等奖，排名第三。

12月，“CZ-3A发射轨道设计”获中国航天工业总公司科技进步奖三等奖，排名第五。

1996年　60岁

1月，被评为一院优秀研究生导师。

3月，被评为中国航天工业总公司一院优秀共产党员。

3月，荣获中国航天工业总公司一院型号研制飞行试验一等奖。

10月，获得中国航天基金奖。

1997年　61岁

12月，“CZ-2E高空风弹道修正”获中国航天工业总公司科技进步奖二等奖，排名第一。

12月，“长征二号E捆绑式运载火箭”获国家科学技术进步奖一等奖，余梦伦排名第十五，是弹道方面的第一名。

1998年　62岁

10月，“载人航天工程轨道方案研究与轨道设计复核”获国防科学技术工业委员会科技进步奖二等奖，排名第三。

1999年　63岁

11月，当选为中国科学院院士。

2000年　64岁

6月，担任中国运载火箭技术研究院科技委顾问至今。

2001年　65岁

12月，担任《宇航学报》副主编至今。

2005年　69岁

1月，担任《中国科学（技术科学）》编委，任期八年。

2006年　70岁

12月，担任中国航天科技集团公司科技委顾问至今。

2008年　72岁

12月，所在班组被中国国防邮电工会和中国航天科技集团公司联合授予“余梦伦班组”和“工人先锋号”。

2009年　73岁

4月，所在班组被中华全国总工会授予“余梦伦班组”和“工人先锋号”。

2013年　77岁

3月，获“首都精神文明建设奖”。

2016年　80岁

1月，担任《导弹与航天运载技术》第四届编委。

4月，担任中国航天系统科学与工程研究院“钱学森决策顾问委员会”委员。

# 参考文献

[1]《当代中国的航天事业》编辑委员会．当代中国的航天事业[M]．北京：中国社会科学出版社，1986.

[2]《当代中国丛书》编辑部．当代中国的国防科技事业[M]．北京：当代中国出版社，1992.

[3] 中共桥头镇委员会桥头镇人民政府．韵味桥头[M].2014.

[4] 慈溪市地方志办公室．慈溪旧闻[M]．杭州：浙江古籍出版社，2009.

[5] 中国运载火箭技术研究院．天穹神箭——长征火箭开辟通天之路[M]．北京：中国宇航出版社，2008.

[6] 中国空间技术研究院．天街明灯——中国卫星飞船传奇故事[M]．北京：中国宇航出版社，2009.

[7]《天魂》编委会．天魂——航天精神纪事[M]．北京：中国宇航出版社，2011.

[8] 龙乐豪，等．液体弹道导弹与运载火箭系列：总体设计(上册)[M]．北京：宇航出版社，1989.

[9] 夏晓凌．余梦伦班组管理法[M]．北京：中国工人出版社，2014.

[10] 杨军，等．弹道导弹精确制导与控制技术[M]．西安：西北工业大学出版社，2013.

[11] 韩祖南．国外著名导弹解析[M]．北京：国防工业出版社，2013.

[12] 刘继忠，王晓东，高磊，等．精确制导技术应用丛书：弹道导弹[M]．北京：国防工业出版社，2013.

[13] 中国航天科工集团第二研究院科技委．雷震海天——导弹总体与控制技术专家黄纬禄[M]．北京：中国宇航出版社，2009.

# 后 记

在和余院士接触之前，我看了近百份资料：读过关于他的新闻报道、看过他写的回忆文章，特别去研究了一下他的工作内容——火箭弹道设计究竟要做些什么？以前，功课做得越多，对被访者越了解，我的心里越踏实，采访越从容不迫；这次却不一样，对余院士和他的工作了解得越多，我的心里越是诚惶诚恐：余院士确确实实是一个值得尊敬的、伟大的人，但从某种意义上说，他并不是一个理想的采访对象。

曾经有电视台的记者来采访余梦伦和“余梦伦班组”的成员，摄像机架好了，话筒也调试完了，采到的内容却让记者们很无奈：怎么引导，都没有得到他们所期待的选秀式的煽情故事，近八十岁的老人和80后的班组成员关注的都是枯燥的技术细节；摄像更是郁闷，余梦伦的工作大多是坐在桌前写写算算，“总不能让全国人民看五分钟的埋头计算吧！”——他们期待的，是和火箭发射一样震撼、和中国航天的发展史一样辉煌的镜头和故事，这样才有收视率嘛！

如果是以前，听到这个故事，我会像听个段子一样，一笑置之；也许还会觉得这帮同行太实用主义，记者怎么可以挑采访对象呢？能和不同的采访对象有效沟通，是作为一个记者的基本功之一，基础不牢，地动山摇。而如今，听说了同行们的“滑铁卢”，我心里的小鼓敲得越来越响：从掌握的资料上看，余院士性格内向、低调，尤其不善言辞，如何沟通？余院士的工作——弹道设计复杂难懂，“全国人民”连“看五分钟”都不愿意的“埋头计算”，如何写成一本具有可读性的传记？最重要的是，谦虚的余院士是不愿意写传记的，他觉得自己就是一介布衣，无甚可写，经过组织上不断地劝说，他才勉强点了头——采访对象“不合作”，可是记者的大难题。

放弃吧，不甘心：我是一个科班出身的记者，这是我应该做好的本职工作、是难得的机会，也是不能辜负的宝贵信任；而且，我是一名来自航天的记者，从毕业就到中国航天科技集团公司下属的宣传部门工作，我为自己是一名航天人而骄傲和自豪，能为我们的航天人、航天史留下些只言片语，是我的荣幸，也是神圣的责任。

接下任务吧，我又没有十足的把握和信心。万一采访不顺利呢？万一人物形象立不起来呢？万一写得很乏味呢……那么多的“万一”在脑海里打转，其实最怕的是辜负组织的信任，以及不能真实、生动地记录余院士看似平凡实则波澜壮阔的一生。

然而，在2013年11月24日第一次见到余院士的那天，我的顾虑就通通打消了。

余院士性格温和、善解人意，脸上一直带着灿烂的微笑，尽显仁者风范；他的语速较慢，从容而舒缓，回答问题的时候娓娓道来，答疑解惑的时候耐心十足。从寥寥数语中，就可以感到，他对自己的工作是发自内心的热爱，大概也是因此，听他讲弹道设计，无论是原理还是应用，都充满了乐趣，丝毫不显枯燥。

从这一次起，我的职业生涯中最快乐的访问正式拉开了序幕。三个月里，我对余院士进行了25次采访，采访录音长达35万字——尽管他一开始并不愿意为自己作传，但只要是组织上交给他的任务，他都会毫不含糊、保质保量地完成。因此，对我提出的问题，余院士知无不言、言无不尽：讲他的家乡、父辈和成长经历，就像爷爷给孙女讲故事一样，绘声绘色；谈他的工作，就像老师对学生一样，无论我这个弹道外行提出多么幼稚的问题，他都耐心解答；有时候，我们也会“跑题”，就一些新鲜发生的事情分享彼此的见解，就像默契的老朋友……因为余院士工作繁忙、身体欠佳，为了不让他太辛苦，每次采访都控制在一个半小时左右，我常常在不得不结束的时候还意犹未尽，这是我在开始采访前绝对没有想到的。

为了更完整、客观地还原余院士平凡而又伟大的一生，我还陪同余院士一起去了他的老家慈溪，回到了他的母校上海南洋中学、上海虹口中学，采访了余院士的亲人、大学同学、同事、朋友和学生共三十余人，整理采访录音18万字。每个人和他的交集都不同，发生的故事也不尽相同，但评价却惊人地相似：余梦伦是一个一辈子默默耕耘、无私奉献的老黄牛般的人物；他取得的成绩都名副其实，没有高估；相反，他太低调、太谦虚，和他的付出相比，他得到的远远不够。

有幸以这样的方式参与了这个伟大的人的一生，我感到难能可贵、特别幸运。最没想到的是，在与余院士和他的同事、学生相处的过程中，我亲历了很多电视记者们求而不得的“选秀式的煽情故事”：年轻同事结婚，他不仅专程去精品店挑选了精美的红包，还把粉色的纸裁得整整齐齐，工工整整地写上自己的祝福；他去医院看病，坚持要坐公交车，不肯多花公家一分钱，而他的学生出门办事，他却担心天太热，自掏腰包让学生打车前往；在慈溪老家，偶遇当年抱过他的老人，他当即翻遍衣袋凑出所有的钱，帮老人们改善生活；即使是和他相处时间不长的我，也深深感受他的细心和温暖，采访时咳嗽了几声，下午他就默默给我买了一整盒草珊瑚含片……

他的细心、体贴、温情和关怀，无处不在，反而让很多人觉得习以为常、都是小事，想不起来告诉记者；他的不善言辞、低调内敛，则常会让人误会他不擅社交、沉闷寡趣，他倒乐得沉浸在自己的世界里钻研弹道设计。他是我遇到过的最好的采访对象；我相信，他也是世界上最好的采访对象之一。

感谢余院士和我分享他的人生，不仅让我增长了知识，还学会了很多做人的道理。感谢接受我采访的余院士的亲人、朋友、同事、学生，你们的讲述让我受益匪浅。感谢余院士传记的联络人李虹，是你选择了我，并一直坚定地信任我，这个选择在一定程度上改变了我的人生。感谢我的母亲，一如既往地支持我，有时候写作是件极孤独的事，而你就是我的人生之船在遭遇暗夜和风雨时，远方若隐若现却一直闪烁的灯塔。最后，感谢读到这里的读者，这不一定是一本畅销书，却是一本用心写就的作品，希望余院士的故事能够打动您，希望您能够记住这位为祖国航天事业奉献了一生的航天人的名字：余梦伦。

宋 瑶

2016年3月18日